プリント形式のリアル過去問で本番の臨場感！

神奈川県

フェリス女学院中学校

2025年春受験用 解答集

本書は，実物をなるべくそのままに，プリント形式で年度ごとに収録しています。
問題用紙を教科別に分けて使うことができるので，本番さながらの演習ができます。

■ 収録内容

・解答集(この冊子です)

書籍ＩＤ番号，この問題集の使い方，最新年度実物データ，リアル過去問の活用，
解答例と解説，ご使用にあたってのお願い・ご注意，お問い合わせ

・2024(令和６)年度 ～ 2020(令和２)年度　学力検査問題

JN132593

○は収録あり	年度	'24	'23	'22	'21	'20	
■ 問題※		○	○	○	○	○	
■ 解答用紙(算数は書き込み式)		○	○	○	○	○	
■ 配点							

全教科に解説があります

※人物考査(筆記)は非公表
注)国語問題文非掲載:2024年度国語の[二]

問題文の非掲載につきまして

著作権上の都合により，本書に収録している過去入試問題の本文の一部を掲載しておりません。ご不便をおかけし，誠に申し訳ございません。

本文の一部を掲載できなかったことによる国語の演習不足を補うため，論説文および小説文の演習問題のダウンロード付録があります。弊社ウェブサイトから書籍ＩＤ番号を入力してご利用ください。

なお，問題の量，形式，難易度などの傾向が，実際の入試問題と一致しない場合があります。

教英出版

■　書籍ＩＤ番号

入試に役立つダウンロード付録や学校情報などを随時更新して掲載しています。
教英出版ウェブサイトの「ご購入者様のページ」画面で，書籍ＩＤ番号を入力してご利用ください。

書籍ＩＤ番号　114114

（有効期限：2025年9月30日まで）

【入試に役立つダウンロード付録】
「要点のまとめ(国語／算数)」
「課題作文演習」ほか

■　この問題集の使い方

年度ごとにプリント形式で収録しています。針を外して教科ごとに分けて使用します。①片側，②中央のどちらかでとじてありますので，下図を参考に，問題用紙と解答用紙に分けて準備をしましょう（解答用紙がない場合もあります)。

針を外すときは，けがをしないように十分注意してください。また，針を外すと紛失しやすくなりますので気をつけましょう。

① 片側でとじてあるもの

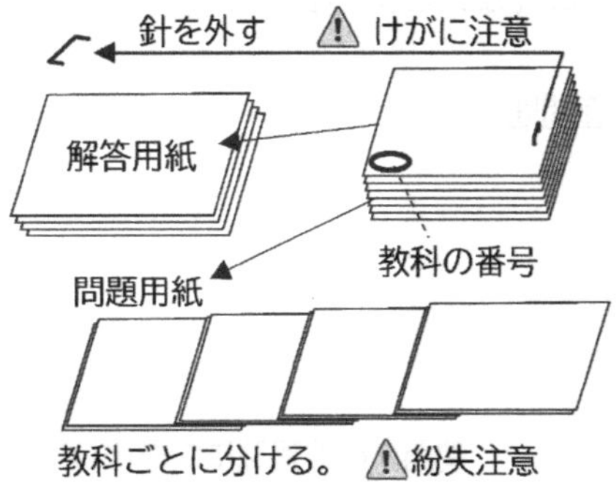

② 中央でとじてあるもの

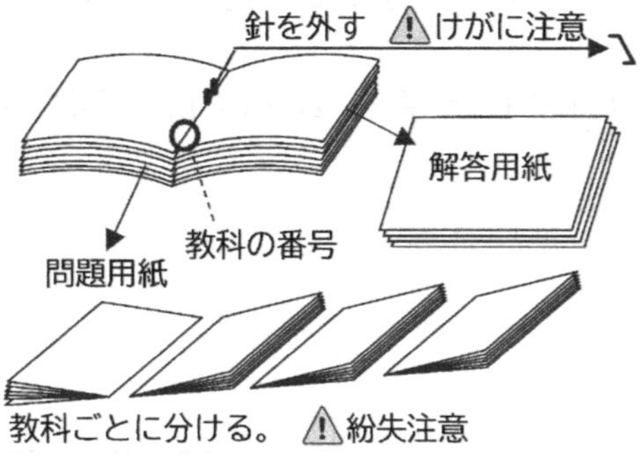

※教科数が上図と異なる場合があります。
解答用紙がない場合や，問題と一体になっている場合があります。
教科の番号は，教科ごとに分けるときの参考にしてください。

■　最新年度 実物データ

実物をなるべくそのままに編集していますが，収録の都合上，実際の試験問題とは異なる場合があります。実物のサイズ，様式は右表で確認してください。

問題用紙	Ｂ５冊子(二つ折り)(算：書込み式)
解答用紙	Ｂ４片面プリント

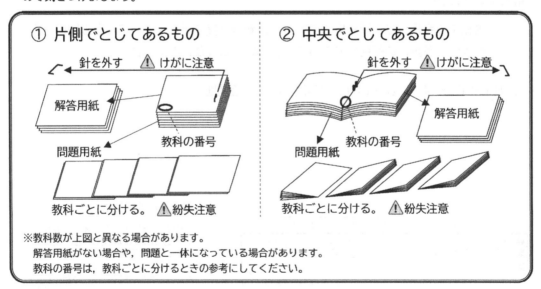

リアル過去問の活用

~リアル過去問なら入試本番で力を発揮することができる~

本番を体験しよう！

問題用紙の形式（縦向き / 横向き），問題の配置や余白など，実物に近い紙面構成なので本番の臨場感が味わえます。まずはパラパラとめくって眺めてみてください。「これが志望校の入試問題なんだ！」と思えば入試に向けて気持ちが高まることでしょう。

入試を知ろう！

同じ教科の過去数年分の問題紙面を並べて，見比べてみましょう。

①　問題の量

毎年同じ大問数か，年によって違うのか，また全体の問題量はどのくらいか知っておきましょう。どのくらいのスピードで解けば時間内に終わるのか，大問ひとつにかけられる時間を計算してみましょう。

②　出題分野

よく出題されている分野とそうでない分野を見つけましょう。同じような問題が過去にも出題されていることに気がつくはずです。

③　出題順序

得意な分野が毎年同じ大問番号で出題されていると分かれば，本番で取りこぼさないように先回りして解答することができるでしょう。

④　解答方法

記述式か選択式か（マークシートか），見ておきましょう。記述式なら，単位まで書く必要があるかどうか，文字数はどのくらいかなど，細かいところまでチェックしておきましょう。計算過程を書く必要があるかどうかも重要です。

⑤　問題の難易度

必ず正解したい基本問題，条件や指示の読み間違いといったケアレスミスに気をつけたい問題，後回しにしたほうがいい問題などをチェックしておきましょう。

問題を解こう！

志望校の入試傾向をつかんだら，問題を何度も解いていきましょう。ほかにも問題文の独特な言いまわしや，その学校独自の答え方を発見できることもあるでしょう。オリンピックや環境問題など，話題になった出来事を毎年出題する学校だと分かれば，日頃のニュースの見かたも変わってきます。

こうして志望校の入試傾向を知り対策を立てることこそが，過去問を解く最大の理由なのです。

実力を知ろう！

過去問を解くにあたって，得点はそれほど重要ではありません。大切なのは，志望校の過去問演習を通して，苦手な教科，苦手な分野を知ることです。苦手な教科，分野が分かったら，教科書や参考書に戻って重点的に学習する時間をつくりましょう。今の自分の実力を知れば，入試本番までの勉強の道すじが見えてきます。

試験に慣れよう！

入試では時間配分も重要です。本番で時間が足りなくなってあわてないように，リアル過去問で実戦演習をして，時間配分や出題パターンに慣れておきましょう。教科ごとに気持ちを切り替える練習もしておきましょう。

心を整えよう！

入試は誰でも緊張するものです。入試前日になったら，演習をやり尽くしたリアル過去問の表紙を眺めてみましょう。問題の内容を見る必要はもうありません。どんな形式だったかな？受験番号や氏名はどこに書くのかな？…ほんの少し見ておくだけでも，志望校の入試に向けて心の準備が整うことでしょう。

そして入試本番では，見慣れた問題紙面が緊張した心を落ち着かせてくれるはずです。

※まれに入試形式を変更する学校もありますが，条件はほかの受験生も同じです。心を整えてあせらずに問題に取りかかりましょう。

2024 解答例 令和6年度 フェリス女学院中学校

《国　語》

［一］問一．①小学四　②夏　問二．1．○　2．×　3．×　4．○　5．○　6．×　問三．けっこうたのしかった　問四．4　問五．1　問六．2　問七．4　問八．3，6　問九．3　問十．2　問十一．1　問十二．2　問十三．4

［二］問一．a．4　b．3　問二．ア．3　イ．2　問三．A．自分　B．だれか　問四．1　問五．知識がないことで、自分の心と向き合って思考し、すばらしい答えを見つけられるから。　問六．情報をしゃ断すること。／増えすぎた知識を捨てること。

問七．〈作文のポイント〉

・最初に自分の主張、立場を明確に決め、その内容に沿って書いていく。

・わかりやすい表現を心がける。自信のない表現や漢字は使わない。

さらにくわしい作文の書き方・作文例はこちら！→https://kyoei-syuppan.net/mobile/files/sakupo.html

［三］1．×　2．○　3．○　4．×　5．○　6．×

［四］1．潔　2．財　3．票差　4．推移　5．吸　6．かな　7．ちゅうさい　8．きざ

《算　数》

1　(1)2.4　(2)ア．1　イ．6　ウ．12　(3)ア．4　イ．3　ウ．5　エ．15　(4)ア．2　イ．$14\frac{2}{7}$

(5)ア．8　イ．8，11　ウ．11

2　(1)4回　(2)13回　(3)30回

※3　ア．6　イ．20　ウ．6　エ．$13\frac{11}{13}$

4　(1)$\frac{4}{9}$　(2)①エ　※②24

※の求め方は解説を参照してください。

《理　科》

1　1．(1)ちっ素　(2)二酸化マンガンにうすい過酸化水素水を加える。　(3)イ　(4)エ　2．(1)1.29　(2)77.5　(3)3.9

2　1．2.5　2．3　3．1.5，2　4．6，0.5

5．ア．並列　イ．流れやすく　ウ．0.5　エ．直列　オ．流れにくく　カ．1.5　キ．2

3　1．(1)①卵(子)　②精子　③受精卵　④子宮　⑤子宮動脈　(2)ア　(3)イ　2．(1)血液の量が増加することで，じん臓でつくられるにょうの量が増え，さらに，子宮が大きくなるにつれてぼうこうが圧ぱくされるから。　(2)おなかの中の子どもと物質の受けわたしをするためにじゅんかんさせる血液の量を増やす必要があるから，1分間に心臓が動く回数は多くなる。

4　1．(1)A　(2)①さらさら…A　ざらざら…B　②小さい…B　とても小さい(細かい)…A

2．(1)水たまりができたAでは多くの水が地下にしみこむ前に表面を勢いよく流れていったが，水たまりができなかったBでは多くの水が地下にしみこんでからゆっくり流れていった。　(2)ア　(3)①エ　②ア　③ウ　3．雨量の増減と流量の増減が同じように変化せず，雨量の変化に対して流量の変化がゆるやかになっていること。

《社　会》

1　A．a．長江　b．風土記　c．エ　d．イ　e．地元産の素材を使った商品によって親近感を得られるとともに，地元素材の需要の向上，雇用の創出によって，産業や経済の活性化につながること。　B．a．ア　b．ウ　c．豊川　d．ア　e．ひのき　C．a．ウ　b．イ　c．エ　d．ア　e．静岡　f．ウ

2　A．a．ア，エ　b．土偶　c．登呂　B．a．天皇を頂点とする官僚制の確立のため，多くの役所を一か所に集める必要があったから。　b．10日間の労役にあたること。／衛士として1年間宮城を警備すること。などから1つ　c．ウ　C．a．イ　b．エ　c．周囲の田畑に農業用水を供給すること。　D．a．ア　b．①武家地の約4分の1の面積に，武家地の人口とほぼ同じ人口が集中していたため，せまい土地を効率よく使っていた。　②エ　E．a．イ，エ　b．イ　c．警察予備隊

3　a．エ　b．①総務省　②ウ　c．ウ

2024解説 令和6年度 フェリス女学院中学校

《2024　国語　解説》

[一]

問一①　文章中に「あと二年もすれば、ひさしも中学受験である」とある。　②　文章の最初の方で、小母《おば》さんが「この暑い時に」と言っている。また、ひさしが三人の将校と神社を訪れた場面に、「神社の境だいは、葉桜のさかりであった」とある。よって、季節は夏である。

問二１　利益には、商売などで得られるもうけ、得になることという意味がある。小母さんは、組長について、「この町内で大勢引き受ければ、けっきょくは自分の顔がよくなるじゃありませんか」と不服を唱えている。一方、宿を引き受ける側の利益については特に書かれていない。つまり、宿を引き受ける自分たちには利益がなく、組長は「自分の顔がよくなる」という利益を得るので、○。　２　文章中に「ひさしの家では～食事、入浴の世話はいっさいしなかった」とあるので、×。　３　母親は、「表座敷《ざしき》を何日も使われるのはねえ」と言いつつ、「ただ、あの人達の行く先を考えると～人情でしょう」と続けている。少し後で、小母さんは、「船を待っている人の身になれば、そりゃわたしだって奥《おく》さまと同じです。わたしが言いたいのは、組長さんのことですよ」と言っている。つまり、小母さんは、将校や兵隊が表座敷を何日も使うことについてはそれほど気にしていない。また「我が物顔で占領《せんりょう》する」というのも文章からは読み取れない。よって、×。　４・５　小母さんは、「隣組《となりぐみ》の組長さんが～宿を引き受けるのが当たり前のような顔して割り当てに見えるでしょ。わたしゃ、どうもあれが気に入らない」と言い、さらにこのことについて、「旦那《だんな》さまも奥さまも、少しお気がよ過ぎます。いつだって、はい、はい。わたしゃそれもじれったい」と言っている。よって、４と５は○。　６　兵隊宿で泊《と》まるのは「乗船待ちの出征《しゅっせい》軍人」であり、天気のぐあいで「思いがけず乗船待ちになる事情だって起こるかもしれない」と言っているが、「宿を引き受ける期間を隣組の組長が勝手に延長する」という内容は、本文からは読み取れない。よって、×。

問三　文章中に「兵隊宿をすることになっても～この時もひさしはけっこうたのしかった」とある。

問四　傍線部の少し後に、「もてなしに対するどのような対応を見ても、見ているうちに胸をふさがれそうになるのがひさしの母親だった」とある。また、文章の最初の方で、母親は、「あの人達の行く先を考えると～人情でしょうと」と言っている。母親は、宿にとまる若者たちが背負うかこくな運命を思うと、「見ているうちに胸をふさがれそうにな」り、できるだけのことはしてやりたいと思うのである。よって、４が適する。

問五　旅館がいっぱいになり、乗船待ちの出征軍人を町家で泊めなければならないほど、たくさんの軍人が戦地に向かっているという状況《じょうきょう》から考える。餅《もち》つきが簡素化されたのは、兵隊宿が始まるより前である。「人手が思うにまかせぬように」なったのは、戦争が始まって、多くの男性が戦争にかり出されているからであり、「万事自しゅく気味」というのは、政府の方針《ほうしん》もあり、娯楽《ごらく》やぜいたくをつつしみ、節約にはげむ風潮《ふうちょう》が広がっていることを表している。よって、１が適する。

問六　直前に「あの将校もつらくなかったはずはない。部下にあたえるほうがどんなに気持が楽だったろう」とある。母親は、あの将校は部下の心がわからないのではなく、おそらく規則を守るために草餅《くさもち》に手をつけなかったのだろうと考えた。そうであれば、将校もまたあわれである。よって、２が適する。

問七　直前の「かけばかくほど～すばらしいものに思われ」という部分から、何回かいても馬の魅力《みりょく》を感じていることが読み取れる。また、「かくことで自分がそれに近づいているような気もするのに、逆に遠ざかっていくような感じもあって」という部分から、自分が見ている馬をどうしてもそのままかくことができないと感じていることが読み取れる。傍線部の「不安」とは、少し前に書かれている、「そういう生きものをつくった目に見えない何か」に対するこわさである。よって、4が適する。

問八　ひさしは、馬ではなく電車で神社に行くと聞いてがっかりしている。また、その神社は、将校達にとってはめずらしいのかもしれないが、ひさしは遠足で何度も行っていてめずらしくはない。よって、3は適する。また、ひさしは将校達のこれからの運命をばく然と想像していて、「自分が断るのは気の毒だという気持」が起こり、「ぼくが案内役だ」と思い直し、少しでも将校達の役に立ちたいと思っている。よって、6も適する。

問九　上気するとは、のぼせたり興奮したりすること。直前の、「背の高さに関係なく三人が歩調をそろえている」ことや、兵隊たちが「一様に歩調をとって、将校達に敬礼を送」り、「白手ぶくろが、きびきびした動きで挙手の礼を返す」様子を見て、ひさしはこれまで知らなかった軍人達の規律正しい動きに感心し、将校達のそばにいることに興奮している。また、途中で出会う兵隊たちが「将校達に敬礼を送」ることから、将校達の地位の高さを目の当たりにして、やはり、彼らのそばにいることに興奮している。よって、3が適する。

問十　ひさしは、境だいに傷病兵らしい人の姿が見あたらないことにほっとし、将校達が戦死者の墓地に気づかないうちに早くこの境だいから連れ出さなければとあせっていた。ひさしは、傷病兵や戦死者の墓地は、戦場で負傷したり戦死したりすることを予感させるものだと感じ、これから戦地におもむく将校達に見せてはいけないと思っている。よって、2が適する。

問十一　直後の4行に書かれている内容に着目する。母親に「(将校達と神社に)行ってよかった？」と聞かれたひさしは、「うなずきはしたが、からだ全体でうなずいているわけでもなかった」。また、「めいわくだなあ、という思いはいつのまにか消えていた」とある。ひさしは、将校達に同行する中で、彼らの気持ちや覚ごを少しずつ理解していったのだと考えられる。特に、三人の将校が「長い間本殿《ほんでん》に向かって頭を垂れていた」ことについて、これから戦地に向かう将校達にとって、この神社参拝が最後の別れだったのだと気付き、もの悲しい気分になり始めている。よって、1が適する。

問十二　問十一の解説にあるように、ひさしは、将校達に同行する中で、彼らの気持ちや覚ごを少しずつ理解していき、もの悲しい気分になり始めている。将校達は、自らの望みや考えとは関係なく、戦地に送られ、命をかけて戦うこととなる。そうした理不尽《りふじん》な運命を受け入れることへの苦しみや悲しみ以外にも、彼らは軍隊内の様々な規律や規則にしばられている。ひさしは、三頭の軍馬に三人の若い将校を重ね合わせ、絵の中で思いきり走らせることで、絵の中だけでも将校達を様々なしばりから解放させ、本来の自由で生命力あふれる姿にしてやろうと思ったのである。よって、2が適する。

問十三　問十一、問十二の解説も参照。ひさしは、写真を見ているうちに「とりとめのないかなしみ」がわき出してきた。この「かなしみ」は、将校達に同行する中で、「とりたてて言うほどの話をしたわけではないのに」感じた「かなしみ」と同様のものである。ひさしは、彼らの気持ちや覚ごを少しずつ理解していき、彼らを取り巻《ま》く世界の理不尽さを感じ取った。そして、自らの望みや考えとは関係なく、命をかけて戦うことになる彼らの苦しみや悲しみにもふれている。よって、4が適する。

[二]

著作権上の都合により文章を掲載《けいさい》しておりませんので、解説も掲載しておりません。ご不便をおかけし、誠に申し訳ございません。

[三]

1　ここで敬意を表す相手は、話をしている相手である。敬意を表す相手の動作には尊敬語を用いる。「拝見する」

は、「見る」の謙譲《けんじょう》語なので、「拝見してください」の部分は「ごらんになり」などとすべきである。

2　ここで敬意を表す相手は、話題にしている（または話をしている相手である）「Ａさん」である。敬意を表す相手が受ける動作には謙譲語を用いる。「存じ上げる」は、「知る」の謙譲語なので正しい。

3　ここで敬意を表す相手は、話をしている相手である。敬意を表す相手の動作には尊敬語を用いる。「おかけくださる」は、「座る」の尊敬語なので正しい。

4　ここで敬意を表す相手は、話題にしている「Ｂさん」である。敬意を表す相手が受ける動作には謙譲語を用いる。「母」は身内なので、他者と話す場合には通常敬意を示さない。よって、「母」の動作である「行く」の部分は謙譲語を用いる。「おいでになる」は「行く」の尊敬語なので、「おいでになり」の部分は「うかがい」「参り」などとすべきである。

5　ここで敬意を表す相手は、話題にしている「校長先生」である。敬意を表す相手が受ける動作には謙譲語を用いる。「おわたしする」は「わたす」の謙譲語なので正しい。

6　ここで敬意を表す相手は、話をしている相手である。敬意を表す相手の動作には尊敬語を用いる。「お運びする」は、「運ぶ」の謙譲語なので、「お運びした」の部分は「お運びになった」「お運びくださった」などとすべきである。

―《2024　算数　解説》―

1　(1)　与式より，$\frac{1}{3}\times\frac{9}{2}\div(1.7\div\square-\frac{1}{8})=\frac{18}{7}$　　$1.7\div\square-\frac{1}{8}=\frac{3}{2}\div\frac{18}{7}$　　$1.7\div\square-\frac{1}{8}=\frac{7}{12}$

$1.7\div\square=\frac{7}{12}+\frac{1}{8}$　　$1.7\div\square=\frac{17}{24}$　　$\square=1.7\div\frac{17}{24}=1.7\times\frac{24}{17}=$**2.4**

(2)①　**【解き方】２つの比について，比の数の差に注目する。**

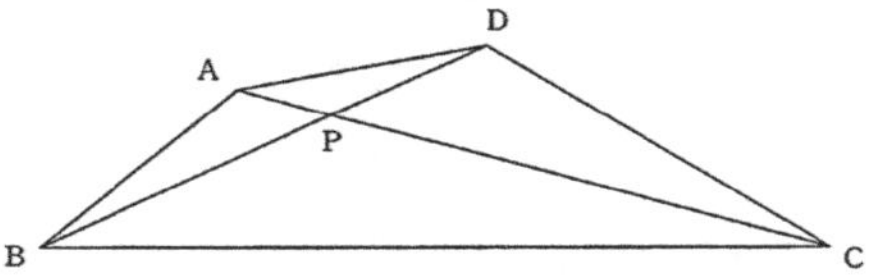

三角形ＡＢＰと三角形ＣＤＰの面積の差は，

三角形ＡＢＣと三角形ＤＢＣの面積の差と等しい。

このことと，問題文であたえられている２つの比は

比の数の差がどちらも２であることから，この２つの比は，比の数の１が表す面積が等しいとわかる。

つまり，三角形ＡＢＰと三角形ＣＤＰの面積をそれぞれ$\boxed{1}$，$\boxed{3}$とすると，三角形ＡＢＣの面積は$\boxed{7}$，

三角形ＤＢＣの面積は$\boxed{9}$だから，三角形ＰＢＣの面積は，$\boxed{7}-\boxed{1}=\boxed{6}$である。

よって，ＡＰ：ＰＣ＝(三角形ＡＢＰの面積)：(三角形ＰＢＣの面積)＝$\boxed{1}$：$\boxed{6}$＝**１：６**

②　①より，(三角形ＰＡＤの面積)：(三角形ＣＤＰの面積)＝ＡＰ：ＰＣ＝１：６だから，

(三角形ＰＡＤの面積)＝(三角形ＣＤＰの面積)$\times\frac{1}{6}=\boxed{3}\times\frac{1}{6}=\boxed{\frac{1}{2}}$

よって，三角形ＰＢＣの面積は，三角形ＰＡＤの面積の，$\boxed{6}\div\boxed{\frac{1}{2}}=$**12(倍)**

(3)①　(バケツＡを７回，バケツＢを４回，バケツＣを４回)の組み合わせから，(バケツＡを４回，バケツＢを４回，バケツＣを４回)の組み合わせを引くことで，バケツＡを７－４＝３(回)で，水そうの容積の，100－20×４＝20(％)の水が入るとわかる。したがって，バケツＡの容積は水そうの容積の$\frac{20}{3}$％である。

また，(バケツＡを２回，バケツＢを４回，バケツＣを８回)の組み合わせと，(バケツＡを７回，バケツＢを４回，バケツＣを４回)の組み合わせを比べると，バケツＡを７－２＝５(回)とバケツＣを８－４＝４(回)の量は等しいとわかる。これより，バケツＡとバケツＣの容積の比は４：５だから，バケツＣの容積は水そうの容積の，$\frac{20}{3}\times\frac{5}{4}=\frac{25}{3}$(％)である。したがって，バケツＢの容積は水そうの容積の，$20-\frac{20}{3}-\frac{25}{3}=5$(％)である。

よって，バケツＡ，バケツＢ，バケツＣの容積の比は，$\frac{20}{3}：5：\frac{25}{3}=$**４：３：５**

② 100÷$\frac{20}{3}$＝**15**(倍)

(4)① 【解き方】三角形ＥＣＤの底辺をＥＤとしたときの高さは，台形ＡＢＣＤの高さと等しいから，台形ＡＢＣＤの(上底)＋(下底)と三角形ＥＣＤの底辺の比は，面積比に等しく４：１である。

(ＡＤ＋ＢＣ)：ＥＤ＝４：１より，32：ＥＤ＝４：１　ＥＤ＝32×$\frac{1}{4}$＝８(cm)

ＡＥ＝12－８＝４(cm)だから，三角形ＣＤＥと三角形ＣＡＥの面積比は，ＥＤ：ＡＥ＝８：４＝２：１

よって，三角形ＣＤＥの面積は三角形ＣＡＥの面積の**２倍**である。

② 【解き方】右図のように点Ｉをおき，ＩＨとＧＩの長さをそれぞれ求める。

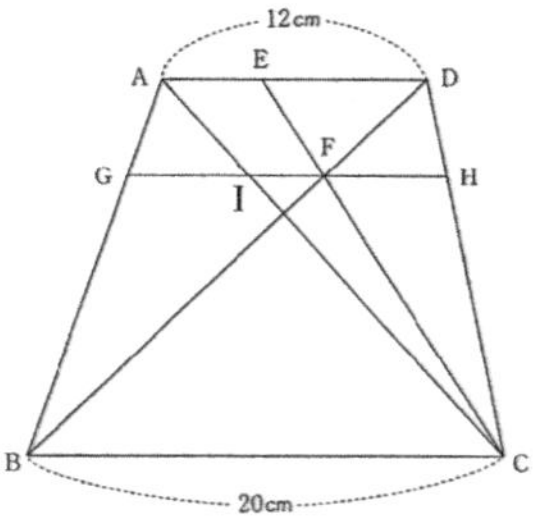

三角形ＥＦＤと三角形ＣＦＢは同じ形だから，

ＥＦ：ＣＦ＝ＥＤ：ＣＢ＝８：20＝２：５

ＡＤとＧＨが平行だから，ＡＩ：ＩＣ＝ＥＦ：ＦＣ＝２：５

三角形ＩＣＨは三角形ＡＣＤを$\frac{\text{ＩＣ}}{\text{ＡＣ}}=\frac{5}{2+5}=\frac{5}{7}$(倍)に縮小した図形だから，

ＩＨ＝ＡＤ×$\frac{5}{7}$＝12×$\frac{5}{7}$＝$\frac{60}{7}$(cm)

三角形ＡＧＩは三角形ＡＢＣを$\frac{\text{ＡＩ}}{\text{ＡＣ}}=\frac{2}{7}$(倍)に縮小した図形だから，

ＧＩ＝ＢＣ×$\frac{2}{7}$＝20×$\frac{2}{7}$＝$\frac{40}{7}$(cm)

よって，ＧＨ＝ＧＩ＋ＩＨ＝$\frac{40}{7}+\frac{60}{7}=\frac{100}{7}=$**$14\frac{2}{7}$**(cm)

(5) 【解き方】１回のじゃんけんによる持ち点の変化をまとめると，右表のようになる。

１点得る	グー	チョキ	２点失う
２点得る	チョキ	パー	３点失う
３点得る	パー	グー	１点失う

① じゃんけんを１回してＡさんの持ち点が 11 点になるのは，Ａさんがグーで勝ったときだから，Ｂさんの持ち点は，10－２＝**８**(点)

② じゃんけんを２回してＡさんの持ち点が 10 点になるのは，「㋐Ａさんがグーで１回勝ってグーで１回負けたとき」，「㋑Ａさんがチョキで１回勝ってチョキで１回負けたとき」，「㋒Ａさんがパーで１回勝ってパーで１回負けたとき」のどれかである。

㋐の場合，Ｂさんの持ち点は 10－２＋３＝11(点)になる。㋑の場合，Ｂさんの持ち点は 10－３＋１＝８(点)になる。㋒の場合，Ｂさんの持ち点は 10－１＋２＝11(点)になる。よって，Ｂさんの持ち点は**８**点か**11**点になる。

③ じゃんけんを３回してＡさんの持ち点が 15 点以上になるのは，Ａさんが３回とも勝った場合，つまりＢさんが３回とも負けた場合に起こりうる。しかし，Ａさんが２回パーで勝って１回グーで負けても，持ち点が 10＋３＋３－１＝15(点)となり，15 点以上という条件に合う。この方がＢさんの持ち点が高くなるので，この場合のＢさんの持ち点を求めると，10－１－１＋３＝**11**(点)となる。

2 **(1) 【解き方】10＝２×５なので，Ｍを 10 で割り切れる回数は，Ｍを５で割り切れる回数と２で割り切れる回数のうち，少ない方の回数と等しくなる。**

Ｎ＝10 のとき，Ｍにふくまれる数を５で割り切れる回数は，右図の実線で囲んだ回数であり，２で割り切れる回数は，点線で囲んだ回数である。

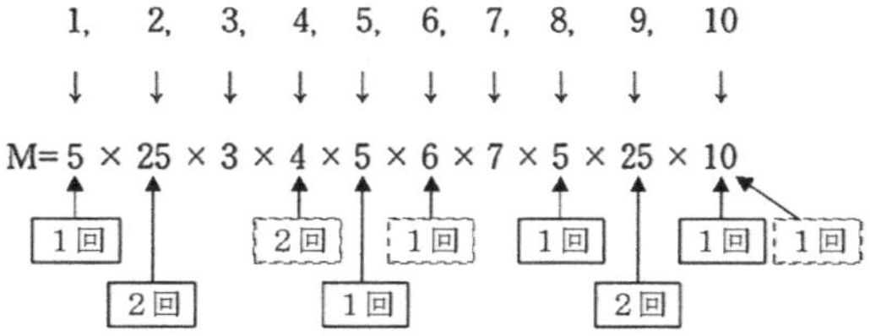

よって，５で８回，２で４回割り切れるから，Ｍは 10 で**４回**割り切れる。

(2) 【解き方】まず，１から 25 までの整数の積を５で割り切れる回数と，２で割り切れる回数を調べる。次に，操作①，②によってそれぞれの回数がどのように増減したかを調べる。

1から25までの整数のうち，25÷5＝5(個)ある5の倍数を1回ずつ5で割る。割った結果できた数のうち5÷5＝1(個)の数はもともと25の倍数なので，さらに5で1回割ることができる。したがって，1から25までの整数の積は5で5＋1＝6(回)割り切れる。このように，5で割った商を次々と5で割っていったときにできるすべての商を足し合わせると，5で割り切れる回数を求められる。したがって，1から25までの整数の積を2で割り切れる回数は，25÷2＝12余り1，12÷2＝6，6÷2＝3，3÷2＝1余り1より，12＋6＋3＋1＝22(回)である。

7で割ると1余る数と7で割ると2余る数の，5で割り切れる回数と2で割り切れる回数の増減は，右表のようになる(空白は回数が変化しないことを表す)。

7で割ると1余る数

	1	8	15	22	
	↓	↓	↓	↓	
	5	5	5	5	合計
5で割り切れる回数	1増える	1増える		1増える	3増える
2で割り切れる回数		3減る		1減る	4減る

7で割ると2余る数

	2	9	16	23	
	↓	↓	↓	↓	
	25	25	25	25	合計
5で割り切れる回数	2増える	2増える	2増える	2増える	8増える
2で割り切れる回数	1減る		4減る		5減る

したがって，N＝25のとき，Mを5で割り切れる回数は，6＋3＋8＝17(回)，2で割り切れる回数は，22－4－5＝13(回)

よって，Mは10で**13回**割り切れる。

(3)　【解き方】1から25までの整数は(2)で調べたので，同じようにして，26から50までの整数について調べる。

1から50までの整数の積を5で割り切れる回数は，50÷5＝10，10÷5＝2より，10＋2＝12(回)であり，2で割り切れる回数は，50÷2＝25，25÷2＝12余り1，12÷2＝6，6÷2＝3，3÷2＝1余り1より，25＋12＋6＋3＋1＝47(回)である。したがって，26から50までの整数の積を5で割り切れる回数は，12－6＝6(回)，2で割り切れる回数は，47－22＝25(回)である。

26から50までの整数について，7で割ると1余る数と7で割ると2余る数の，5で割り切れる回数と2で割り切れる回数の増減は，右表のようになる(空白は回数が変化しないことを表す)。

7で割ると1余る数

	29	36	43	50	
	↓	↓	↓	↓	
	5	5	5	5	合計
5で割り切れる回数	1増える	1増える	1増える	1減る	2増える
2で割り切れる回数		2減る		1減る	3減る

7で割ると2余る数

	30	37	44	
	↓	↓	↓	
	25	25	25	合計
5で割り切れる回数	1増える	2増える	2増える	5増える
2で割り切れる回数	1減る		2減る	3減る

したがって，26から50までの整数について，操作①，②を行ってからすべてかけてできる数を5で割り切れる回数は，6＋2＋5＝13(回)，2で割り切れる回数は，25－3－3＝19(回)

よって，N＝50のとき，Mを5で割り切れる回数は，17＋13＝30(回)，2で割り切れる回数は，13＋19＝32(回)だから，Mは10で**30回**割り切れる。

3　**(1)　【解き方】短針は1時間で360°÷12＝30°進むから，1分間で30°÷60＝$\frac{1}{2}$°進む。長針は1分間に360°÷60＝6°進む。したがって，短針と長針が進む角度の差は1分あたり6°－$\frac{1}{2}$°＝$\frac{11}{2}$°である。**

6時ちょうどのときから，長針が短針より180°－70°＝110°多く進んだときが求める時刻である。

110°÷$\frac{11}{2}$°＝20(分)だから，求める時刻は**6時20分**である。

(2)　【解き方】長針と短針の間の角が直線㋐によって2等分されるのは，長針と短針が直線㋐について線対称の位置にあるときである。

６時から 12 時までの間に，長針と短針が直線㋐について線対称の位置にあるのは，右図の６回である。

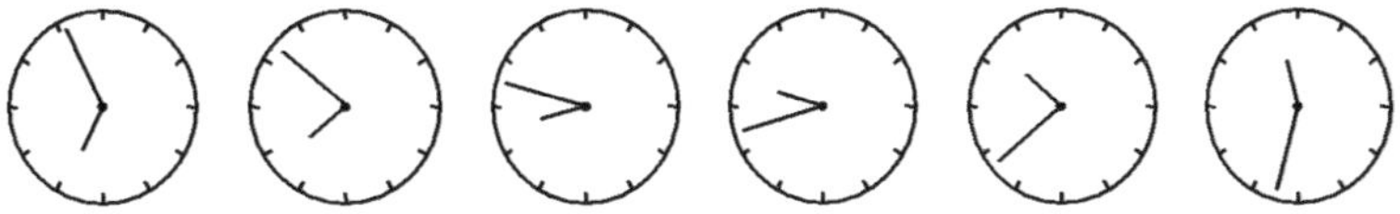

長針が１周するごとに１回ずつあるので，６周するから６回と考えてもよい。

⑶　**【解き方】長針と短針が同じ時間に進む角度の比は，６：$\frac{1}{2}$＝12：１であることを利用する。**

求める角度は，⑵の場合のうち，８時と９時の間のときか，９時と 10 時の間のときのどちらかの角度である。

８時と９時の間のときは，９時ちょうどから十数分前であり，９時と 10 時の間のときは，９時ちょうどから四十数分後なので，短針と文字盤の９の位置との間の角度は，８時と９時の間のときの方が小さい。したがって，このときの長針と短針の間の角度を求めるために，右のように作図する。９時ちょうどから時間を巻き戻《もど》して考えると，ａ：ｃ＝12：１となり，

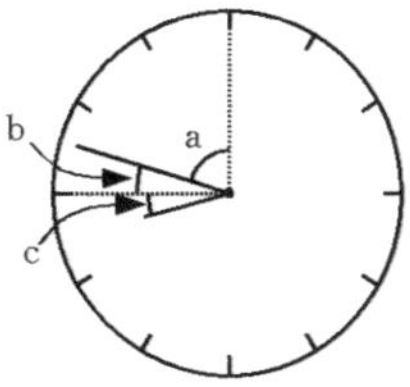

ｂ＝ｃだから，ａ：ｂ＝12：１である。ａ＋ｂ＝90°だから，

ｂ＝90°×$\frac{1}{12+1}$＝$\frac{90}{13}$°　　よって，求める角度は，ｂ＋ｃ＝$\frac{90}{13}$°×２＝$\frac{180}{13}$°＝$13\frac{11}{13}$°

4　⑴　三角形ＡＤＥは三角形ＡＢＣを$\frac{AD}{AB}$＝$\frac{2}{2+1}$＝$\frac{2}{3}$(倍)に縮小した三角形である。

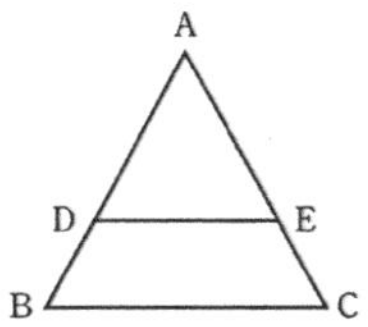

図形をａ倍に縮小(または拡大)すると，面積はａ×ａ(倍)になるから，

三角形ＡＤＥの面積は三角形ＡＢＣの面積の，$\frac{2}{3}$×$\frac{2}{3}$＝$\frac{4}{9}$(倍)

⑵①　柱体の側面積は，(底面の周りの長さ)×(高さ)で求められるから，

側面積が等しい正三角柱と正六角柱の底面の周りの長さの比は，高さの比の逆比に等しくなる。

つまり，**正六角柱と正三角柱の高さの比**と等しくなる。

②　**【解き方】問題の図の正三角柱と，底面の１辺が１cmで側面積が正三角柱と等しい正六角柱(正六角柱Ａとする)の体積を比べ，正六角柱Ａの底面を拡大して体積が等しくなるようにする。**

正三角柱の底面の周りの長さは，288÷16＝18(cm)だから，１辺の長さは 18÷３＝６(cm)

１辺が６cmの正三角形と１辺が１cmの正三角形の面積比は，(６×６)：(１×１)＝36：１だから，

正三角柱と正六角柱Ａの底面積の比は，36：(１×６)＝６：１

正三角柱と正六角柱Ａの高さの比は 18：６＝３：１の逆比の１：３だから，正三角柱と正六角柱Ａの体積比は，

(６×１)：(１×３)＝２：１　　したがって，体積が２倍になるように正六角柱Ａの底面を拡大する。

正六角柱Ａの底面をａ倍に拡大すると，底面積はａ×ａ(倍)になる。

正三角柱と正六角柱Ａの底面の周りの長さの比は，３：(１×ａ)＝３：ａになるから，高さの比はａ：３になる。

したがって，高さは，正三角柱の$\frac{3}{1}$倍だったのが$\frac{3}{a}$倍になるから，$\frac{1}{a}$倍になる。

つまり，正六角柱Ａの底面をａ倍に拡大すると，体積は，(ａ×ａ)×$\frac{1}{a}$＝ａ(倍)になる。

よって，正六角柱Ａの底面を２倍に拡大すると，正三角柱と体積が等しくなるので，求める高さは，16×$\frac{3}{2}$＝**24(cm)**

《2024　理科　解説》

1　1⑴　空気中に最も多くふくまれているＡはちっ素，次に多くふくまれているＢは酸素，石灰水を白くにごらせるＣは二酸化炭素である。　⑶　ろうそくが燃えると，酸素が使われて二酸化炭素ができるが，ビンの中の酸素がすべて使われる前に火は消える。また，ちっ素の割合はろうそくが燃える前後で変化しない。　⑷　ものの燃え方は酸素の割合によって決まるから，酸素の割合が⑶の実験と同じであれば，⑶の実験と同じくらいろうそくが燃える。⑶では３つの気体を同じ体積ずつ入れたから，酸素の割合は$\frac{1}{3}$である。エのように混ぜれば，酸素(Ｂ)の割

合が$\frac{1}{2+1}=\frac{1}{3}$になる。

2(1)　空気1Lにはちっ素が1×0.8＝0.8(L)，酸素が1×0.2＝0.2(L)ふくまれているから，空気1Lの重さは1.25×0.8＋1.45×0.2＝1.29(g)である。　**(2)**　$\frac{1.25\times0.8}{1.29}\times100=77.51\cdots\rightarrow77.5\%$　**(3)**　1Lの酸素が二酸化炭素に置きかわると，重さが1.96－1.45＝0.51(g)増える。ここでは，はき出した息1Lの重さが1.31－1.29＝0.02(g)増えているから，はき出した息1Lにふくまれる二酸化炭素の体積は$1\times\frac{0.02}{0.51}=\frac{2}{51}$(L)であり，その割合は$\frac{2}{51}\div1\times100=3.92\cdots\rightarrow3.9\%$である。

2　**1**　電流計の示す値は，表1よりニクロム線の長さに反比例し，表2よりニクロム線の断面積に比例すると考えられる。断面積が0.5㎟で，長さが10㎝のときに電流計が3Aを示すことを基準とすると，断面積が0.5㎟，長さが12㎝のとき，電流計は$3\times\frac{10}{12}=2.5$(A)を示す。

2　1解説と同様に考えると，$3\times\frac{1.5}{0.5}\times\frac{10}{30}=3$(A)となる。

3　図3は，断面積0.5㎟，長さ10×2＝20(㎝)のニクロム線と考えればよい。よって，1解説の基準と比べ，断面積が同じで長さが2倍だから，電流計が示す値は3Aの$\frac{1}{2}$倍の1.5Aである。電流の大きさが$\frac{1}{2}$倍になったということは，電流の流れにくさ(電気ていこう)が2倍になったということである。

4　図4は，断面積0.5×2＝1.0(㎟)，長さ10㎝のニクロム線と考えればよい。よって，1解説の基準と比べ，断面積が2倍で長さが同じだから，電流計が示す値は3Aの2倍の6Aである。電流の大きさが2倍になったということは，電流の流れにくさ(電気ていこう)が0.5倍になったということである。

5　②の部分は図4と同様に基準のニクロム線2本が並列つなぎになっていて，電気ていこうは基準のニクロム線1本のときの0.5倍になっている(電流が流れやすい)。また，電気ていこうが基準のニクロム線の0.5倍になっているということは，②の部分のニクロム線は，断面積0.5㎟，長さ10×0.5＝5(㎝)のニクロム線に置きかえて考えることができ，図5全体では，断面積0.5㎟，長さ10＋5＝15(㎝)のニクロム線として考えることができる。よって，図5全体では，基準のニクロム線と比べて，断面積が同じで長さが$\frac{15}{10}=1.5$(倍)だから，電気ていこうも1.5倍である。このとき流れる電流は$3\times\frac{10}{15}=2$(A)である。

3　**1**(3)　ア×…受精卵は約38週間かけてヒトのすがたに育ち，子として生まれてくる。　ウ×…8週目くらいなると手や足の形がはっきりわかるようになり，自ら動くようになる。さらに，20週目くらいになると，子どもの動きを母親が感じられるようになる。

2(1)　にょうは，じん臓で血液中からにょう素などの不要物が水とともにこしとられることでつくられる。よって，血液の量が増加すれば，じん臓でつくられるにょうの量も増加する。また，子どもの成長にともなって子宮が大きくなると，にょうを一時的にたくわえる場所であるぼうこうが圧ぱくされ，にょうが出やすくなる。　**(2)**　にんしん中は，母親の体だけでなく，子どもに酸素や栄養をわたしたり，二酸化炭素などの不要物を受けとったりするための血液をじゅんかんさせる必要があるので，にんしん前と比べると，1分間に心臓が動く回数を多くし，血液のじゅんかん量を増やす必要がある。

4　**1**(1)　運動場の砂の上には水たまりができ，砂場の砂の上には水たまりができていなかったことから考える。水たまりができるということは，水がしみこみにくいということだから，水たまりができた運動場の砂の方が水がしみこみにくく，下にあるコップに水がたまるまでの時間が長くなる。　**(2)**　砂のつぶが小さい方が，つぶとつぶのすき間が小さくなり，水がしみこみにくくなる。よって，運動場の砂は「さらさら」で「とても小さい(細かい)」と考えられる。

2(1)　アとウには地面にしみこまなかった水がたまり，イとエには地面にしみこんだ水がたまる。　**(2)**　イとエにたまる水は砂のつぶとつぶのすき間を通りぬけてきた水だから，砂のつぶはあまりふくまれていない。また，B

では，一面にはえている草によって表面の土は流れにくくなるから，ウにたまる水には土のつぶはあまりふくまれていない。これに対し，草がはえていないＡでは表面の砂が水とともに流れやすく，アにたまる水には砂のつぶが多くふくまれている。　(3)　①地下に大量の水がたくわえられている。　②表面の土砂が雨水とともに流れてくる。　③森では，大雨が降っても表面から川に流れこむ水が少なく，すぐに川の水が増えない。

《2024　社会　解説》

1　Ａ．ａ　長江　　右図を参照。

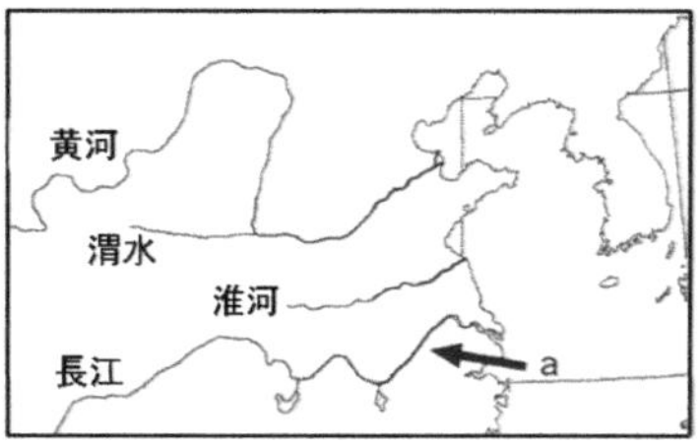

ｂ　風土記　　資料は「肥前国風土記」である。奈良時代，各地で郷土の地理・伝承などを記した風土記がつくられた。現存する風土記(写本)は５つだけで，そのうち「出雲国風土記」はほぼ完本，「播磨国風土記」「肥前国風土記」「常陸国風土記」「豊後国風土記」は一部を欠いた状態で残っている。

ｃ　エ　　有田焼(古伊万里)は，赤や緑の絵付けが美しい磁器である。

ｄ　イ　　石炭から石油へのエネルギー革命がおこり，日本各地の炭鉱は閉鎖されていった。

ｅ　表から，唐津市の企業が開発した商品には，唐津産素材が使われていることがわかる。解答では，唐津市に住む消費者，生産者，労働者の立場に立った解答とした。「産業や経済の活性化」に関する内容は必ず盛り込もう。

Ｂ．ａ　ア　　「かつて日本がＬＮＧを最も輸入していたＡ国」とあることに着目する。これまでに日本がＬＮＧを最も輸入していた国には，オーストラリア，マレーシア，インドネシア・カタールがある。

ｂ　ウ　　こいは茨城県，福島県，あゆは愛知県，岐阜県，ほたては青森県，北海道が上位にくる。

ｃ　豊川　　愛知県の用水については右図を参照。

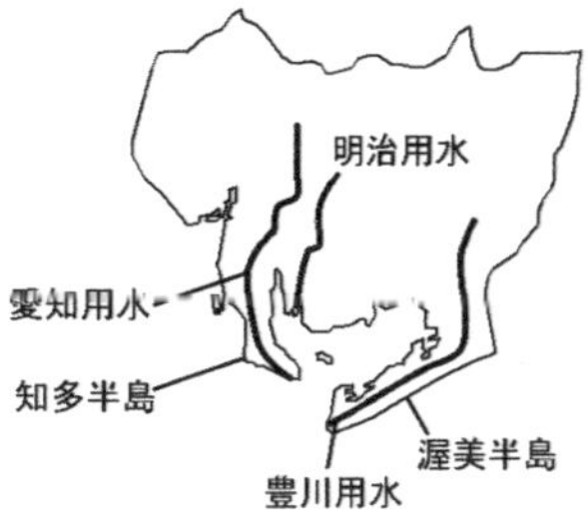

ｄ　ア　　群馬県では冷涼な気候を利用して夏から秋にかけてキャベツを出荷している。愛知県では温暖な気候を利用して冬から春にかけてキャベツを出荷している。ねぎは埼玉県，千葉県，茨城県など，レタスは長野県，茨城県，群馬県など，にんじんは北海道，千葉県，徳島県などが上位にくる。

ｅ　ひのき　　青森ひば，秋田すぎ，木曽ひのきの天然林を日本三大美林という。天竜すぎ，尾鷲ひのき，吉野すぎを人工林の日本三大美林という。

Ｃ．ａ　ウ　　危険な場所とあることから，断崖と判断する。

ｂ　イ　　(輸送人キロ)÷(輸送人員)で輸送距離を求めると，Ａは17.3㎞，Ｂは10.6㎞，Ｃは926.4㎞，Ｄは38.5㎞になる。輸送距離の最も短いＢは自動車，最も長いＣは航空である。鉄道と旅客船では鉄道の方が利用頻度は高いから，輸送人員が最も多いＡは鉄道，最も少ないＤは旅客船である。

ｃ　エ　　敦賀駅－新大阪駅区間は現在未着工であり，2046年の開業を目指して計画が進んでいる。

ｄ　ア　　火山活動でできた凹地に水がたまってできたカルデラ湖である。

ｅ　静岡　　糸魚川市親不知付近から長野県の諏訪湖，静岡県静岡市の安倍川付近を通る。

ｆ　ウ　　アは北条氏康，イは上杉謙信，エは石田三成。

2　Ａ．ａ　ア，エ　　イ．誤り。オオツノジカなどの大型獣は旧石器時代に生息していた。ウ．誤り。日本列島が大陸と切り離された後が縄文時代の始まりである。

ｂ　土偶　　自然の豊かな実りを願って，女性をかたどった土偶がつくられたと考えられている。

ｃ　登呂　　太平洋戦争中に発見された登呂遺跡は，弥生時代の水田跡の遺構が初めて確認された遺跡である。

B．a　天皇中心の国づくりが進み，平城京の宮城には，天皇の日常生活の場である内裏，政務や儀礼の場である大極殿・朝堂院，各官庁などがあり，京内には貴族や官人の住宅，寺院などがあった。

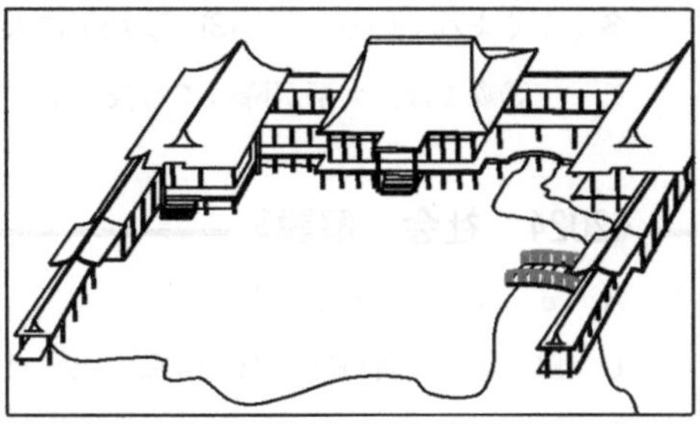

c　ウ　　中央にある主人の居間を寝殿といい，寝殿の東西北に対《たい》の屋《や》と呼ばれる家族の住居があり，寝殿と対の屋は渡り廊下でつながっていた(右図参照)。

C．a　イ　　平氏滅亡後，源頼朝は源義経の捜索を口実として，朝廷に守護と地頭の設置を認めさせた。

b　エ　　鎌倉時代，日本を従えようとする元の皇帝フビライは，日本にたびたび使者を送った。しかし，当時の執権北条時宗がこれを拒否すると，1274年，元軍は対馬・壱岐を襲ったのち，九州北部の博多湾に上陸した。

c　武士は，土地の管理者として所領を支配し，農作業を指導したり，耕地を開発させたりした。

D．a　ア　　イ．天下の台所と呼ばれた大阪について述べている。ウ．江戸には約 100 万人の住民がいた。その当時のロンドンは約 85 万人，パリは約 55 万人であった。

b①　住区ごとの面積を比べると，町人地の面積は武家地の面積の約４分の１であったことがわかる。住区ごとの人口を比べると武家地と町人地の人口に差がないことから，長屋のせまい土地に多くの人が住んでいたことがわかる。　②　エ　　井原西鶴は『好色一代男』などの浮世草子の作者。近松門左衛門は『曽根崎心中』などの人形浄瑠璃や歌舞伎の脚本家。松尾芭蕉は『奥の細道』などで知られる俳人。

E．a　イ，エ　　ア．誤り。大日本帝国憲法が発布された当時，帝国議会はまだ成立していない。ウ．誤り。大日本帝国憲法の作成は，ドイツ人顧問ロエスレルの助言を得て，伊藤博文を中心に行われ，民権派の私擬憲法案は取り入れられなかった。

b　イ　　小学生が勤労奉仕にかり出されることはなかった。

c　警察予備隊　　1950 年に警察予備隊がつくられ，その後警察予備隊は保安隊，自衛隊と変わっていった。

3　a　エ　　A国はタイである。アはアメリカ，イは中国，ウはカナダ。

b①　総務省　　2001 年の省庁再編で，総務庁，自治省，郵政省が統合され，総務省となった。

②　ウ　　大阪で万国博覧会が開催されたのは 1970 年であり，大阪圏の人口は増加割合がゆるやかになっていて，1973 年頃から人口減少が始まったが，地方圏の人口より下回ったかどうかはグラフから読み取れない。

c　ウ　　日本の総人口を１億 2600 万人とすると，3700÷12600×100＝29.3…より，約 29％になる。

2023 解答例
令和５年度

フェリス女学院中学校

《国　語》

［一］ 問一．A．４　B．１　問二．２　問三．１　問四．２　問五．２　問六．ア．８　イ．１　ウ．５
問七．しっとに似た感情　問八．４　問九．３　問十．１　問十一．３　問十二．２
問十三．①四　②村の学童たちを従えるリーダー。　③都会　④四

［二］ 問一．①読者が目的の本を見つけるまで、いっしょに探すこと。　②読者に代わって問題を解決すること。
③図書館員としての経験と知識のちく積。　問二．本好きの人たちが行く特別なところ　問三．一人になるために訪れ、持ち帰って読む本を探し、被災の処理や連らくのために使う。
問四．〈作文のポイント〉
・最初に自分の主張、立場を明確に決め、その内容に沿って書いていく。
・わかりやすい表現を心がける。自信のない表現や漢字は使わない。
さらにくわしい作文の書き方・作文例はこちら！→https://kyoei-syuppan.net/mobile/files/sakupo.html

［三］ A．１　B．４

［四］ １．冷　２．楽観　３．格式　４．富　５．均等　６．ほんまつ　７．ほうまん　８．す

《算　数》

1 (1)6.5　(2)ア．44　イ．67　(3)ア．23　イ．19　(4)ア．189　イ．72
(5)ア．48　イ．50　ウ．27

2 (1)ア．672　イ．9.4　(2)62.8

3 (1)21°　※(2)２㎠

※4 (1)80通り　(2)420通り　(3)480通り

5 (1)右表　(2)①０個，２個，４個　②１個，３個　③C　④右表

A	B	C	D	E	F	G
0	1	1	0	0	1	1

5(1)の表

A	B	C	D	E	F	G
1	0	1	1	0	0	1

5(2)④の表

※の求め方は解説を参照してください。

《理　科》

1　[①／②／③／A／B／C／D]　組合せ1…[サ／ソ／シ／イ／エ／ア／ウ]
組合せ2…[セ／サ／ソ／イ／ウ／ア／エ]　組合せ3…[ソ／シ／セ／ア／イ／ウ／エ]

2　1．⑴エ　⑵ウ　⑶右図　⑷①，②，③　2．ウ　3．⑴ア　⑵1日目に
ふくろをかぶせた花は，みつが1日目に吸われず，たくさん残っていたから。
4．理由1，理由2…アサギマダラが他の花でみつを吸ったあとに，その花にとまったから。／アサギマダラが外敵におそわれたから。／もともとみつが少ない花だったから。などから2つ

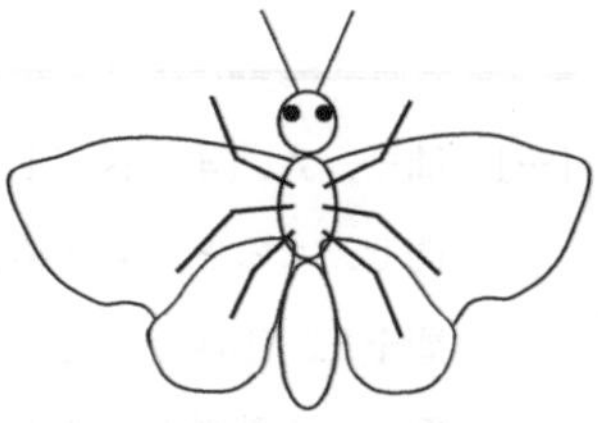

2．1．⑶の図

3　1．アの角度とイの角度が等しくなる向きに進む。
2．1.5　3．右図　4．右図
5．①小さ　②小さ　③大き　④大き

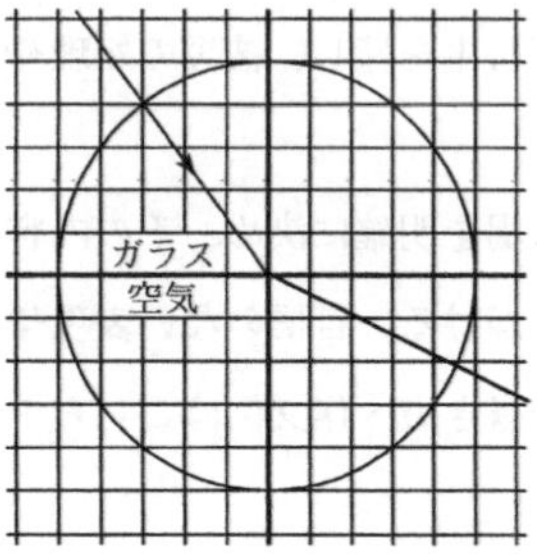

3．3の図

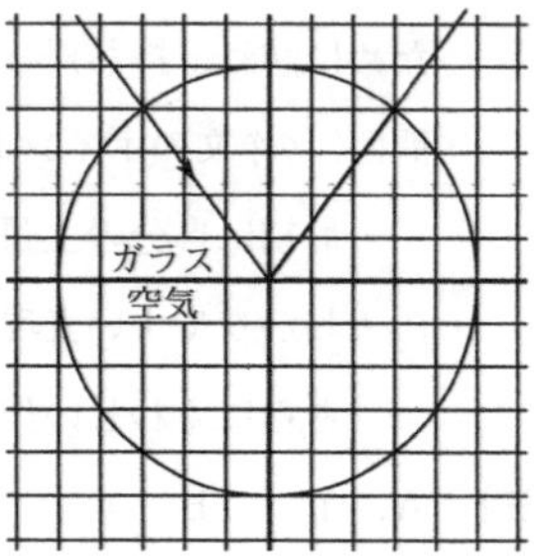

3．4の図

4　1．水蒸気　2．⑴氷河　⑵地下水
3．⑴組合せ…イ　水の量…40　⑵10
4．3700　5．⑴大気中に移動せずに残っている　⑵高くなる　⑶大気や陸地からほぼ同じ量だけ移動してくる

《社　会》

1　ア．尾瀬　イ．阿賀野　a．①洪水の防止〔別解〕水量を一定に保って，川の環境を守ること。
②環境アセスメント〔別解〕環境影響評価　b．イ　c．森林の減少によってシカのエサ場が減ったから。／個体数が増加したことで，シカの生活圏が拡大したから。／温暖化で，シカの生息域が拡大したから。などから1つ
d．漁業や水産加工業が行われている漁港の周辺で過疎化が進んでいること。〔別解〕重労働のわりに賃金が低いこと。／環境の変化，天候などに漁獲量が左右され，収入が安定しないこと。　e．エ　f．ア

2　a．①インド　②棚田　b．エ　c．イ　d．減反　e．ア　f．ア　g．イ

3　a．ウ，オ　b．東日本大震災による原発事故の影響で，風評被害にあった農作物を積極的に購入する消費活動。／東日本大震災をきっかけに，被災地で生産される復興支援商品を意識して購入する消費活動。などから1つ
c．イ　d．ア，ウ　e．エ

4　A．a．班田収授　b．ア　c．イ　B．a．①エ　②ウ　b．管領　c．枯山水　C．a．南蛮人からの信用を得て，南蛮貿易を行うため。　b．日本に伝わっていたカトリックの総本山で，ローマ教皇がいたから。
〔別解〕ローマ教皇に面会し，日本でのキリスト教の布教活動の支援を依頼するため。　c．ア　D．a．三重
b．①松平定信　②ア　c．ラクスマン　E．a．藩を廃止して県を置き，政府が派遣した府知事，県令に地方行政を行わせたこと。　b．不平等条約の改正　c．イ，エ　F．a．お雇い外国人　b．イ　c．ア，ウ

2023 解説 令和5年度

フェリス女学院中学校

《2023 国語 解説》

[一]

問二 少し前に、「毎日のように彼女をやっつけている手前、私には彼女の家に行くことは有り難い役目ではなかった」とある。よって、2が適する。

問三 問二の解説にあるように、「私」は「毎日のように彼女をやっつけてい」たので、きぬ子が出てきたのを見て気まずく感じている。しかも、きぬ子は庭に降りて来てザルの中をのぞきこんだり、「私」に親しげに話しかけてきたりした。毎日のように彼女をやっつけている「私」に対してこのような態度をとるきぬ子に対し、「私」は当わくしている。よって、1が適する。

問四 4行前に「私はこの魚の代金を受け取るのが、何かはずかしかった。ひどく卑賤《ひせん》な行為《こうい》のような気がした」とあるので、「私」が「(代金は)いいです」と言ったのは、魚の代金をもらうのがみじめだったからだとわかる。しかし、「よくはないわ。おいくらですって」と重ねて聞かれたので、もう一度うそをつかなければならなくなり、早くやり取りを終わらせようと「いきどおったように言った」のである。よって、2が適する。

問五 この後、「私」はきぬ子の姿を想像し、きぬ子の姿を見ようと角屋に向かった。このことから、漁火《いさりび》は、きぬ子への恋心を表していると考えられる。よって、2が適する。

問六ア 「なまめかしく」とあることや、「兄さん、だいてよ」という言葉から、8が適する。 **イ** 「きゃあきゃあ嬌声《きょうせい》を上げて」とあるので、若い男にだき上げられたのがうれしく、かなり興奮していることがわかる。よって、1が適する。 **ウ** 「少女とは思われぬヒステリックな声のひびき」とあるので、興奮気味に「いや、探して！」と言うことで、若い男を自分の思い通りにしようとしていることがわかる。よって、5が適する。

問七 翌日、きぬ子が「青年のうでにぶら下がっては歩いているのを」見た場面に、「私の心にはやはりしっとに似た感情がわいた」とある。「やはり」とあるので、――部での気持ちも「しっとに似た感情」だとわかる。

問八 問七の解説にあるように、「私」は、きぬ子があまえていた「若い男」に「しっとに似た感情」をいだいていた。パインナップルを食べたときも、きぬ子のあまえる声は鮮明《せんめい》に記憶《きおく》に残っていたはずであり、その声とパインナップルのあまい味が重なった。パインナップルのあまい味が「いつまでも口中に消えないで残った」のと同じく、きぬ子のあまえた声も、いつまでも頭から消えなかったのである。よって、4が適する。

問九 輝夫の反応の強さから、きぬ子への思いの強さが読み取れる。きぬ子を乗せたバスが村を出発した場面で、最後までバスを追いかけていたのが輝夫だった。このことは、輝夫がきぬ子に強い関心を寄せていたことを示している。よって、3が適する。

問十 少し前に「私一人が最後まで敢闘《かんとう》した」「私は息をはずませながら～もたれていた」「至るところ負傷しているらしかった」とあり、大学生を相手にやれるだけのことをやったことが読み取れる。一方で「石はほとんど大学生にはぶつからなかった。それが、私には、いまいましかった」ともあり、勝敗がつかなかったことや、大学生に勝てなかったことで、きぬ子への恋もかなわなかったことがわかる。「海には一点の漁火も見えず」という表現からも、きぬ子への恋がかなわなかったことが読み取れる。よって、1が適する。

問十一 前の行に「じょじょに私たちはバスに近寄って行った」とあるので、きぬ子との別れをおしむ思いがあることが読み取れる。このことから考えると、バスが動き出したことで、本当にきぬ子がここからいなくなるのだということを意識して、いてもたってもいられなくなり、夢中でバスを追いかけ始めたのだと推測できる。よって、

３が適する。

問十二　輝夫は最後の一人になってもバスを追いかけたので、本当に力つきるまで走ったのだと考えられる。それでも、きぬ子を乗せたバスは輝夫を置いて村の外へと走り去っていった。こうした描写は、輝夫の思いが届かなかったことを表している。よって、２が適する。

問十三①　問八の――部の次の行の「その翌日の夕方」から始まる部分が、魚を届けてから一日目の描写である。問十の――部の次の行の「それから三日目に」から始まる部分が、魚を届けてから四日目の描写である。

②「私」は、学童たちを集めてきぬ子を待ちぶせしたり、学童たちを集めて「大学生」を「しゅうげき」している。よって、学童たちを従えるリーダー、あるいはガキ大将のような存在である。　③　文章の最初の方で、きぬ子について「その都会の少女」と表現している。　④　最後から３段落目の内容から、バスに乗りこんだ「砧家の一行」は、「きぬ子と彼女の両親と女中の四人」であることが読み取れる。「大学生」は親せきで、「(魚を届けた日の)二、三日前から(砧家に)来ている」とあるので、最初から砧家といっしょに来たわけではない。

[二]

問一　「すること」が最初の段落に、「しないこと」が２段落目に、「必要なこと」が３段落目に書かれている。

問二　「二一世紀に入って」から始まる段落に、「図書館とは～という長い間のイメージが～変わってきた」とある。ここでの「長い間」とは、二一世紀に入って災害が発生する前の「長い間」である。

問三　――部の前の「避難《ひなん》生活の中で～図書館を使う」の部分からまとめる。

[三]

A　「おおらかな」と、１の「積極的な」は形容動詞。２の「な」は断定の意味を表す助動詞、３の「大きな」は連体詞、４の「ような」はたとえの意味を表す助動詞。よって、１が適する。

B　「博士の」の「の」と、４の「の」は、「が」に置きかえても意味が通るので、４が適する。

《2023　算数　解説》

1 (1)　与式より，$\frac{13}{5}\div\{(□-1.95)\times0.6\}=\frac{5}{3}-\frac{5}{7}$　　$(□-1.95)\times0.6=\frac{13}{5}\div\frac{20}{21}$　　$(□-1.95)\times0.6=2.73$

$□-1.95=2.73\div0.6$　　$□=4.55+1.95=$**6.5**

(2)　**【解き方】この問題のように空きビン数本を１本の新品と交換してもらう問題では，右のような図をかくとよい。まず買ったラムネを表す○を１段目に３個並べ，それらからもらえるラムネを２段目の左はしに●で表す。すると，２段目以降は○を２個加えるごとに次の段に行けることになる。**

1段目	○	○	○
2段目	●	○	○
3段目	●	○	○
4段目	●	○	…

※○は買ったラムネを，●は空きビンと交換することでもらえたラムネを表す。

①　30本買うと，２段目以降の段は，(30－３)÷２＝13余り１より，14段目まで全部うまり，15段目は●○となる。よって，全部で３×14＋２＝**44**(本)のラムネを飲める。

②　100本のラムネを飲むためには，100÷３＝33余り１より，33段目までが全部うまり，34段目が●となればよい。この場合に買ったジュースは，３＋２×32＝**67**(本)である。

(3)　**【解き方】３つの整数はすべて{(アの倍数)＋イ}と表せるから，どの２つの数をとっても，その差は(アの倍数)となる。**

2894－2342＝552と，3561－2894＝667の最大公約数は23だから，ア＝**23**　　2342÷23＝101余り19より，イ＝**19**

(4)　**【解き方】A×B×Cが偶数となるのは，少なくとも１回は偶数が出るときだから，A×B×Cが偶数となる出方の数は，(すべての出方の数)－(すべて奇数となる出方の数)で求める。**

3回のサイコロの目の出方は全部で，6×6×6＝216(通り)　すべて奇数となる出方の数は，3×3×3＝27(通り)　よって，A×B×Cが偶数となる出方の数は，216−27＝**189**(通り)

A×B×Cが8＝2×2×2の倍数となる場合は，①3回とも偶数となる場合と，②2回だけ偶数となる場合に分けて考える。

①3回とも偶数となる場合

このような出方は，3×3×3＝27(通り)ある。

②2回だけ偶数となる場合

2と6は素因数に2を1個ふくみ，4は素因数に2を2個ふくむ。したがって，2回だけ偶数となる場合，少なくとも1回は4が出なければならない。そのような3つの目の組み合わせを，パターンA[4と，2または6と，奇数]，パターンB[4と4と奇数]に分ける。

パターンAの組み合わせは，「2または6」が2通り，「奇数」が3通りだから，2×3＝6(組)ある。3回の目がすべて異なるから，パターンAの出方は1組ごとに3×2×1＝6(通り)あるので，全部で，6×6＝36(通り)ある。

パターンBの組み合わせは3組ある。その出方は1組ごとに，奇数が1回目か2回目か3回目かで3通りあるので，全部で，3×3＝9(通り)ある。

したがって，2回だけ偶数となる場合の出方は，36＋9＝45(通り)

以上より，A×B×Cが8の倍数となる出方は，27＋45＝**72**(通り)

⑸　**【解き方】長女と次女の最後の残金が，それぞれ最初に持っていたお金の何倍にあたるかを求め，同じ値《あたい》で表す。**

長女がプレゼント代で出したお金は，最初のお金の37.5%＝$\frac{3}{8}$倍，ケーキ代で出したお金は最初のお金の$(1-\frac{3}{8})\times\frac{625}{1000}=\frac{25}{64}$(倍)だから，最後の残金は最初のお金の，$1-\frac{3}{8}-\frac{25}{64}=\frac{15}{64}$(倍)である。

次女がプレゼント代で出したお金は，最初のお金の50%＝$\frac{1}{2}$倍，ケーキ代で出したお金は最初のお金の$(1-\frac{1}{2})\times\frac{40}{100}=\frac{1}{5}$(倍)だから，最後の残金は最初のお金の，$1-\frac{1}{2}-\frac{1}{5}=\frac{3}{10}$(倍)である。

分子に注目して，長女と次女の最後の残金を15と3の最小公倍数の⑮とすると，最初のお金は，長女が⑮÷$\frac{15}{64}$＝$\textcircled{64}$，次女が⑮÷$\frac{3}{10}$＝㊿である。したがって，プレゼント代で出したお金は，長女が$\textcircled{64}$×$\frac{3}{8}$＝㉔，次女が，㊿×$\frac{1}{2}$＝㉕

三女の最後の残金は，⑮×$(1+\frac{1}{10})$＝$\textcircled{16.5}$で，プレゼント代で出したお金と最後の残金の比は，45：(100−45)＝9：11だから，三女がプレゼント代で出したお金は，$\textcircled{16.5}$×$\frac{9}{11}$＝$\textcircled{13.5}$である。

よって，求める比は，㉔：㉕：$\textcircled{13.5}$＝**48：50：27**

2　⑴　**【解き方】60Lをすべて一般道路で使ったものとして，つるかめ算を利用する。**

60Lをすべて一般道路で使うと，10×60＝600(km)進み，実際より712−600＝112(km)短くなる。

1Lを一般道路での使用ではなく高速道路での使用におきかえると，距離は12−10＝2(km)のびるから，高速道路で使ったガソリンは，112÷2＝56(L)である。したがって，高速道路を走った距離は12×56＝**672**(km)で，その時間は672÷80＝8.4(時間)である。一般道路を走った距離は10×(60−56)＝40(km)で，その時間は40÷40＝1(時間)である。よって，行きにかかった時間は，8.4＋1＝**9.4**(時間)

⑵　**【解き方】11時間30分＝11.5時間ずっと一般道路を走ったものとして，つるかめ算を利用する。**

11.5時間ずっと一般道路を走ると，40×11.5＝460(km)進むから，実際より712−460＝252(km)短くなる。

1時間を一般道路ではなく高速道路で走ったものとおきかえると，距離は80−40＝40(km)のびるから，高速道路を走った時間は252÷40＝6.3(時間)，一般道路を走った時間は11.5－6.3＝5.2(時間)である。

したがって，高速道路で使ったガソリンは6.3×80÷12＝42(Ｌ)，一般道路で使ったガソリンは5.2×40÷10＝20.8(Ｌ)だから，帰りに使用したガソリンは全部で，42＋20.8＝**62.8**(Ｌ)

3 ⑴ **【解き方】右の「半円に内接する直角三角形」より，図１のように記号をおくと，角ＡＥＯ＝90°である。**

> **半円に内接する直角三角形**
>
> 右図において，三角形ＰＱＲの内角の和より，
>
> ○×２＋●×２＝180°　○＋●＝90°
>
> したがって，角ＱＰＲ＝90°
>
> 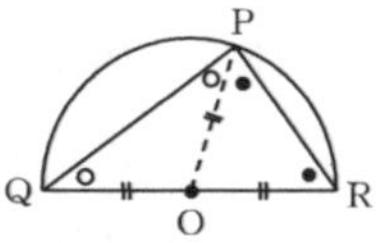
>
>
> **半円に内接し１辺が直径と重なる三角形は直角三角形である。**

おうぎ形の中心角の大きさは曲線の長さに比例するから，角ＡＯＤ：角ＡＯＢ＝７：(７＋８)＝７：15

したがって，角ＡＯＤ＝90°$\times\dfrac{7}{15}$＝42°

三角形ＯＤＡはＯＤ＝ＯＡの二等辺三角形だから，

角ＯＤＡ＝(180°－42°)÷２＝69°

三角形ＡＤＥにおいて三角形の外角の性質より，

角あ＝角ＡＥＯ－角ＡＤＥ＝90°－69°＝**21°**

図１

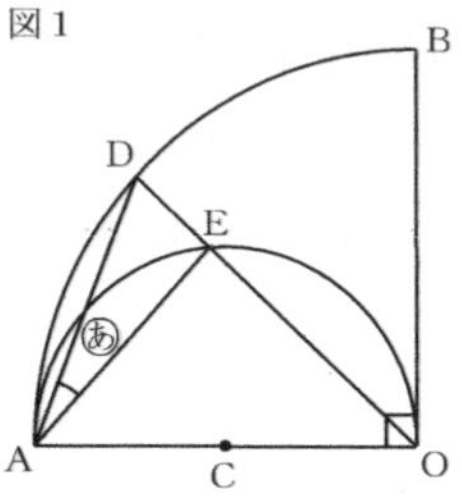

図２

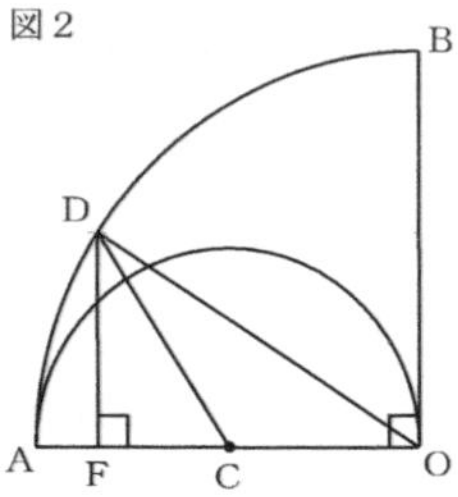

⑵ **【解き方】図２のように作図し，ＯＣ×ＤＦ÷２で求める。**

角ＡＯＤ：角ＡＯＢ＝１：(１＋２)＝１：３だから，角ＡＯＤ＝90°$\times\dfrac{1}{3}$＝30°

したがって，三角形ＤＦＯは１辺がＯＤ＝４㎝の正三角形を半分にしてできる直角三角形だから，

ＤＦ＝４÷２＝２(㎝)　ＯＣ＝４÷２＝２(㎝)だから，三角形ＤＣＯの面積は，２×２÷２＝**２**(㎠)

4 ⑴ **【解き方】(メールを受け取る２人の組み合わせの数)×(２人を決めたあとの送り方の数)で求める。**

右の「組み合わせの数の求め方」を利用する。

メールを受け取る２人の選び方は，$\dfrac{5\times4}{2\times1}$＝10(通り)

ＡとＢが受け取る場合，Ａの送り先はＢ，Ｂの送り先はＡで，Ｃ，Ｄ，Ｅの送り先はそれぞれＡかＢの２通りだから，５人の送り方は，２×２×２＝８(通り)

よって，２人が受け取る送り方は全部で，

10×８＝**80**(通り)

> **組み合わせの数の求め方**
>
> 異なる10個のものから順番をつけずに３個選ぶときの組み合わせの数は，
>
> 全体の個数　選ぶ個数
>
> $\dfrac{⑩\times9\times8}{③\times2\times1}$＝120(通り)
>
> 選ぶ個数　選ぶ個数
>
> つまり，異なるｎ個からｋ個選ぶときの組み合わせの数の求め方は，$\dfrac{(\text{ｎ個からｋ個選ぶ並べ方の数})}{(\text{ｋ個からｋ個選ぶ並べ方の数})}$

⑵ **【解き方】(メールを受け取る４人の組み合わせの数)×(４人を決めたあと２通受け取る人の選び方の数)×(それらを決めたあとの送り方の数)で求める。**

メールを受け取る４人の選び方は，受け取らない１人の選び方に等しいから，５通りある。

Ａ，Ｂ，Ｃ，Ｄを選んだとすると，このうち２通受け取る人の選び方は，４通りある。

Ａが２通，Ｂ，Ｃ，Ｄが１通ずつ受け取るとし，①ＥがＡに送る場合，②ＥがＡに送らない場合に分ける。

①ＥがＡに送る場合

Ｅ以外にＡに送るのはＢ，Ｃ，Ｄの３通りある。ＢがＡに送ったとすると，Ａ，Ｃ，Ｄの送り方は表１の３通りある。したがって，ＥがＡに送る場合の送り方は，３×３＝９(通り)

表１

Ａ	Ｃ	Ｄ
Ｂ	Ｄ	Ｃ
Ｃ	Ｄ	Ｂ
Ｄ	Ｂ	Ｃ

②ＥがＡに送らない場合

Ａに送るのはＢ，Ｃ，Ｄのうち２人だから３通りある。Ｂ，ＣがＡに送ったとすると，Ａ，Ｄ，Ｅの送り方は表２の４通りある。したがって，ＥがＡに送らない場合の送り方は，３×４＝12(通り)

表２

Ａ	Ｄ	Ｅ
Ｂ	Ｃ	Ｄ
Ｃ	Ｂ	Ｄ
Ｄ	Ｂ	Ｃ
Ｄ	Ｃ	Ｂ

①，②より，Ａが２通，Ｂ，Ｃ，Ｄが１通ずつ受け取る送り方は，９＋12＝21(通り)

以上より，４人が受け取る送り方は全部で，５×４×21＝**420(通り)**

⑶　**【解き方】すべての送り方の数から，２人が受け取る送り方の数(80通り)と，４人が受け取る送り方の数(420通り)と，５人が受け取る送り方の数を引く。**

５人とも送り先は４通りあるから，すべての送り方は，４×４×４×４×４＝1024(通り)

５人が受け取る送り方のうち，ＡがＢに送る送り方は右表の11通りある。

Ａ	Ｂ	Ｃ	Ｄ	Ｅ
Ｂ	Ａ	Ｄ	Ｅ	Ｃ
Ｂ	Ａ	Ｅ	Ｃ	Ｄ
Ｂ	Ｃ	Ａ	Ｅ	Ｄ
Ｂ	Ｃ	Ｄ	Ｅ	Ａ
Ｂ	Ｃ	Ｅ	Ａ	Ｄ
Ｂ	Ｄ	Ａ	Ｅ	Ｃ
Ｂ	Ｄ	Ｅ	Ａ	Ｃ
Ｂ	Ｄ	Ｅ	Ｃ	Ａ
Ｂ	Ｅ	Ａ	Ｃ	Ｄ
Ｂ	Ｅ	Ｄ	Ａ	Ｃ
Ｂ	Ｅ	Ｄ	Ｃ	Ａ

ＡがＣ，Ｄ，Ｅに送り送り方もそれぞれ11通りあるから，５人が受け取る送り方は，11×４＝44(通り)

よって，３人が受け取る送り方は，1024－80－420－44＝**480(通り)**

5　⑴　Ａ，Ｂ，Ｃの欄に１が２個あるから，Ｅは**０**。Ａ，Ｂ，Ｄの欄に１が１個あるから，Ｆは**１**。Ａ，Ｃ，Ｄの欄に１が１個あるから，Ｇは**１**。

⑵①　Ａ，Ｂ，Ｃのすべての場合について調べると，右表のようになる。

Ａ	Ｂ	Ｃ	Ｅ	１の個数
０	０	０	０	０個
１	０	０	１	２個
０	１	０	１	２個
０	０	１	１	２個
１	１	０	０	２個
１	０	１	０	２個
０	１	１	０	２個
１	１	１	１	４個

よって，１の個数として考えられるのは，**０個，２個，４個**である。

②　**【解き方】町子さんが０を１にまちがえると１の個数は１個増え，１を０にまちがえると１の個数は１個減る。**

花子さんがかいた表でＡ，Ｂ，Ｄ，Ｆの欄の１の個数が，０個だった場合１個になり，２個だった場合１個か３個になり，４個だった場合３個になる。

よって，１の個数として考えられるのは，**１個，３個**である。

③　**【解き方】Ａ，Ｂ，Ｃ，Ｅの欄の１の個数をＸとし，Ａ，Ｂ，Ｄ，Ｆの欄の１の個数をＹとし，Ａ，Ｃ，Ｄ，Ｇの欄の１の個数をＺとする。①，②より，町子さんがまちがえなければＸ，Ｙ，Ｚはすべて偶数になり，まちがえれば，Ｘ，Ｙ，Ｚのうちまちがえた欄に関わるところが奇数になる。**

Ｘが奇数，Ｙが偶数，Ｚが奇数だから，町子さんがまちがえて書き写した欄がある。ＸとＺに共通する欄を探すと，ＡとＣがある。Ａをまちがえたとすると，Ｙも奇数になるはずなので，まちがえた欄は**Ｃ**である。

④　**【解き方】③より，Ｙが奇数だから，町子さんがまちがえた欄はＡ，Ｂ，Ｄ，Ｆのどれかである。また，ＸとＺが偶数だから，Ａ，Ｂ，Ｃ，Ｄ，Ｅ，Ｇは正しく書き写したとわかる。よって，まちがえたのはＦである。**

Ｚ＝４個だから，Ａ，Ｃ，Ｄ，Ｇはすべて１である。Ｘ＝２個で，ＡとＣが１だから，ＢとＥは０である。

Ａ，Ｂ，Ｄに１が２個あるから，Ｆの正しい値は０である。以上より，ＡＢＣＤＥＦＧ＝**１０１１００１**

《2023　理科　解説》

１　アルカリ性の水よう液(うすい水酸化ナトリウム水よう液とうすいアンモニア水)を赤色リトマス紙につけると青色に変化し，酸性の水よう液(うすい塩酸)を青色リトマス紙につけると赤色に変化する。中性の水よう液(食塩水)では，どちらのリトマス紙の色も変化しない。また，固体がとけている水よう液(うすい水酸化ナトリウム水よう液と食塩水)は，じょう発皿にとり弱火で加熱すると固体が出てくるが，気体がとけている水よう液(うすい塩酸とうすいアンモニア水)は，何も残らず，水よう液にアルミニウムの小さな板を入れると，あわ(水素)が出るのはうすい塩酸とうすい水酸化ナトリウム水よう液，あわが出ないのはうすいアンモニア水と食塩水である。水よう液に石灰水を加えると白くにごるのは炭酸水だから，ア～エの水よう液はすべて変化しない。よって，実験①に選ぶことができるのは，サ，セ，ソである。実験①でサを選んだとき，A・B(うすい水酸化ナトリウム水よう液とうすいアンモニア水)の実験②はセかソのどちらかで，どちらもAがうすい水酸化ナトリウム水よう液，Bがアンモニア水となる。また，C・D(うすい塩酸と食塩水)の実験③はシ，セ，ソのいずれかで，シ，ソはCがうすい塩酸，Dが食塩水，セはCが食塩水，Dがうすい塩酸となる。実験①でセを選んだとき，A・B(うすい水酸化ナトリウム水よう液と食塩水)の実験②はサかソのどちらかで，どちらもAがうすい水酸化ナトリウム水よう液，Bが食塩水となる。また，C・D(うすい塩酸とうすいアンモニア水)の実験③はサ，シ，ソのいずれかで，シ，ソはCがうすい塩酸，Dがうすいアンモニア水，サはCがうすいアンモニア水，Dがうすい塩酸となる。実験①でソを選んだとき，A・B(うすい塩酸とうすい水酸化ナトリウム水よう液)の実験②はサ，シ，セのいずれかで，サ，セはAがうすい水酸化ナトリウム水よう液，Bがうすい塩酸，シはAがうすい塩酸，Bがうすい水酸化ナトリウム水よう液となる。また，C・D(食塩水とうすいアンモニア水)の実験③はサ，セのどちらかで，サはCがうすいアンモニア水，Dが食塩水，セはCが食塩水，Dがうすいアンモニア水となる。解答例以外でも，実験①～③で同じ実験を選ばず，上記の条件が満たされていればよい。

2　**1(1)(2)**　アサギマダラはチョウのなかまで，ストローのような口で花のみつを吸う。　**(3)**　アサギマダラの６本のあしと４枚のはねはむねについている。　**(4)**　アサギマダラ，アリ，カブトムシは卵，よう虫，さなぎ，成虫の順に成長する完全変態のこん虫，セミ，トンボ，バッタは卵，よう虫，成虫の順に成長する不完全変態のこん虫である。

3(1)　１日目にふくろをかぶせた花の平均時間は(37＋18＋223＋28＋170＋305＋85＋４＋11＋94＋27＋24＋50＋648＋244＋58＋45＋602＋170＋９)÷20＝142.6(秒)，１日目にふくろをかぶせなかった花の平均時間は(67＋20＋34＋８＋59＋６＋20＋65＋40＋407＋84＋４＋13＋63＋３＋124＋212＋２＋13＋24)÷20＝63.4(秒)となるので，１日目にふくろをかぶせた花のほうが，アサギマダラがとまっていた平均時間が長い。　**(2)**　花にふくろをかぶせていると，アサギマダラがみつをすうことができないので，２日目には花にみつがたくさんたまっていたと考えられる。

3　**1**　アの角を入射角，イの角を反射角という。光が反射するとき，入射角と反射角は等しい。

2　３÷２＝1.5

3　２で求めたくっ折率は1.5だから，図ｉでＦＧが３×1.5＝4.5となるような光の道筋を作図する。

図ｉ

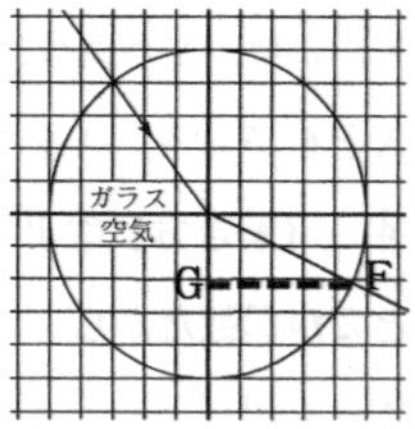

4　１解説より，入射角と反射角が等しくなるような図を作図する。

5　ガラスのくっ折率は1.5だから，水はガラスよりもくっ折率が小さいことがわかる。よって，(ＢＣの長さ)÷(ＤＥの長さ)はガラスよりも小さくなる。ＢＣの長さが等しいので，(ＢＣの長さ)÷(ＤＥの長さ)が小さくなるとき，ＤＥの長さは大きくなる。よって，ウの角はガラスよりも大きくなる。

4　**1**　水の気体の状態を水蒸気という。　**2(1)**　氷河は，地上の氷や雪が押し固められてできたものである。

3(1)　陸地では体積が 111－71＝40(千立方キロメートル)増え，海洋では体積が 425－385＝40(千立方キロメートル)減るので，水は増えた陸地から減った海洋へ移動している。また，大気中では海洋上が 40(千立方キロメートル)増え，陸地上が 40(千立方キロメートル)減るので，水は増えた海洋上から減った陸地上へ移動する。

(2)　１年間→365 日で大気中に出ていく量(大気中から入ってくる量も同じ)は 425＋71＝496(千立方キロメートル)だから，13 千立方キロメートルが入れかわるのにかかる日数は，$365\times\frac{13}{496}$＝9.5…→10 日となる。

4　(海洋の面積)×(海洋の平均の深さ)＝(海洋に存在するすべての水の体積)より，海洋の平均の深さは 1348850 千立方キロメートル÷361 百万平方キロメートル＝1348.850 百万立法キロメートル÷361 百万平方キロメートル＝3.73…(キロメートル)→3730m→3700mとなる。

5(1)(2)　水が海洋から大気中に移動するとき，海水中の塩分は一定だが，水の量が減るので，海水の塩分のう度は高くなる。

《2023　社会　解説》

1　a①　解答例の他，観光資源としての役割も考えられる。　②　環境アセスメント　　2027 年開業を目指して着工したリニア中央新幹線は，静岡県が大井川上流の水量低下と生態系への影響を考慮した環境影響評価を求めて着工を許可せず，2027 年の開業は事実上不可能となっている。

b　イ　　関東地方の県が上位を独占していることから，近郊農業で栽培されるほうれんそうと判断する。かぼちゃは北海道，いちごは栃木県，だいこんは北海道が生産量1位である。

c　森林の減少によるエサ場の不足から，これまでシカが現れない人里や高地にまで現れるようになった。これまで鳥獣保護法によってシカの捕獲は制限されてきたが，個体数が増加したことで，集団生活を営むシカの行動範囲が拡大した。地球温暖化によって，高地の気温が上昇し，シカが現れるようになった。

d　漁業や水産加工業が行われている地域は，大消費地から離れた地方に多い。そのため，働く世代が流出し，過疎化が進み，労働力が不足したことが考えられる。また，働く世代が多い地域だとしても，収入の不安定な漁業に積極的に就こうとする若者は少ないことが考えられる。

e　エ　　粗鋼の生産量・消費量ともに1位のAは，世界の工場と言われる中国である。中国ではここ何年も鋼材・半鋼材の輸出が1位であったが，内需増などの影響により，2020 年には輸入においてもアメリカを抜いて1位となった。

f　ア　　情報通信産業の発達，特にスマートフォンの普及とともに本の生産量が減り，ペーパーレス化が進んでいると考え，生産量が減少しているアを印刷用紙と判断する。イは情報用紙，ウは段ボール原紙。

2　a①　インド　　米の生産はアジアに集中している。インドは中国ほど国内での米の消費が多くないので，世界最大の米の輸出国となっている。　②　棚田　　中国の雲南省には世界最大の棚田があり，世界文化遺産に登録されている。

b　エ　　米の輸入自由化によって輸入される米は，ミニマムアクセス米と呼ばれ，加工用・援助用・在庫として利用されることが多く，米の消費量の減少とは関係がない。

c　イ　　アはベラルーシ，ウはルーマニア，エはトルコ。

d　減反　　米の生産量を調整するために，米の作付面積を減らし，転作する米農家を支援する政策。1971 年から導入され，2018 年に終了した。

e　ア　　近年の産業の空洞化によって，日本の製造業人口は多いながらも頭打ち状態となっている。少子高齢化が進む中，福祉に携わる人は増えている。以上のことから，製造業はA，医療・福祉はCと判断する。Bは情報通信業，Dは教育・学習支援業。

f　ア　　高岡は銅器，小千谷は小千谷縮で知られる。

g　イ　　食糧管理制度のもとでは，農家が生産した米は，政府が高く買い上げ，消費者にできるだけ安く売り渡されていた。国民への食糧供給を安定させるしくみとして戦時中に整備されたものだが，国の赤字が増えてきたこと，食の多様化によって米の消費量が減ってきたことから，1995年に廃止され，米の自由な売買が可能になった。

3　a　ウ，オ　　エシカル消費は，SDGs の 17 ある目標の１つ「12 つくる責任つかう責任」と密接な関係にある。ウ．寄付は消費活動ではない。オ．個人のための消費活動であり，社会的・倫理的・道徳的な消費ではない。

b　2011 年に東日本大震災が発生したことから考える。復興支援商品を購入することは，被災地の人々を支援するだけでなく，被災地で雇用を生み出すことにもなる。

c　イ　　ア．誤り。2013 年度の消費税の総額は 106×0.10＝10.6(兆円)，2020 年度は 184.5×0.11＝20.295(兆円)だから，２倍程度に増えている。ウ．誤り。2013 年度の所得税による収入は 106×0.15＝15.9(兆円)，2020 年度は 184.5×0.11＝20.295(兆円)だから増えている。エ．誤り。2013 年度の国債費は 106×0.20＝21.2(兆円)，2020年度は184.5×0.12＝22.14(兆円)だから，国債費の額は減っておらず，また日本の財政が黒字になりつつある事実はない。

d　ア，ウ　　イ．国会のみにあてはまる。エ．日本国憲法第 43 条に，「両議院の議員の定数は，法律でこれを定める」とあるので，国会にあてはまる。実際の議員定数は公職選挙法で定められる。オ．国会と地方自治体の議会に共通する点である。

e　エ　　国際連合に対する日本の費用負担は，アメリカ・中国に次いで世界で３番目である。

4　A．a　班田収授　　６年ごとに作成される戸籍をもとに，租を取り立てるために６歳以上の男女に口分田を分け与え，死ねば口分田を国に返させる制度を班田収授と呼んだ。

b　ア　　春日＝奈良市の春日大社のあたりの地名　三笠の山＝春日大社の東にある山，現在では一般的に御蓋山と書かれる。現代語訳「大空を見渡してみると月が出ている。あの月は故郷の春日の三笠山に出た月と同じなのだろうか」

c　イ　　894 年，遣唐使に指名された菅原道真が，唐の衰退と航海の危険性を理由に，遣唐使の停止を天皇に進言すると，これが受け入れられ，遣唐使は停止された。これ以降，唐の文化をもとにして，かな文字・大和絵・寝殿造など，日本の生活や風土に合わせてつくりかえた国風文化が栄えた。アは 11 世紀，ウは９世紀，エは 12 世紀のことがらである。

B．a①　エ　　鎌倉仏教については，右表を参照。　②　ウ　　アは室町時代，イは安土桃山時代，エは室町時代から戦国時代にかけてのできごとである。

宗派	人物
浄土宗	法然
浄土真宗(一向宗)	親鸞
時宗	一遍
日蓮宗(法華宗)	日蓮
臨済宗	栄西
曹洞宗	道元

b　管領　　有力な守護大名である斯波氏・細川氏・畠山氏(三管領家)が交代で管領に就いた。

c　枯山水　　枯山水では，砂は海，石組みは滝に見立てられることが多い。

C．a　布教活動を行うカトリックと，スペイン・ポルトガルなどとの南蛮貿易を関連付ける。キリシタン大名は，南蛮貿易で富を得たと言われている。

c　1582 年，キリシタン大名の大友宗麟・有馬晴信・大村純忠は，伊藤マンショ・千々和ミゲル・中浦ジュリアン・原マルチノの４人の少年を，天正遣欧使節として送り出した。豊臣秀吉の出したバテレン追放令のために帰国は中断したが，1590 年に帰国し，活版印刷機(グーテンベルク印刷機)・西洋の楽器・西洋の絵画・世界地図などを日本にもたらしたと言われている。

D．a　三重　　伊勢国が浮かばなくても，伊勢神宮と関連付ければ三重県を導くことができる。

b①　松平定信　　厳しすぎる寛政の改革を風刺した狂歌である。狂歌の意味…「松平定信の政治は，あまりにきれいすぎて，民衆にとっては住みにくい。これだったら，腐敗政治であっても活気のあった田沼の政治の方がよかったなあ。」　②　ア　寛政の改革では，旧里帰農令・寛政異学の禁・倹約令・棄捐令などの法令が出され，出版物の統制をはじめ厳しい取り締まりが行われ，人々の不満は高まる一方であった。

c　ラクスマン　根室に来航し通商を求めたラクスマンに対して，幕府は長崎に来ることを指示し，長崎への通行許可証を交付した。ラクスマンは，長崎には向かわず，許可証をもって帰国した。その後，ラクスマンが交付された許可証の写しをもったレザノフが，長崎に入港し通商を求めた。

E．a　藩を廃止して県を置いたこと，政府から府知事・県令を派遣したことは必ず盛り込む。

b　条約の改正　幕末に結んだ安政の五か国条約では，日本に関税自主権がなく，相手国の領事裁判権を認めた，日本に不利な不平等条約となっていた。岩倉使節団は，改正交渉を進めようと渡米したが，「議会・憲法が整備されていないこと」を理由に拒否され，改正交渉の場につくことすらできなかった。

c　イ，エ　アは1879年(琉球処分)，イは1873年，ウは1885年，エは1873年。

F．a　お雇い外国人　クラーク(札幌農学校)・モース(大森貝塚)・ナウマン(ナウマンゾウ・フォッサマグナ)・フェノロサ(日本美術)・コンドル(鹿鳴館)・モレル(鉄道)など，数多くのお雇い外国人が知られている。

b　イ　ア．誤り。日本国民は，ロシアに勝利するために，大きな犠牲や増税に耐えて戦争に協力してきたので，戦争に反対する民衆の声が大きくなることはなかった。ウ．満州国建国は，満州事変のときであった。

c　ア，ウ　ア．第一次世界大戦は1914年から1918年まで，大正時代は1912年から1926年までだから正しい。イ．誤り。ドイツ・オーストリア・イタリアの同盟国と，イギリス・フランス・ロシアの協商国(連合国)による戦いで，ドイツ側が敗れた。また，開戦当時，アメリカは参戦していなかった。ウ．第一次世界大戦中，日本は輸出量が輸入量を上回る大戦景気となったから正しい。エ．誤り。ラジオ放送は1925年に始まったので，第一次世界大戦の放送は行われていない。

2022 解答例 令和4年度 ★フェリス女学院中学校

《国　語》

［一］ 問一．a．2　b．1　問二．ア．4　イ．1　問三．①五人　②昭和　問四．近所で捨てられた自転車を拾うという方法。　問五．3　問六．3　問七．4　問八．2　問九．1．×　2．×　3．○　4．○　5．×　6．×　問十．拾ってきた自転車をわが子に使わせること。　問十一．A．5　B．2　問十二．1　問十三．3　問十四．4　問十五．1　問十六．4

［二］ 問一．対話とは、真理を求める会話であるが、日常生活ではほとんど対話する機会がなくなっている。しかし、仕事場や家庭、地域でも、本当はもっと対話する必要がある。　問二．2，7

問三．〈作文のポイント〉

・最初に自分の主張、立場を明確に決め、その内容に沿って書いていく。

・わかりやすい表現を心がける。自信のない表現や漢字は使わない。

さらにくわしい作文の書き方・作文例はこちら！→

https://kyoei-syuppan.net/mobile/files/sakupo.html

［三］ (例文)せめてあと五分あれば、きっとこの本を読み終えられるだろうに。

［四］ 1．曲折　2．築　3．菜園　4．縮　5．張　6．いっし　7．あっかん　8．あ

《算　数》

1 (1)5　(2)①5　②84　(3)ア．$\frac{1}{24}$　イ．$\frac{1}{408}$　ウ．$\frac{11}{12}$　(4)3　(5)①2　②6　③10

2 ①ア．14　イ．735　②ウ．22　エ．1132　③オ．7　カ．342

※3 (1)9：8　(2)21：20

※4 (1)0.6　(2)8.75

5 (1)10　(2)イ．5　ウ．30　エ．1475　※(3)152.4

※の求め方は解説を参照してください。

《理　科》

1　［生物名／ちがい］　1．［アサリ／アサリは背骨をもたないが，他は背骨をもつ。］

2．［ホウセンカ／ホウセンカは花弁がはなれているが，他は花弁がくっついている。］

3．［バッタ／バッタはさなぎにならないが，他はさなぎになる。］

4．［シイタケ／シイタケはほう子でふえるが，他は種子でふえる。］

5．［チューリップ／チューリップは子葉が１枚だが，他は子葉が２枚である。］

2　1．燃えやすいものを加熱器具の近くに置かない。／水平でしっかりとした台の中央に加熱器具を置く。

2．⑷　3．⑷　4．⑻　5．60　6．ウ，1.05

3　1．ア　理由…水より空気の方が温度による体積の変化が大きいから。

2．水よりゼリーの方がガラス管内にとどまりやすく，装置をつくりやすいから。　3．3.5

4．丸底フラスコがあたためられて体積が大きくなるから。　5．ガラス管を断面積が小さいものに変える。

4　1．①はやく　②おそく　③おそく　④はやく

2．①ア　②ウ　③カ　④エ　時刻…①19，01　②６，51　③16，28

3．⑴①ア　②ウ　③ア　④ウ　理由…地球が地じくをかたむけたまま太陽のまわりを公転しているから。

⑵問１．①おそく　②はやく　③11，41　④６，13　⑤12，25　⑥おそく

問２．地球が太陽のまわりを公転するときの道すじが完全な円ではないから。

《社　会》

1　a．①ア，ウ　②北条時宗　b．イ　c．島根　d．諸大名が，スペイン・ポルトガル・中国などと貿易をするため。　e．ア　f．朱印状　g．新井白石　h．銅鏡〔別解〕銅矛　i．ウ　j．ウ

k．イ　l．イ　m．小判の価値が下がり，相対的に物価上昇をひきおこした。　n．生糸

o．①田中正造　②ア　p．二・二六事件　q．ウ

2　1．仙台　2．大隅　3．プレート　a．イ　b．ウ　c．ア　d．ウ　e．県内に広がるシラスは，水はけがよく稲作に向かないから。　f．下(草)刈り

3　a．エ　b．対馬海流　c．イ　d．メタンハイドレート　e．ウ　f．沿岸のマングローブ林によって津波の勢いが抑えられた。

4　a．ア　b．(例文)心のバリアフリーを進めるために，「障害の社会モデル」を理解するための授業を小・中学校で行うこと。　c．エ　d．イ　e．ウ

フェリス女学院中学校

←解答例は前のページにありますので，そちらをご覧ください。

《2022　国語　解説》

［一］

問三①　最後の段落に「一家五人が」とある。具体的には、「私」と妻、小学生ぐらいの兄弟と三歳《さい》の男の子である。　②「私」は「『昭和一桁《けた》』生まれの人間」だと書かれている。

問四　少しあとに、まだ使える自転車を道ばたに捨てることがはやっていたこと、近所の原っぱに新品同様の自転車でさえも捨てられていたことが書かれている。また、ずっと後の方で、「私」が家族とともに捨てられた子供用自転車を拾いにいったことが書かれている。

問五　少し前の「それらの品物」が指すのは、冷蔵庫や洗たく機などの家電製品や、いすとテーブル、ソファのセットといった家具などであり、生活を便利で快適なものにするための品物である。これらは、生きていくためにどうしても必要なものというわけではなく、生活が豊かになる過程、あるいは豊かになってから必要になるものである。よって、３が適する。

問六　グロテスクとは、とても異様で、不快に感じさせる様子。このとき「私」が目にしているのは、「いわゆる人間らしい文化生活を営むために」生み出し、捨てられた品物の山である。「私」はこうした品物の山を見て、必要なら作り、いらなくなればあっさり捨てるという人間のきたならしさを感じ、不快感を覚えている。この人間のきたならしさを表現しているのが、「われわれはたくさんの汚物《おぶつ》を自分の体内に後生大事にかかえこんでいる」という部分である。よって、３が適する。

問七　前の段落に、他人が捨てている「粗大《そだい》ゴミ」が、「私」の家で使っている家具類よりも立派であることに気を悪くしていることが書かれている。そして、「私」はそれらを「さもばかにしたように」けりながら、「頭のすみでは」まだ使えるのになどと「未練がましくこだわって」いる。つまり、「粗大ゴミ」をけっているのは、本当は気になっているのに関心がないふりをしているからである。よって、４が適する。

問八　問七の解説にあるように、「私」は「粗大ゴミ」に関心がないふりをしている。また、空らんの直後に「ひそかに」子供用の自転車を探していたと書かれている。「私」は下線部にあるような態度をとっているので、これに合う２の「さりげなく」が適する。

問九１「自転車屋という商売に対する不信感が強まっている」の部分が誤り。　２　ヘビをこわがる息子に対する気持ちは読み取れないので、「情けなく、いらだっている」の部分は誤り。　３「こんなところでわが子の自転車を調達しているのを～面白くない――日が落ちてから取りにきたほうがいい」などとあるように、「私」は自転車を拾いにきているのに世間体を気にしている。　４「私」は、目をつけた子供用自転車について「日が落ちてから取りにきたほうがいい」と考えている。「私」は、この自転車を自分のものにしたような気持ちになっている。　５　ゴミの山が危険であるとは書かれていないし、そのような様子も読み取れない。　６「私」は、ゴミの山の裏手であたりを物色し、手ごろな自転車を見つけた。よって、「くまなく探して」の部分は誤り。

問十　少しあとに「よその子供のお古をわが子に使わせるのは、父親としてはなはだ心傷むことだが」とある。拾ってきたお古の自転車を使わせることへの言い訳として、「じょうずになったら」新品を買えばいいと考えているのである。

問十一Ａ　映画の中で「父親」は、仕事にありついた時に、わざわざ自転車を質屋から出した。また、自分の自転車を盗《ぬす》まれたあと、フットボール場で他人の自転車を盗んだ。こうしたことから、この自転車は、仕事をする上でなくてはならないものだったと考えられる。よって、5が適する。　B　子供がうるさくせがむ自転車は、五段変速の切りかえギアやバスケットがついた「今流行のサイクリング・ツアー車」である。「私」はそれを、「おもちゃめいた自転車」「くだらないぜいたく品」だと思っている。よって、2が適する。

問十二　少し前に「私の父は〜食べる苦労にやせおとろえていた」とある。これは、家族を養い、食べさせるために、やせおとろえるほど必死で働いていたということ。よって、1が適する。

問十三　傍線部《ぼうせんぶ》の「なんともこそばゆいような光景」が指すのは、直後に書かれている、何組かの親子づれがゴミの山をあさっている姿である。「私」たち親子も、まさに同じことをしようとしてやってきたのであり、その姿を他の親子づれの中に見たことで、どこかくすぐったく感じたのである。よって、3が適する。

問十四　傍線部の「なつかしい」「安どの微笑《びしょう》」に着目する。「私」は、「このあたりにはふところの暖かい連中ばかりが住んでいるかのように思いこんでいた」が、それがまちがっていることに気づいた。それは、目の前でゴミの山をあさっている親たちが、「私」以上にふところに余ゆうがない人たちだと確信したからである。「私」は「戦争中の物資欠ぼうの時代」と戦後の貧しい時期を経験している。そのため、目の前の親子に、かつての自分たちの家族を重ねあわせ、なつかしさや親近感を覚えている。そして、この町には金持ちばかりではなく、かつての自分たち家族のような貧しい人々も住んでいるのだと気づき、安どしているのである。よって、4が適する。

問十五　「私」は、散歩の際に、ゴミ山の「粗大ゴミ」を「さもばかにしたように」けりながら、「頭のすみでは」まだ使えるのになどと「未練がましくこだわって」いる。また、子供にあたえるための自転車をゴミ山で見つけたときも、手をふれず、遠くから値ぶみした。つまり、本当はゴミ山の「粗大ゴミ」に関心があるのに、興味がないふりをして関心をおさえてきた。しかし、「私」の家族は「物欲をむきだしにしたゴミあさり」を始め、ゴミの山をくずして目ぼしいものを探し始めた。「私」はその様子を見て、自分がおさえ、かくしてきた「粗大ゴミ」への関心やいやしい心を目に見える形で示されたように感じ、たえられなくなっている。よって、1が適する。

問十六　三歳の子供が拾ってきた、「虫の食った古いかざりもののヤシの実」は、あまり金せん的価値があるとは思えない。しかも、ゴミの山をくずしてあさった他の兄弟や妻と異なり、「彼は最初から他のどんな品物にも目をくれずに」これを拾った。「彼」は、たとえば海岸で貝がらを拾ったり、道ばたできれいな石を拾ったりするのと同じように、純すいに気に入ったものを拾ってきたと考えられる。よって、4が適する。

[二]

問二　4段落目に「対話とは、真理を求める会話である〜何かの問いに答えようとして、あるいは、自分の考えが正しいのかどうかを知ろうとして、だれかと話し合い、真理を探求する会話のことである」「きちんと検討しなければ得られない真理を得たいときに、人は対話をする」とある。2と7は、「何かの問いに答えようとして」「だれかと話し合い、真理を探求する会話」にあたる。

《2022　算数　解説》

1　(1)　与式$=2.05-\{2.1\div(\square-4.125)-1.75\}=1.4$　　$2.1\div(\square-4.125)-1.75=2.05-1.4$

$2.1\div(\square-4.125)-1.75=0.65$　　$2.1\div(\square-4.125)=0.65+1.75$　　$2.1\div(\square-4.125)=2.4$

$\square-4.125=2.1\div2.4$　　$\square-4.125=0.875$　　$\square=0.875+4.125=5$

(2)①　**【解き方】容器Aと容器Bの2つを混ぜ合わせたときの濃度《のうど》になる。**

はじめ容器Aには$210\times0.09=18.9$(g)，容器Bには$280\times0.02=5.6$(g)の食塩がふくまれているから，この

２つの食塩水を混ぜ合わせると，食塩を 18.9＋5.6＝24.5(g)ふくんだ，210＋280＝490(g)の食塩水ができる。
その濃さは，24.5÷490×100＝５(%)

② **【解き方】容器Ａから取り出した食塩水を容器Ｂに入れたときを，うでの長さを濃度，おもりを食塩水の重さとしたてんびん図で考えて，うでの長さの比とおもりの重さの比がたがいに逆比になることを利用する。**

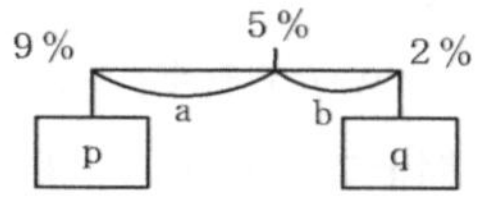

右図でａ：ｂ＝(９－５)：(５－２)＝４：３だから，ｐ：ｑは３：４になる。つまり，食塩水Ａから取り出した食塩水の量を③とすると，容器Ｂからくみ出したあとに残った食塩水の量は④と表される。容器Ｂからくみ出した食塩水の量は③×２＝⑥だから，⑥＋④＝⑩が，280ｇにあたる。
よって，容器Ａからくみ出した食塩水は，$280\times\frac{3}{10}=84$(g)

(3) **【解き方】24 と 17 は互いに素だから，24×17＝408 かけた数で考える。**

24 を分母とする真分数は，17，34，51，68，85，102，119，…と表され，17 を分母とする真分数は，24，48，72，96，120，…と表される。
51 と 68 の間に 17 を分母にもつ真分数がないことから，となりどうしの数の差が最も大きくなるときの差は，24 を分母にもつ真分数の４番目と５番目の差の ア$\underline{\frac{1}{24}}$である。
また，差が最も小さくなるのは，24 を分母にもつ真分数の７番目と 17 を分母にもつ真分数の５番目の，$\frac{120-119}{408}=$ イ$\underline{\frac{1}{408}}$である。
24 を分母とする真分数と 17 を分母とする真分数のうち，最も小さい数は$\frac{1}{24}$，最も大きい数は$\frac{23}{24}$だから，
０から１までの数のうち，24 を分母とする真分数と 17 を分母とする真分数の差で表されない部分は，０から$\frac{1}{24}$と$\frac{23}{24}$から１までの部分である。よって，となりどうしの数の差をすべて加えた和の値は，$1-\frac{1}{24}\times2=$ ウ$\underline{\frac{11}{12}}$

(4) **【解き方】ＢＣ上にＢＥ＝ＣＦとなる点Ｆを作図すると，三角形ＦＡＣと三角形ＢＤＥは合同な三角形になる。**

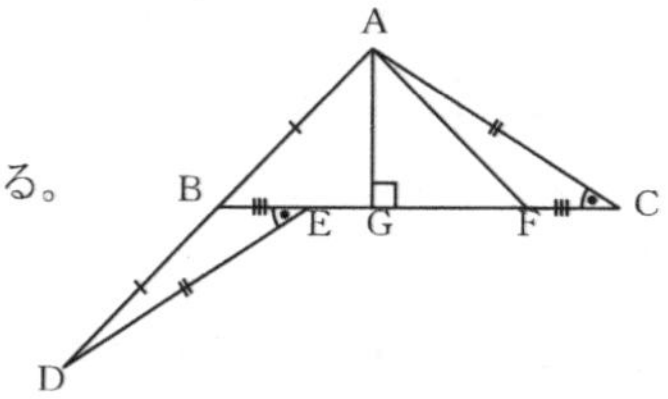

ＡＦ＝ＤＢ＝ＡＢだから，三角形ＡＢＦは，ＡＦ＝ＡＢの二等辺三角形になる。
ＡからＢＣに垂直なＡＧを引くと，三角形ＡＢＣの面積から，
ＡＧ＝22×２÷11＝４(cm)とわかる。
三角形ＡＢＧは，ＢＧ＝ＡＧ＝４cmの直角二等辺三角形であり，点ＧはＢＦの真ん中の点になるので，
ＢＦ＝ＢＧ×２＝８(cm)になる。よって，ＢＥ＝ＦＣ＝11－８＝３(cm)

(5) **【解き方】３つ連続同じ色を並べられないので，右図の３個を１つにしたパターンを左・右と２つ並べていくとする。白１個型は２個使えないことに注意する。**

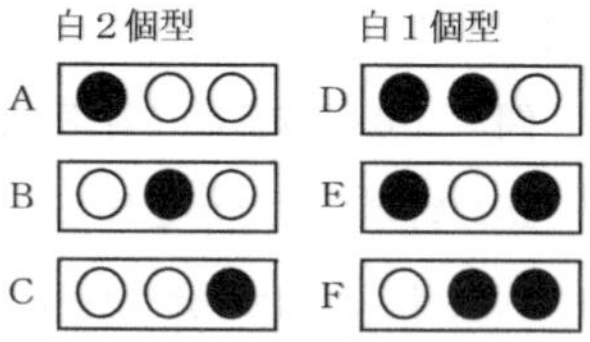

①　一番左に黒い碁石があるのはＡ，Ｄ，Ｅ，一番右に黒い碁石があるのはＣ，Ｅ，Ｆである。条件に合うのは，(Ａ，Ｅ)，(Ｅ，Ｃ)の２通りである。
②　一番左に白い碁石があるのはＢ，Ｃ，Ｆ，一番右に白い碁石があるのはＡ，Ｂ，Ｄである。条件に合うのは，(Ｂ，Ａ)(Ｂ，Ｂ)(Ｂ，Ｄ)(Ｃ，Ａ)(Ｃ，Ｂ)(Ｆ，Ｂ)の６通りである。
③　左から３番目に白い碁石があるのは，Ａ，Ｂ，Ｄである。
左にＡを置くとき，右にはＡ，Ｄ，Ｅの３通りの置き方がある。
左にＢを置くとき，Ｃだけが右に置けないから，右には５通りの置き方がある。
左にＤを置くとき，右にはＡ，Ｂの２通りの置き方がある。よって，全部で３＋５＋２＝10(通り)ある。

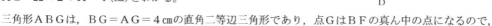

2　**【解き方】オイラー図にそれぞれの色を書き込んで分類すると右図のようになる。**

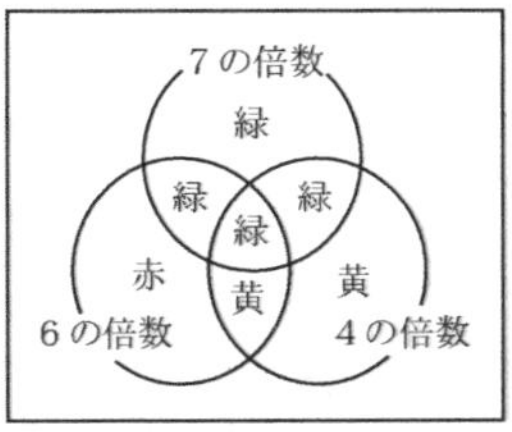

① 緑色のシールがはられているカードは，7の倍数が書かれたカードだから，

100÷7＝14余り2より，ア14枚ある。

7から7×14＝98まで等間隔に並ぶ14個の整数の和は，(7＋98)×14÷2＝イ735

② 黄色のシールがはられているカードは，4の倍数のうち，7で割り切れない数が書かれたカードである。100÷4＝25より，4の倍数は25個ある。4と7の最小公倍数は28であり，100÷28＝3余り16より，28の倍数は3個あるから，黄色のシールがはられているカードは，25－3＝ウ22(枚)ある。4から100まで等間隔に並ぶ25個の整数の和は，(4＋100)×25÷2＝1300

28，28×2＝56，28×3＝84の3つの数の和は，28＋56＋84＝168だから，

カードに書かれた整数の合計は，1300－168＝エ1132

③ 赤色のシールがはられているカードは，6の倍数のうち，7または4で割り切れない数である。

6と7の最小公倍数は42，4と6の最小公倍数は12，4と6と7の最小公倍数は84である。

100÷6＝16余り4より，6の倍数は16個ある。100÷42＝2余り16より，42の倍数は2個，

100÷12＝8余り4より，12の倍数は8個，100÷84＝1余り16より，84の倍数は1個ある。

よって，赤色のシールがはられているカードは，16－2－8＋1＝オ7(枚)ある。

6の倍数の和は，(6＋96)×16÷2＝816，42の倍数の和は42＋84＝126，12の倍数の和は，(12＋96)×8÷2＝432だから，カードに書かれた整数の合計は，816－126－432＋84＝カ342

3　(1)　**【解き方】Aさんの，はじめの半分をぬる速さと残り半分をぬる速さの比は，1：0.8＝5：4だから，同じ面積をぬるのにかかる日数の比は，4：5になる。**

Aさんがはじめの半分の面積を4日でぬったとすると，残りの半分は5日でぬることになるから，Bさんは，4＋5＝9(日)で壁をぬり終わる。Bさんは9日で全体の面積を，Aさんは4日で半分の面積をぬったから，Aさんと Bさんが1日にぬる速さの比は，1日にぬる面積の比に等しく，$(\frac{1}{4}\times\frac{1}{2}):(\frac{1}{9}\times1)=9:8$

(2)　**【解き方】Bさんが1日にぬる面積を1とすると，壁の面積は36になる。**

Aさんの，はじめの速さでぬる日数と後半の速さでぬる日数の比は4：5だから，Aさんは$36\times\frac{4}{4+5}=$16(日間)で36÷2＝18の面積をぬったことになる。Aさんの，はじめと後半のぬる速さの比は5：4だから，

Aさんの後半のぬる速さとBさんのぬる速さの比は，$(\frac{9}{8}\times\frac{4}{5}):1=9:10$である。

Bさんが24－16＝8(日間)に8の面積をぬると，Aさんは後半の速さで，$8\times\frac{9}{10}=\frac{36}{5}$の面積をぬるから，

AさんとBさんが24日間にぬった面積の比は，$(18+\frac{36}{5}):24=21:20$

4　(1)　**【解き方】平坦なBCを右のXDにつくり変えて考える。DとEの真ん中の地点で出会うということは，2人は同時にDとEの位置にいることになる。Y地点を，AX＝FYとなるようにとると，太郎さんがXD間を進む時間と，花子さんがYE間を下る時間は等しい。**

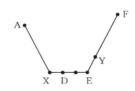

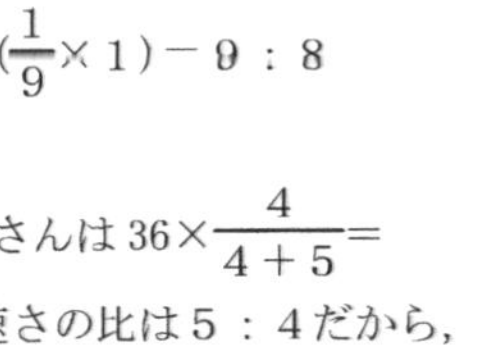

YE間を上るときと下るときの時間の差が6分になる。

下るときと上るときの速さの比は5：3だから，かかる時間の比は3：5になる。比の数の差の2が6分だから，

YE間を下っていた時間は，$6\times\frac{3}{2}=9$(分)である。

太郎さんは，XD間を9分＝$\frac{9}{60}$時間＝$\frac{3}{20}$時間で進んだから，XD(BC)間の道のりは，$4\times\frac{3}{20}=0.6$(km)

(2)　**【解き方】(1)をふまえると，YE間の道のりは，$5\times\frac{3}{20}=0.75$(km)である。**

太郎さんは，花子さんとすれ違うまでに(0.6＋１)÷２＝0.8(km)の平らな道のりを進んでいるから，

この部分を進むのに，$9\times\frac{0.8}{0.6}$＝12(分)かかっている。太郎さんは，ＡＸ間を下るのに54－12＝42(分)かかっているから，ＡＸ間の道のりは，$5\times\frac{42}{60}$＝3.5(km)である。ＦＹ＝ＡＸ＝3.5kmだから，

ＡからＦまでは，3.5＋１＋0.75＋3.5＝8.75(km)

5 ⑴ **【解き方】時間は，道のりの長さに比例し，速さに反比例する。**

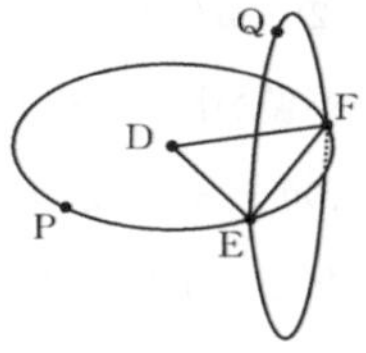

円Ｓと円Ｔの円周の長さの比は，半径の比に等しく２：１である。点Ｐと点Ｑの動く速さの比は10：３だから，かかる時間の比は，(３×２)：(10×１)＝３：５になる。

よって，Ｐが６秒で１周するとき，Ｑは$6\times\frac{5}{3}$＝ア10(秒)で１周する。

⑵ **【解き方】２点Ｐ，Ｑは，点Ｅだけでなく点Ｆも通ることに注意する。**

角ＥＤＦ＝60°だから，点Ｆから点Ｅに移動するまでに，$6\times\frac{60^\circ}{360^\circ}$＝１(秒)かかるので，点Ｐは，６の倍数の秒数に点Ｅ，(６の倍数－１)の秒数に点Ｆを通過する。また，点Ｑは，５秒ごとに点Ｆ，点Ｅを交互に通過する。６と10の最小公倍数は30だから，30秒間の点Ｐと点Ｑの位置を上の表に示した。はじめて出会うのはイ5秒後で，２回目に出会うのはウ30秒後である。

	0	5	6	10	11	12	15	17	18	20	23	24	25	29	30
P	E	F	E		F	E		F	E		F	E		F	E
Q	E	F		E			F			E			F		E

点Ｐと点Ｑは，30秒後に同時に点Ｅを通過するから，30秒間を１つの周期として動いている。

30秒間に２回出会うから，99÷２＝49余り１より，99回目に出会うのは，49周したあとになる。

よって，99回目に出会うのは，30×49＋５＝エ1475(秒後)

⑶ **【解き方】点Ｐが動き出してから32.5秒後は，動き出してから2.5秒後と同じ位置を通過する。**

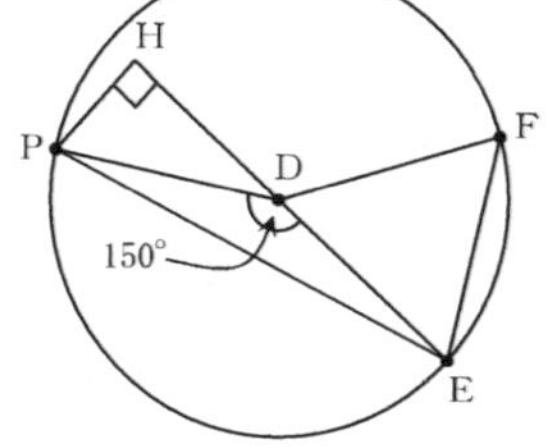

角ＥＤＰ＝$360^\circ\times\frac{2.5}{6}$＝150°である。右のように作図すると，

角ＰＤＨ＝180°－150°＝30°になるから，三角形ＰＤＨは，ＰＨ：ＰＤ＝１：２の直角三角形になる。よって，ＰＨ＝$\text{PD}\times\frac{1}{2}$＝$12\times\frac{1}{2}$＝６(cm)だから，

求める面積は，(おうぎ形ＤＰＥの面積)－(三角形ＤＰＥの面積)＝

$12\times12\times3.14\times\frac{150^\circ}{360^\circ}$－12×６÷２＝オ152.4(cm²)

《2022　理科　解説》

1　１．背骨をもたない動物を無セキツイ動物，背骨をもつ動物をセキツイ動物という。解答例の他に，「イルカは子をうむが，他は卵をうむ。」，「イルカは肺呼吸をするが，他はえら呼吸をする。」などでもよい。　２．花弁がはなれている花を離弁花《りべんか》，花弁がくっついている花を合弁花という。　３．さなぎにならず，卵→幼虫→成虫の順に育つことを不完全変態，卵→幼虫→さなぎ→成虫の順に育つことを完全変態という。　４．シイタケのような菌《きん》類の他にも，スギゴケなどのコケ植物，スギナなどのシダ植物も種子ではなく胞子《ほうし》でふえる。解答例の他に，「シイタケは光合成を行わないが，他は光合成を行う。」などでもよい。　５．子葉が１枚の植物を単子葉《たんしよう》類，子葉が２枚の植物を双子葉《そうしよう》類という。子葉の他に，単子葉類は葉脈が平行で根がひげ根であるのに対し，双子葉類は葉脈が網目《あみめ》状で根が主根と側根からなる，というちがいもある。

2　２　気体エは二酸化炭素である。⑴はアンモニアや塩素など，⑵は水素，⑶は硫黄酸化物やちっ素酸化物について説明したものである。

３　気体オは酸素である。　⑴×…海の中の生物には水にとけた酸素で呼吸を行うものもいることから，酸素が水にとけることがわかる。　⑵×…空気中にふくまれる気体の割合は大きい順に，ちっ素(約78%)，酸素(約21%)，

アルゴン(約1％)，二酸化炭素(約0.04％)であり，その他にも水素やヘリウムなどがわずかにふくまれる。

⑶×…二酸化炭素について説明したものである。

4　⑻○…氷が残っているときには，熱が氷を水に変化させるために使われるので，水温が0℃より高くならない。実験2では，加熱後の水温がどれも0℃より高くなっているので，どれも氷が残っていない。

5　実験1より，1gの燃料アを燃やした熱は，200gの水を50℃上昇《じょうしょう》させることがわかる。さらに，実験2のアでは，100gの氷がとけて200gになった水が10℃まで上昇したので，実験1の結果と合わせると，0℃の氷100gを0℃の水100gにするには，200gの水を50－10＝40(℃)上昇させる熱が必要だとわかる。よって，0℃の氷50gを0℃の水50gにするには，氷の重さが100gのときの半分の熱(200gの水を20℃上昇させる熱)が必要であり，残りの熱で200gの水が50－20＝30(℃)上昇するから，ここでは氷がとけて100gになった水が，200gのときの2倍の60℃上昇する。

6　実験2と実験3で使用した燃料の重さは同じだから，表2と表3より，加熱後の水温が最も高く，発生した気体エの重さが最も小さい燃料ウが，最も少ない二酸化炭素の発生量で一定の温度まで上昇させることができる。0℃の氷100gを0℃の水100gにするのに必要な熱は5解説と同様だから，1gの燃料ウを燃やした熱は200gの水を燃料アのときよりも28－10＝18(℃)高い68℃上昇させることができ，水100gであればその2倍の136℃上昇させることができる。よって，1gの燃料ウを燃やした(100gの水を136℃上昇させる)ときに発生する気体エの重さは2.8gだから，100gの水を51℃上昇させるときに発生する気体エの重さは$2.8\times\frac{51}{136}=1.05$(g)である。

3　1　体積の変化が大きいほど，わずかな温度変化でも目もりが大きく変化する。

3　水のぼう張率は0.00021だから，温度が20℃から30℃へと10℃上がると，体積が200×0.00021×10＝0.42(㎤)大きくなる。ガラス管の断面積は12㎟→0.12㎠だから，高さは0.42÷0.12＝3.5(㎝)変化する。

4　イの温度計を温かい水につけると，はじめに丸底フラスコがあたためられて，その後，丸底フラスコ内の水があたためられる。このため，はじめに丸底フラスコ自体の体積が大きくなることで，丸底フラスコの容積が大きくなり，水面が少し下がる。

5　ガラス管の断面積を小さくすると，同じ体積の変化(温度変化)でも水面の高さが大きく変化する。

4　1　夏至の日は1年でもっとも昼の時間(日の出から日の入りまでの時間)が長い日，冬至の日は1年でもっとも昼の時間が短い日とされている。

3⑴　図2で，半球上の通り道が長いものほど太陽が出ている時間(昼の時間)が長いから，半球上の通り道がもっとも長いアが，昼の時間がもっとも長い夏至の日の記録である。太陽の通り道が東西のふちとぶつかった点が，それぞれ日の出・日の入りの位置だから，夏至の日の日の出・日の入りの位置は真東・真西より北である。また，夏至の日に太陽が南中する高さは，図Iに示した角の大きさであり，夏至の日に1年で1番高くなる。　⑵(問1)　太陽は東の地平線からのぼってくるため，明石と横浜では，東に位置する横浜の方が南中時刻がはやくなる。よって，横浜では，明石での南中時刻より19分はやい11:41に南中すると，均時差が0分になる。11ページのグラフで均時差が0分になっているのは，4月16日，6月13日，9月2日，12月25日であり，これらのうち，6月13日と12月25日の南中時刻が11:41であることが，10ページの上下のグラフから読み取れる。また，11ページのグラフより，6月21日の夏至の日と12月21日の冬至の日のころは，均時差の値が小さくなっていくときだから，(南中時刻をもとにした)日時計の1日が時計の1日(24時間)よりも長くなっていく，つまり，南中時刻がおそくなっていく時期だとわかる。また，10ペー

図I

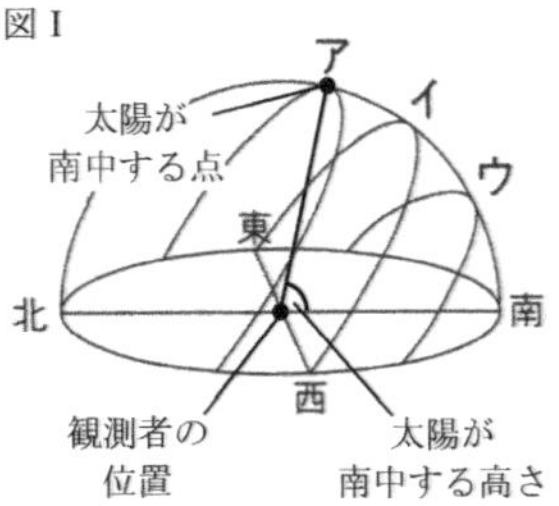

ジの上下のグラフからも，夏至の日と冬至の日のころは，南中時刻がだんだんおそくなっていく時期だとわかる。

《2022　社会　解説》

1　a①　アとウが正しい。鎌倉幕府８代執権北条時宗が元による服属の要求をしりぞけた後，２度にわたって元・高麗の連合軍は北九州に上陸し日本を襲来した(元寇/1274 年 文永の役・1281 年 弘安の役)。イの亀甲船は，安土桃山時代の豊臣秀吉による朝鮮出兵時，朝鮮軍が使用した船である。

b　イの平安時代後半が正しい。中尊寺金色堂は奥州藤原氏によって建てられ，天皇が上皇となった後も政治の実権をにぎる院政は，白河上皇→鳥羽上皇→後白河上皇と続いた。アは鎌倉時代・室町時代・江戸幕府，ウは平安時代初め。

c　石見銀山(島根県)から採れた銀は，勘合貿易で明(中国)に，南蛮貿易でヨーロッパに多く輸出されていた。16 世紀の日本は，世界の銀の生産量のおよそ３分の１を占めていたため，「銀の島」として知られていた。

d・e　スペイン人やポルトガル人を南蛮人と呼んだことから，16 世紀頃に行われたポルトガルやスペインとの貿易を南蛮貿易と言う。

f　朱印状を持った朱印船による貿易は，鎖国政策確立まで，主に東南アジアの国々と行われた。徳川家康が朱印船貿易をしょうれいしたので，東南アジアには日本町ができた。

g　新井白石は，徳川家宣・家継に仕えた儒学者で，長崎貿易を制限して金銀の海外流出を防ごうとした他，朝鮮通信使の待遇を簡略化して倹約につとめた(正徳の治)。

h　弥生時代に日本でつくられた青銅器は，豊作を祈る祭りの道具として用いられていた。

i　ウが正しい。山梨県には甲斐国，千葉県には安房国・上総国・下総国があった。

j　ウが正しい。定期市が開かれて中国から輸入された宋銭や明銭が使われていた。アは奈良時代，イは江戸時代。

k　イの武家諸法度は，江戸時代に徳川家康・徳川秀忠によって初めて定められたから誤り。アは身分統制令，ウはバテレン追放令。

l　イを選ぶ。韓国との国交は，1965 年に日韓基本条約を批准したことで正常化した。アとウは 1956 年。

m　江戸幕府は金の海外流出を防ごうと金の含有量が少ない小判をつくったが，そのために貨幣の価値が下がり，かえって経済が混乱して物価は上昇し，貿易に関係のない米や塩までもが値上がりした。

n　主要な輸出品である生糸の生産が追い付かなくなると，生糸の品質や生産技術の向上を目的として，群馬県に官営の富岡製糸場がつくられた。

o①　足尾銅山から出た鉱毒が渡良瀬川に流れこみ，流域で農業や漁業を営んでいた人々に大きな被害を与えたのが足尾銅山鉱毒事件である。衆議院議員の田中正造は，帝国議会でこの事件を取り上げて明治政府の責任を追及し，議員を辞職した後も，鉱毒問題の解決に努めた。　②　アは 1880 年代だから誤り。イは 1894 年，ウは 1890 年。

p　日中戦争開始(1937 年)前年だから，二・二六事件(1936 年２月 26 日，陸軍の青年将校らによって大臣が殺傷された事件)である。五・一五事件(1932 年５月 15 日，海軍の青年将校らによって犬養毅首相が暗殺された事件)でないことに注意する。

q　ウが正しい。1938 年に国家総動員法が制定されたため，食料は通帳，砂糖・マッチ・衣服は切符による配給となった。

2　a　イ．夏に東北地方の太平洋側に北東から吹く，冷たく湿った風を「やませ」と言う。やませが吹くと，濃霧が発生して日照時間が短くなり，気温が十分に上がらなくなることから，稲の生長がさまたげられる冷害が発生しやすい。

b　自動車生産数が圧倒的に多いアは中国である。残ったうち，トラック・バスの生産数が多いイをアメリカ，乗用車の生産数が多いウを日本と判断する。

c　アが誤り。滋賀県の信楽焼は陶器である。漆器生産には，高い湿度(80％前後)が必要なことから，日本海側や内陸部の盆地で生産が盛んである。石川県は輪島塗，福島県は会津塗，青森県は津軽塗が生産される。

d　ウが正しい。Aからの輸入の鉄鋼の割合が高いこと，Bへの輸出品に自動車があることから，Aが韓国，Bが台湾と判断する。日本車の韓国への輸出は厳しい状況にある。中国との貿易は，もっと貿易額が多く，日本の輸入超過になり，輸入品には衣類，輸出品には自動車が上位となる。

e　鹿児島県の大部分は火山灰土のシラス台地で，水はけがよいため稲作に向かず，畜産や畑作がさかんである。

f　雑草や雑木の成長速度がピークに達する夏に，下刈りを行う。木を育てる順番は次の通り。　①苗木を植える→②苗木の成長をうながすために木々の下草を刈り取る→③節のない柱や板をとるために，枝を付け根から切り落とす(枝打ち)→④木と木の間を広げて太陽の光が届くように，ところどころの木を切る(間伐)→⑤伐採する

3　a　2011年の福島第一原子力発電所放射能漏れ事故の影響により，原子力発電は大幅に減ったア，火力発電と風力発電は増えたウとエである。脱炭素化に向けた再生可能エネルギー発電への転換が進められていることから，風力発電は増加率の高いエと判断する。アは原子力発電，イは水力発電，ウは火力発電。

b　日本海には対馬海流(暖流)とリマン海流(寒流)が流れる(右図参照)。

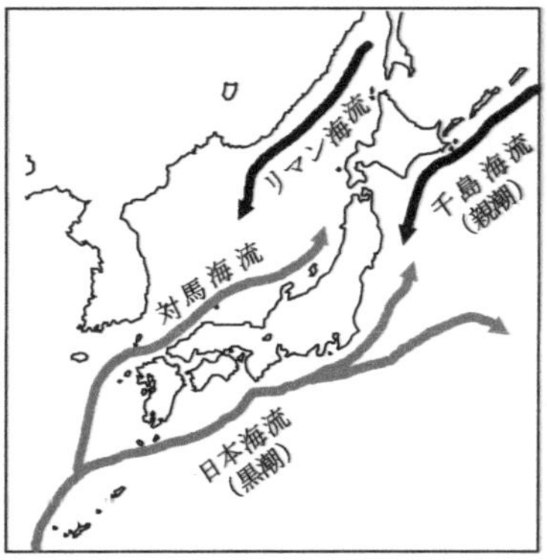

c　イ．いわしなどの大群で回遊する魚はまきあみ漁で獲られる。

d　メタンハイドレートは二酸化炭素排出量が少ないため，地球温暖化対策として注目されている。

e　ウ．各国による排他的経済水域の設定・石油危機による燃料費の値上がりの影響を受けて1973年を境に遠洋漁業が衰退し始めたこと，その後，沖合漁業が頭一つ飛び抜けた漁獲量を記録したことから，導き出せる。

f　根を幾重にも張るマングローブは生物の生息地であり，波の浸食も防いでいるため，マングローブ林の伐採は環境破壊として問題となっている。

4　a　アが誤り。法律案の提出は内閣や国会の持つ権限である。

b　「人の目が気にかかる」「いじめやいじわるがこわい」と答えた人が多いことに注目する。「心のバリアフリー」とは，さまざまな心身の特性や考え方を持つすべての人々が，理解を深めようとコミュニケーションをとり，支え合うことである。「障害の社会モデル」は，障害は心身機能の障害と社会的障壁の両方でつくり出されているものであり，社会的障壁を取り除くことは社会の責務であるとする考え方である。

c　三段落に「障害の有無や年齢，国籍に関係なくみんなで遊べる公園」とあるから，エが誤り。

d　イが正しい。アは中国，ウはサウジアラビア・イラク・ベネズエラなどがあてはまる。

e　ウは2021年衆院選で争点となったから，誤り。

★フェリス女学院中学校

《国　語》

［一］ 問一．ａ．３　ｂ．２　　問二．ア．１　イ．３　　問三．中学の最上級生の五年級　　問四．２
問五．非常にうまいあだ名か警句　　問六．４　　問七．１　　問八．２　　問九．チャンスというあだ名に、自分の命名したにんにくというあだ名が圧とうされること。　　問十．①２　②４　　問十一．３
問十二．３　　問十三．１．×　２．○　３．○　４．○　５．×　６．○

［二］ 問一．Ａ．４　Ｂ．１　　問二．わからない部分を自分で発見すること。　　問三．それがあれば話がひとつにまとまるという手がかりを探すこと。〔別解〕手がかりをもとに自分で解決し、わかるようにすること。
問四．自発的にわからないことをはっきりさせ、それを自分で解決してゆくことで、知識は自分のものとなり、社会に出た時に役に立つ。　　問五．(例文)戦国最大のミステリーと言われる「本能寺の変」に関心を持った私は、本を読んだり、インターネットで調べたり、テレビの歴史番組を見たりした。光秀の動機が何だったのか、信長の遺体はどこに消えたのかなどについて、さまざまな学説がある。それぞれに根きょがあり、それらをもとにどう考えたのかを知るのがおもしろかった。そして、真相がわからないからこそおもしろいのだと感じた。

［三］ ア．４　　イ．２　　ウ．３　　エ．１

［四］ １．序列　　２．招集　　３．略歴　　４．仕　　５．照　　６．も　　７．きざ　　８．ちょうりゅう

《算　数》

1　(1)$1\frac{5}{12}$　　(2)42°　　(3)27，54，108，135　　(4)①800　②480　　(5)ア．191　イ．104

2　ア．18　　イ．４

※3　(1)３：５　　(2)1248ｍ

※4　(1)28.26㎠　　(2)10.26㎠　　(3)33.81㎠

5　(1)ア．７　イ．２　ウ．５　エ．３　オ．12　※(2)1020100　※(3)35　※(4)100

※の求め方は解説を参照してください。

《理　科》

1　1．⑴ア　⑵関節　　2．⑴キ　⑵シ　　3．ウ　　4．宇宙空間では重力のえいきょうが小さくなって，背骨の短い骨どうしの間かくが広くなるから。　　5．⑴タ　⑵ツ　　6．宇宙空間では重力のえいきょうが小さくなるため，血液を上向きに流れさせる仕組みが強く働いて，地球にいる時よりも顔に多くの血液が流れこむから。

2　1．2.4　　2．しゃ面を下りきった時の小球の速さは，小球の重さによって変わらない。／小球をはなす高さが4倍になると，しゃ面を下りきった時の小球の速さは2倍になる。　　3．小球の速さが2倍になると，ばねが最も縮んだ長さも2倍になる。　　4．小球の重さが4倍になると，ばねが最も縮んだ長さは2倍になる。

5．135

3　1．水素　　2．ア，ウ　　3．0.5　　4．120　　5．イ　　6．下グラフ

4　1．⑴れき岩　⑵火山灰　⑶でい岩　⑷二酸化炭素　⑸サンゴの化石　⑹砂岩　　2．下図

3．1923年に起こった関東大震災で，たくさんの建物が倒れてできたもの。

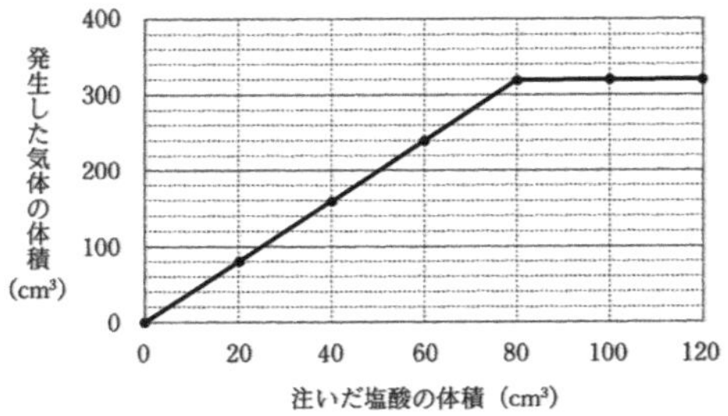

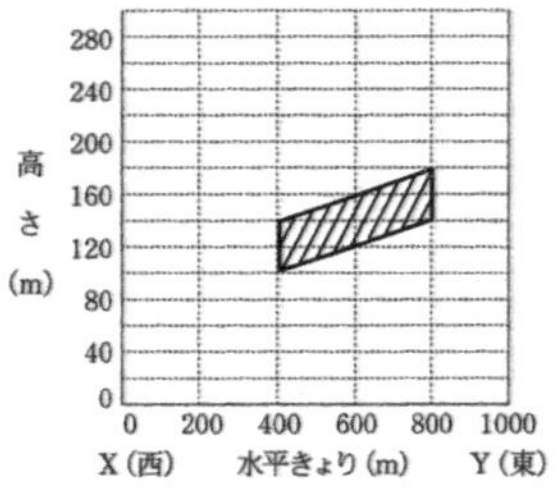

《社　会》

1　1．鳴門　　2．タオル　　3．小豆　　4．ため池　　a．①イ　②政令指定都市　　b．①果樹園　②川にそって水はけのよい扇状地が広がっているから。　　c．イ

2　a．愛知県　　b．石灰石　　c．加工　　d．ウ　　e．国内工場の閉鎖による失業者の増加。　　f．イ　　g．ウ

3　a．ア　　b．イ　　c．国司　　d．エ　　e．エ　　f．ア　　g．正長　　h．ウ　　i．土木工事の為の人足・資材を提供すること。　　j．①朝鮮通信使　②イ　　k．ア　　l．ガス灯／人力車　　m．屯田兵　　n．金属(製品)　　o．イ，エ　　p．①高度経済成長期　②農作業に機械が導入されたことで，農耕用の馬を必要としなくなったから。

4　a．持続可能　　b．ア，エ　　c．ア　　d．条例　　e．結婚・出産後に女性は家庭に入って家事に専念するという考え方があり，男女平等に仕事・育児を分担する環境が整っていないところ。

2021 解説 令和3年度 フェリス女学院中学校

←解答例は前のページにありますので，そちらをご覧ください。

《2021　国語　解説》

［一］

問二ア　期せずしては偶然《ぐうぜん》にという意味。１については、「私」と「Ａさん」の発表した意見が同じだったのは偶然だと考えられる。よって、１が適する。　　**イ**　聞きとがめるとは、人の話を聞いて不審《ふしん》な点などに気づく、またはそれを非難するという意味。３は、いい加減な返事をしたことを非難しているので、適する。

問四　――部問四Ｂの直後の段落の内容に着目する。「とにかく生徒達は彼《かれ》らの笑いを爆発《ばくはつ》させたかったのであった」とある。その対象となる新任の先生が「公然と生徒の前に現れ」たので、いよいよ「笑いを爆発させ」ることができると思い、うれしくなったのである。よって、２が適する。

問六　この直前、三吉の心の中には「河田師範《しはん》というものと離《はな》るべからざるあるものが思い出されて来たような気がした」が、それが何であるかはわからなかった。しかし、それが「にんにく」だと気づいたことで、興奮し、顔が赤くなったのである。気持ちが高ぶっていることは、このあと「やや声高に」「ほう見事なものだ～にんにくを」と言ったことからも読み取れる。よって、４が適する。

問七　――部問十以降で、三吉は「にんにく」というあだ名をつけたことを後かいしている。よって、１が適する。

問八　直前の「三吉にはそんな勢力家に(自分が命名者だと知られた上で)面と向かってほめられるよりは」より、――部問八の「自由」の内容を考える。少し前に「彼ら(＝笑っている生徒達)はだれがそんなうまいことをいったのか知らなかった」「五年級の運動家で～乱暴者が～そのあだ名の命名者におしげもなく大声で賛仰《さんぎょう》の声を放っているのをぼう観した時、『ここでも認められている。』という気がしてうれしさが加わった。その男はその命名者が三吉であるとは知らない、それを三吉が何くわぬ顔をしている――その気持が彼にはゆ快であった」などとある。三吉は、いろいろな人が「にんにく」というあだ名を、その命名者を知らずに賞賛しているのを、「ぼう観」者として何くわぬ顔をして楽しんでいる。もし自分が命名者だと知られてしまえば、「ぼう観」者としての立場はなくなり、ここまで自由には楽しめない。よって、２が適する。

問九　――部問九の「それ」が指すものは、直前の「チャンスというあだ名がやがて彼の命名したあだ名を圧とうする」ことである。

問十①　少し前に「それ(＝新しいあだ名)をいう時の柔道師範に対する悪意であった」「その言葉がもたらす河田師範に対する毒毒しいぶじょくを感じた」「その男をにくむべき男だと思ったのであった」などとある。三吉は、「その男」の言葉に、河田師範に対する「悪意」や「ぶじょく」を感じ、にくしみをおぼえている。よって、２が適する。　　**②**　三吉は、「チャンス」というあだ名をつけようとした「彼」に対して、河田師範に対する「悪意」や「ぶじょく」を感じ、にくしみをおぼえた。しかし、自分も「彼」と同じことをしたのだと気付き、自分の行動などをふり返って、急にはずかしくなったのである。よって、４が適する。

問十一　直後に「なぜ自分はこんなに軽はくな男なのであるか」とある。三吉は、自分で自分のことがいやになっているので、３の「自己嫌悪《けんお》」が適する。

問十二　直前の８行の内容に着目する。三吉は、比野が「にんにく」と２回どなったことについて悪意を感じるとともに、また同じことをされるのではないかと不安をいだいている。そのため、できるだけ比野を刺激《しげき》しないようにふるまおうとしている。また、三吉は、比野や周りの人に、自分の恐怖や本心を見ぬかれることをおそれている。

そうした気持ちをいだいたまま、「それとなく師範のいる方へ背を向けた」ことからは、師範やその周りの人からの関心をこれ以上集めないようにしようという意図が読み取れる。よって、3が適する。

問十三1　三吉は「学校からばつを受ける」とは考えていないので、×。　**2**　――部問十の1～6行後の内容と一致するので、○。　**3**　――部問十二の前に「それを知ったら人人は思いやりなく、いくじなしだというにきまっていると思われた。彼は人人にいくじなしのように思われるのがいやであった」とあるので、○。

4　――部問九の前に「三吉にはその～あだ名がやがて彼の命名したあだ名を圧とうするのではないかというけねんが生じた」とあり、下線を引いた部分について心配しているので、○。　**5**　「河田師範に悪意を持っていた男」については、――部問十の前に出てくる。三吉は、この男が「いつか自分をもぶじょくする」とは考えていないので、×。　**6**　――部問十二の前に「三吉は先生に知られるのをおそれていた」とあるので、○。

[二]

問二　少し後に「ミステリーではわからない部分は～準備されていますが、現実生活ではそうはゆきません」とあり、「わからない部分は自分で発見しなければなりません」と続いている。

問三　ミステリーの犯人探しでは、「その手がかりがあれば話がひとつにまとまってしまう、という手がかかり」を見つけ出すことが必要になる。現実生活では、「わからない部分」を発見した後のこと、つまり「自分で～解決してゆく」「自分でわかる」という部分がそれにあたる。

《2021　算数　解説》

1

(1)　与式$=\frac{13}{8}\times\frac{14}{13}-(\frac{4}{5}\times\frac{3}{4}-\frac{4}{15})=\frac{7}{4}-(\frac{3}{5}-\frac{4}{15})=\frac{7}{4}-(\frac{9}{15}-\frac{4}{15})=\frac{7}{4}-\frac{1}{3}=\frac{21}{12}-\frac{4}{12}=\frac{17}{12}=1\frac{5}{12}$

(2)　三角形ＡＢＤは二等辺三角形だから，角ＢＡＤ＝180°－74°×２＝32°

三角形ＢＡＣは二等辺三角形だから，角ＢＣＡ＝角ＢＡＣ＝32°

三角形の外角の性質より，三角形ＢＤＣにおいて，角㋐＝角ＢＤＡ－角ＢＣＤ＝74°－32°＝42°

(3)　**【解き方】180＝２×２×３×３×５だから，求める数は，３×３×３＝27の倍数である。**

求める数は，27に，「２，２，５」の中から０～３個の数を選んでかけた数のうち，179以下の数である。

よって，27，27×２＝54，27×４＝108，27×５＝135

(4)①　**【解き方】５：３の比の数の和と４：５の比の数の和をそろえると，２つの比の数を比べることができる。**

５＋３＝８と４＋５＝９の最小公倍数が72だから，比の数の和が72になるように２つの比を変形すると，

５：３＝(５×９)：(３×９)＝45：27，４：５＝(４×８)：(５×８)＝32：40

これらの比の数の40－27＝13が260ｇにあたるから，水を移したあとＢに入っている水の重さは，$260\times\frac{40}{13}=800$(ｇ)

②　①より，Ａの中の水の重さは$800\times\frac{4}{5}=640$(ｇ)になった。中に入っている水の重さについて，Ａ：(Ｂ＋Ｃ)＝１：(１＋１)＝１：２だから，ＢとＣの水の重さの合計は$640\times\frac{2}{1}=1280$(ｇ)である。

よって，はじめにＣに入っていた水の重さは，1280－800＝480(ｇ)

(5)　はじめに３の倍数が書かれたカードが取り除かれた。286以下の３の倍数は，286÷３＝95余り１より，95個あるから，286以下が書かれたカードは286－95＝191(枚)残った。したがって，286は上から$_{ア}$191番目のカードになった。

１からはじまるいくつかの整数について，２回の操作《そうさ》のあとに残っている数をまとめると，右表のよ

書かれた数	1	2	3	4	5	6	7	8	9	10	11	12	13	14	15	16	17	18	…
はじめに取り除かれる			○			○			○			○			○			○	
次に取り除かれる				○				○					○				○		
残った数	1	2			5		7			10	11			14		16			

うになる。１～400までの整数を９個ずつのグループに分けると，１グループごとに４個の数が残っている。
最後に残ったカードの上から47枚目の数は，47÷４＝11余り３より，最初から数えて12グループ目の数の中の５番目の数だから，９×11＋５＝イ104である。

2 **【解き方】三角すいＤＥＧＨと三角すいＢＥＧＦは合同なので，三角すいＢＥＧＦと三角すいＢＦＰＱを比べて考える。**

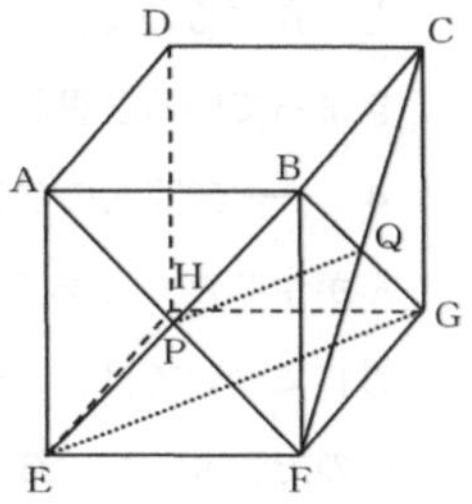

三角形ＢＦＰの面積を①，三角形ＢＰＱの面積を$\boxed{1}$とすると，三角すいＢＦＰＱの表面積は，①×２＋$\boxed{1}$×２＝②＋$\boxed{2}$…(ⅰ)
三角形ＢＥＦの面積は①×２＝②である。三角形ＢＰＱと三角形ＢＥＧは同じ形で，対応する辺の比が１：２だから，面積比は，(１×１)：(２×２)＝１：４
これより，三角形ＢＥＧの面積は，$\boxed{1}$×４＝$\boxed{4}$
したがって，三角すいＢＥＧＦの表面積は，②×３＋$\boxed{4}$＝⑥＋$\boxed{4}$…(ⅱ)
(ⅱ)は，(ⅰ)の２倍の(②＋$\boxed{2}$)×２＝④＋$\boxed{4}$より⑥－④＝②だけ大きい。
②＝(三角形ＢＥＦの面積)＝６×６÷２＝18(㎠)だから，ア＝18
三角すいＢＥＧＦと三角すいＢＦＰＱは，底面をそれぞれ三角形ＢＥＧ，三角形ＢＰＱとしたときの高さが等しいから，体積比は底面積の比と等しく，$\boxed{4}$：$\boxed{1}$＝４：１である。よって，イ＝４

3 (1) **【解き方】流水算で必要になる計算をまとめると，次の表のようになる。**

(上りの速さ)＝(静水時での速さ)－(川の流れる速さ) (下りの速さ)＝(静水時での速さ)＋(川の流れる速さ)	(静水時での速さ)＝{(下りの速さ)＋(上りの速さ)}÷２ (川の流れる速さ)＝{(下りの速さ)－(上りの速さ)}÷２

ＡからＢまで下るのにかかった時間と，ＢからＡまで上るのにかかった時間の比は６：24＝１：４である。
速さの比は，同じ道のりを進むのにかかる時間の比の逆比に等しいから，下りと上りの速さの比は，１：４の逆比の４：１である。
よって，(川の流れる速さ)：(遊覧船の静水時での速さ)＝{(４－１)÷２}：{(４＋１)÷２}＝３：５

(2) **【解き方】パトロール船がＢで折り返したあとも下りの速さのままで移動し続けた場合，Ｂから420mではなく何m進んだかを求める。さらに，遊覧船の下りの速さとパトロール船の下りの速さの比がわかれば，進んだ道のりの差から，遊覧船が下った道のり，つまりＡＢ間の距離を求められる。**
(川の流れる速さ)：(遊覧船の静水時での速さ)：(パトロール船の静水時での速さ)＝３：５：(５×２)＝３：５：10だから，(パトロール船の下りの速さ)：(パトロール船の上りの速さ)＝(３＋10)：(10－３)＝13：７
これより，パトロール船がＢで折り返したあとも下りの速さのままで移動し続けた場合，Ｂから$420\times\frac{13}{7}=780$(m)進んだときに，遊覧船がＢに着いたことになる。
(遊覧船の下りの速さ)：(パトロール船の下りの速さ)＝(３＋５)：13＝８：13だから，パトロール船の速さが一定だった場合，遊覧船がＡからＢまで進んだ間に移動した道のりの比も８：13である。この比の数の13－８＝５が780mにあたるから，遊覧船が進んだ道のりは，$780\times\frac{8}{5}=1248$(m)であり，これがＡＢ間の距離である。

4 ⑴ **【解き方】小さい円の半径をｒcmとする。ｒの値《あたい》は求められないので，ｒ×ｒの値を求めることを考える。右のように作図する（Ｐは小さい円の中心）と，三角形ＯＡＰと三角形ＯＢＰが合同だから，この２つの三角形と三角形ＯＡＢは直角二等辺三角形とわかる。**

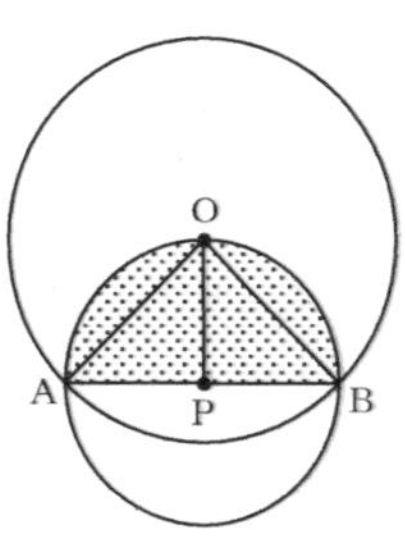

三角形ＯＡＢの面積は，ＯＡ×ＯＢ÷２＝６×６÷２＝18(cm²)

したがって，ＡＢ×ＯＰ÷２が 18 になるのだから，（ｒ×２）×ｒ÷２＝ｒ×ｒは 18 になる。

よって，色つき部分の面積は，18×3.14÷２＝９×3.14＝28.26(cm²)

⑵ ⑴より，おうぎ形ＯＡＢの面積から，三角形ＯＡＢの面積(18 cm²)を引けばよい。

$6\times6\times3.14\times\frac{1}{4}-18=9\times3.14-18=10.26$(cm²)

⑶ **【解き方】求める面積は，右図の斜線《しゃせん》部分と色つき部分の面積の和である（Ｐは小さい円の中心）。**

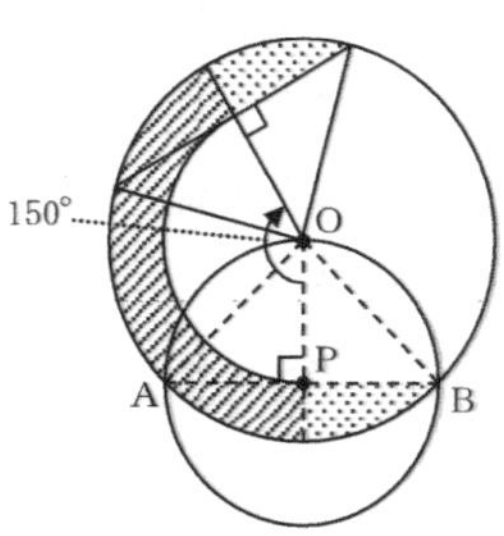

⑴より，ＯＰ×ＯＰ＝18 だから，斜線部分の面積は，

$6\times6\times3.14\times\frac{150°}{360°}-18\times3.14\times\frac{150°}{360°}=(36-18)\times\frac{5}{12}\times3.14=\frac{15}{2}\times3.14=23.55$(cm²)

２つの色つき部分の面積の和は，⑵で求めた面積と等しく，10.26 cm²である。

よって，求める面積は，23.55＋10.26＝33.81(cm²)

5 ⑴ **【解き方】記号〈 〉の約束を見ると，［ ］内の２つの数の和はすべて〈 〉内の数と等しくなっている。**

［*x*，*y*］において*x*＞*y*だから，〈８〉＝のあとに並ぶ数は，［ ］内の数の和が８で，左側の数の方が大きい組み合わせだから，〈８〉＝［ア7，１］＋［６，イ2］＋［ウ5，エ3］＝６×１－７×０＋５×２－６×１＋４×３－５×２

同じ下線を引いた部分は打ち消し合うので，計算結果は，４×３＝オ12になる。

⑵ **【解き方】⑴で見たように，［*x*，*y*］＝①(*x*－１)×*y*－②*x*×(*y*－１)の①は１つあとの［*x*－１，*y*＋１］の中の②と打ち消し合い，②は１つ前の［*x*＋１，*y*－１］の中の①と打ち消し合う。残るのは，最後の［ ］の中の①の部分である。**

〈2021〉＝のあとに並ぶ［ ］のうち，最後に並ぶものは，2021÷２＝1010 余り１より，［1011，1010］である。

よって，〈2021〉＝(1011－１)×1010＝1010×1010＝1020100

⑶ **【解き方】ここまでの解説から，〈 〉内の数が偶数のとき，〈 〉＝のあとに並ぶ［ ］のうち最後に並ぶものは，［ ］内の数の差が２であり，〈 〉の計算結果は連続する２つの整数の積で表される。〈 〉内の数が奇数のとき，〈 〉＝のあとに並ぶ［ ］のうち最後に並ぶものは，［ ］内の数の差が１であり，〈 〉の計算結果は同じ整数２つの積で表される。**

289＝17×17 だから，〈キ〉＝のあとに並ぶ［ ］のうち最後に並ぶのは［18，17］である。よって，キ＝18＋17＝35

⑷ **【解き方】⑶より，2450 を連続する２つの整数の積か，同じ整数２つの積で表せばよい。**

2450＝２×５×５×７×７＝50×49 だから，〈ク〉＝のあとに並ぶ［ ］のうち最後に並ぶのは［51，49］である。

よって，ク＝51＋49＝100

《2021 理科 解説》

1　１⑴ つま先を上に持ち上げたときにちぢむのはア，ゆるむのはイの筋肉である。反対にかかとを持ち上げたときにちぢむのはイ，ゆるむのはアの筋肉である。

２⑴ Ｃを白い矢印の方向に引っ張ったとき，つばさの先たんＡが黒い矢印の方向に動いたので，Ｃの筋肉の先たんＢはＡを動かす骨であるキの根元についていると考えられる。 ⑵ 図３のカが図４のスに対応しており，図

３のケは図４のシに対応していると考えられる。

3　ウ○…ヒトの背骨は，短い骨どうしがすき間をあけて結合してできている。骨どうしのすき間にあるクッションのようなやわらかい構造をつい間板という。

4　地球上では重力のえいきょうで，３解説のつい間板に力がかかっている。このため，朝起きたときの身長が最も高く，起きている時間が長くなるほど身長が低くなる。

5　小腸から流れてくる血液は，大静脈→右心房(タ)→右心室(ツ)→肺動脈→肺→肺静脈→左心房(チ)→左心室(テ)→大動脈の順に流れる。

2　1　図２の小球は0.2秒あたり48cm進むことがわかるので，１秒あたり48÷0.2＝240(cm)→2.4m進む。

2　表１より，小球の重さがちがっても，手をはなす高さが同じであれば，しゃ面を下りきった時の小球の速さは同じになることがわかる。また，表１で，小球の重さが同じで手をはなす高さが60cmと15cmのときに着目すると，手をはなす高さが60÷15＝４(倍)になると，しゃ面を下りきった時の小球の速さは3.4÷1.7＝２(倍)になることがわかる。

3　表２より，小球の速さ(直線部分を１秒あたりに進むきょり)が3.4÷1.7＝２(倍)になると，ばねが最も縮んだ長さも2.0÷1.0＝２(倍)になることがわかる。

4　表３より，小球の重さが400÷100＝４(倍)になると，ばねが最も縮んだ長さは2.0÷1.0＝２(倍)になることがわかる。

5　表３より，200ｇの小球を用いると，直線部分の速さが１秒あたり1.7mの場合(はなす高さが15cmの場合)，ばねが最も縮んだ長さは1.4cmだとわかる。したがって，ばねを4.2÷1.4＝３(倍)縮めるには，３解説より，直線部分の速さを３倍にする必要がある。２解説より，はなす高さを(２×２＝)４倍にすると，直線部分の速さが２倍になるので，直線部分の速さを３倍にするには，はなす高さを15cmの３×３＝９(倍)の15×９＝135(cm)にすればよい。

3　1　塩酸と鉄が反応すると水素が発生する。

2　ア○…水素は空気よりも軽い気体である。　イ×…ものを燃やすのを助ける気体は酸素である。
ウ○…水素が入った試験管にマッチの火を近づけると，音をたてて燃える。　エ×…水素は水にとけにくい気体である。　オ×…水素にはし激しゅうはない。

3　表１，２より，実験１，２では，塩酸が十分にあるとき，発生した気体の体積は加えた鉄の重さに比例することがわかる。鉄0.2ｇから80㎤の気体が発生するので，気体が200㎤発生するとき，鉄は$0.2\times\frac{200}{80}=0.5$(ｇ)反応する。

4　３解説より，実験１では鉄0.5ｇと塩酸50㎤がちょうど反応したことがわかるので，鉄1.2ｇをすべて反応させる場合に必要な塩酸は$50\times\frac{1.2}{0.5}=120$(㎤)である。

5　３解説より，実験１では0.5ｇの鉄が反応したので，塩酸のこさを２倍にすると，鉄は１ｇまで反応する。
ア×…鉄を0.2ｇ加えたとき，鉄がすべて反応するので，発生した気体は80㎤で変わらない。　イ○…鉄0.6ｇがすべて反応するので，発生した気体は$80\times\frac{0.6}{0.2}=240$(㎤)である。　ウ×…鉄を0.8ｇ加えたときよりも，鉄を1.0ｇ加えたときの方が，発生した気体の体積が大きくなる。　エ×…加えた鉄が0.5ｇより多くなると，結果が同じにはならない。

6　鉄 0.8 g とちょうど反応する実験１の塩酸は $50\times\frac{0.8}{0.5}=80$(㎤)だから，塩酸が 80 ㎤になるまでは，発生した気体の体積が一定の割合で増加し，塩酸が 80 ㎤以上のときは，発生した気体の体積が $200\times\frac{80}{50}=320$(㎤)で一定になる。

4　1(1)　れき(直径２㎜以上)，砂(直径 0.06 ㎜～２㎜)，どろ(直径 0.06 ㎜以下)はつぶの大きさで区別する。

(2)　火山がふん火したときに出てくるものの中で，つぶの直径が２㎜以下のものを火山灰という。　(3)　ねん板岩は，つぶが小さいどろがおし固まってできたでい岩がさらにおし固まってできたものである。　(4)　せっかい岩に塩酸をかけると二酸化炭素が発生する。　(5)　せっかい岩はサンゴや貝がらなどの死がいがたい積し，おし固まってできたものである。　(6)　地層はふつう下にいくほど古いので，②が(エ)の説明になっていることから，①が(オ)の説明だと考えられる。海岸に近いほどたい積するつぶが大きくなり，河口付近にれきがたい積するので，海岸に近い浅せの海底にたい積してできる岩石は砂岩である。(ア)がれき岩，(ウ)がでい岩でできていることからも，(オ)はそれら以外の砂岩だと考えられる。

2　A～Cで(エ)の厚さはすべて 40m である。水平きょりがX(西)から 400m のA(標高 240m)では高さ 240－100＝140(m)から，水平きょりがXから 600m のB(標高 300m)では高さ 300－140＝160(m)から，水平きょりがXから 800m のC(標高 280m)では高さ 280－100＝180(m)から(エ)が見られる。これらの結果から，この範囲では，(エ)が西に向かって下がるようにかたむいていることがわかる。

3　1922 年から 1939 年までの間の早い時期に起こった出来事によって，赤レンガの破片，ガラスなどがたい積したと考えられるので，関東大震災によってできたものである。

─《2021　社会　解説》─

1　(1)　徳島県と兵庫県は，本州四国連絡橋の１つである明石海峡大橋・大鳴門橋で結ばれている。

(3)　小豆島は，瀬戸内海で淡路島に次いで大きく，オリーブ，そうめんなどの特産品もつくられている。

(4)　１年を通して降水量が少ない瀬戸内地方では，水不足になるため，ため池を作って農業用水を蓄えている。

a①　阪神工業地帯は金属の割合が高く，中京工業地帯に次いで製造品出荷額が高いから，イと判断する。アは北九州工業地帯，ウは中京工業地帯，エは京浜工業地帯。　②　福岡県には，北九州市と福岡市の２つの政令指定都市がある。

b②　扇状地は，河川が山間部から平地に出た付近にれきや砂が扇状に積もってできる。果樹栽培は，水はけがよい扇状地の扇央部分で盛んに行われている。

c　イが正しい。小麦は温帯や冷帯の半乾燥地域で栽培される。人口が 14 億人以上の中国は，小麦の生産量のほとんどが国内で消費されて輸出量の上位には入らない。

2　a　自動車や自動車部品の輸出額が高いことから，名古屋港と判断する。

b　山口県の秋吉台は石灰石の産地として広く知られており，山口県宇部市ではセメント工業が盛んに行われている。

c　燃料・原料を輸入し，製品を輸出する加工貿易が行われてきたため，輸出入に便利な沿岸部の太平洋ベルトに工業が発達した。

d　ウが正しい。１ドル＝100 円のときは 100×10＝1000(円)に，１ドル＝200 円のときは 200×10＝2000(円)に両替することができるので，円安ドル高になる。円安は日本の輸出産業に有利に働き，輸入産業に不利に働く。

e　産業の空洞化とは，貿易まさつの解消と安い人件費を求めて工場が海外に移転され，国内の産業が衰退していくことである。産業の空洞化が進んだ結果，国内生産や雇用が減少したり，ものづくりの技術水準が低下したりするといった問題が発生した。

f　近年の野菜の自給率は 80％前後だから，イと判断する。アは米，ウは果実，エは小麦の自給率である。

g　ウを選ぶ。ブラジルやコロンビアが上位だから，コーヒー豆と判断する。大豆であればアメリカ，カカオ豆であればガーナが上位に入る。

3　a　アを選ぶ。ワカタケル大王は，中国の歴史書『宋書』倭国伝に記されている，倭王武と同一人物とされている。イは1世紀，ウは7世紀頃，エは3世紀のできごとである。

b　古墳は，近畿から瀬戸内海沿岸の地域でつくられ始めたから，イが正しい。古墳時代，大和(現在の奈良県)の豪族が強い勢力をほこり，やがて大和政権を中心にまとまり，九州から関東北部まで支配した。

c　国司は，律令制のもとで中央から派遣された地方官である。郡司や里長には地方の豪族が任命された。

d　平安時代についての記述のエが正しい。アとウは室町時代，イは奈良時代についての記述である。

e　エが正しい。御家人の竹崎季長は元寇での活躍を『蒙古襲来絵詞』に描かせた。北条時宗が元による服属の要求をしりぞけた後，２度にわたって元・高麗の連合軍は北九州に上陸し日本を襲来した(元寇)が，いずれも暴風雨の影響などにより引き上げた。

f　アは江戸時代についての記述だから，誤り。他は室町時代についての記述である。

g　正長の土一揆では，近江の馬借が土倉・酒屋を襲った。

h　ウが正しい。　ア．織田信長の名を全国に知らしめたのは，今川義元を破った桶狭間の戦いである。　イ．鉄砲は，堺や国友の刀鍛冶によって作られたものを使用した。

i　江戸幕府に認められた石高に応じて，諸大名は軍役や土木・治水工事などのお手伝い普請を負担していた。

j①　将軍の代がわりごとに朝鮮通信使が派遣されていた。

k　アが正しい。生麦事件をきっかけに薩英戦争が起こった。薩摩藩では薩英戦争後に，長州藩では，四国連合艦隊に下関を砲撃されて以来，尊王倒幕へと藩論が変わっていった。

l　明治時代初期，欧米の文化を急速にとりいれて人々の生活文化が変化したことを「文明開化」と言う。文明開化による生活の変化には，太陽暦の採用，レンガ造りの洋風建築，鉄道馬車，人力車，ガス灯，洋服の着用などがある。

m　明治政府は札幌に開拓使をおき，士族や農民を屯田兵として移住させ，本格的な開発を進めた。

n　戦時下では軍需品の生産が優先され，寺院の鐘や仏具も金属として回収された。

o　アメリカによる石油の対日全面禁輸は1941年８月だから，イとエを選ぶ。日独伊三国同盟の締結は1940年，第二次世界大戦の開始は1939年，真珠湾攻撃は1941年12月，日本による東南アジアや太平洋の島々の占領は1942年に起こった。

p①　技術革新や重化学工業の発展によって高度経済成長を遂げ，1968年にアメリカに次ぐ世界第２位の国民総生産を記録した。　②　高度経済成長期，それまで人や牛馬が行っていた農作業が機械化されて，作業時間が大幅に短縮された。

4　a　「持続可能」とは，世界規模で，環境・経済・人間社会のバランスがとれた社会を取り戻し，将来の世代も豊かで便利で快適な生活を目指すことを意味する。

b　アとエが誤り。　ア．高等教育在学率の指数(0.952)は男女平等の度合いを表しているので，女性の進学率は読み取れない。　エ．管理職につく男女比の指数は，日本が 0.174，世界平均が 0.356 である。よって，日本の方が「0」に近く男性優位であるため，管理職になる割合は低いと判断する。

c　アが誤り。法律案は，衆議院と参議院のどちらへ先に提出してもよいことになっている。

e　日本では，核家族世帯の増加や男性の育児休暇取得率の低下によって，家事と育児を一人で行うワンオペ育児に陥りやすく，女性の働いている割合が低くなる。その対策として，保育所の整備や短時間勤務の実現をはかる取り組みが推進されている。スウェーデンなどの北欧の国々では女性が働き続けられるようにするための政策が積極的に推進されているので，女性の働いている割合が高くなる。

★フェリス女学院中学校

《国　語》

［一］ 問一．A．１　B．４　C．２　問二．新蔵…武田　敵…織田、徳川連合　問三．赤ふんどし一本で刀を担いだ姿。　問四．２　問五．馬防柵で武田の騎馬隊を食い止め、そこに銃火を集中する作戦。　問六．柵を抜けなかったことへの無念の思いがふき上げて来たから。　問七．４　問八．３　問九．２　問十．１　問十一．３　問十二．１　問十三．４　問十四．３

［二］ 問一．３　問二．４　問三．聖なる空間　問四．①そこにいる間は聖性を帯び、追っ手はその者を捕らえられないと考えられた聖なる場所。　②神殿／個人の家／渡し舟／馬ぐわの下　問五．時間は均質的で直線的に流れてゆき、空間は三次元の均質的な場であるという考え方。　問六．(例文)私は、年末年始、特に三が日もお店を開けるという常識を変えたいと思う。すべてのお店を休みにすると困る人たちがいるだろうが、今ほどたくさんのお店を開けておく必要はないと思う。現在、日本では過労が大きな社会問題になっている。多くのお店が休みになれば、そこで働く人たちはゆっくり休めたり、ふるさとに帰省したりすることができる。この期間に心や体を休めることで、休み明けから元気に働ける人が増えると思う。

［三］ ［主語／述語］ １．［ウ／オ］　２．［ア／ウ］

［四］ １．報復　２．保　３．供　４．辞職　５．寒波　６．ふんべつ　７．しようまっせつ　８．たぐい

《算　数》

1　(1)45　(2)52度　(3)7350　(4)18リットル　(5)ア．８　イ．56

2　(1)ア．B　イ．１　ウ．６　(2)エ．D　オ．60　カ．72

※3　(1)2.565 ㎠　(2)9.525 ㎠

4　(1)$24\frac{2}{27}$　(2)ア．１　イ．$\frac{2}{3}$　ウ．$\frac{4}{9}$　エ．$2\frac{154}{243}$　※(3)９番目

5　(1)②，⑤　(2)③　※(3)2550円

※の求め方は解説を参照してください。

《理　科》

1　1．じょう散　2．⑴カ　⑵右図　⑶ウ→イ→ア→エ→オ　⑷気こう　3．⑴ウ　⑵ア　⑶光合成がさかんに行われるときにはじょう散もさかんに起こる。

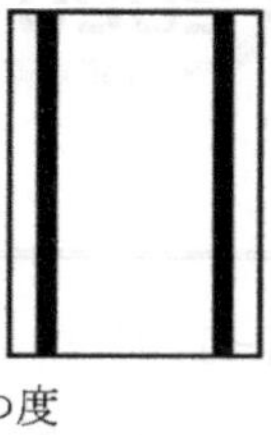

2　1．①大きくなる　②低く　2．変化…水　具体例…よく晴れた日の朝，地表付近の空気が冷やされると水じょう気が水に変化し，きりができる。　3．①冷たく　②じょう発　③低く　④かわいて　⑤低く　⑥低い　4．不快指数…73　度合い…快適　5．ア．不快指数　イ．しつ度　6．気温が高くなるとイは低くなり，気温が低くなるとイは高くなる。　7．風通しが悪いと容器の中に熱がこもり，正しい温度を測定できなくなるから。

3　1．ア．50　イ．下　ウ．50　エ．上　オ．棒　2．7　3．カ．50　キ．上　ク．50　ケ．下　コ．50　サ．下　シ．ばねB　ス．50　セ．上　ソ．ばねA　4．19

4　1．⑴イ　⑵黄色　⑶カ　⑷二酸化炭素が水にとけ，体積が小さくなったから。　⑸ドライアイスが気体になり，体積が非常に大きくなったから。　2．氷によって冷やされた空気は重くなって下に移動するので，氷を入れていたのは上のたなだと考えられる。

《社　会》

1　1．先住　2．オホーツク　3．栽培　4．益子　5．工業団地　6．赤石　7．諏訪　8．精密　a．たまねぎ　b．いちご　c．海からはなれていて，土や岩石は水に比べてあたたまりやすく冷めやすいから。

2　問1．イ　問2．クリーク　問3．地熱発電　問4．ウ　問5．他県からの出荷量が少ない時期に出荷できるから。　問6．ア　問7．エ　問8．イ

3　a．原爆ドーム　b．都を移すこと。　c．寺以外での活動を禁じた僧尼令に違反しているとして弾圧されていた。　d．校倉造　e．奥州藤原氏　f．平家物語　g．金剛力士像　h．ウ→イ→ア　i．ウ　j．刀狩　k．生類憐みの令　l．イ　m．門前町

4　1．藩校　2．教育勅語　3．子どもの権利〔別解〕児童の権利　a．ア　b．人体解剖をしたことで，今までの五臓六腑という考えがあやまっていること。　c．ウ　d．学徒出陣　e．戦争で校舎を焼失したため。　f．保護者は，保護する子女に普通教育を受けさせる義務があること。〔別解〕義務教育を無償とすること。　g．信教〔別解〕思想および良心　h．教育を受けることで，社会的に人間らしく生きていくことを学び，個人の能力をのばし，自分の力で職業選択などの将来を決めることができるから。

2020 解説 フェリス女学院中学校
令和２年度

←解答例は前のページにありますので，そちらをご覧ください。

《2020　国語　解説》

[一]

問二　捕《ほ》りょである新蔵をつれているのが「織田兵」であることから、新蔵は武田軍、敵は織田軍だとわかる。――部問六の直前に「今日の合戦で、武田の騎馬隊《きばたい》を食い止め、そこに銃火《じゅうか》を集中し～しかばねの山を築いた織田、徳川連合軍」と書かれている。

問三　――部の直後で具体的に説明し、３～４行後で「要するに～赤ふんどし一本の姿で、大きな抜身《ぬきみ》の刀を肩《かた》に担いで、引き立てられて行ったのである」とまとめている。

問四　直前に「いたるところに討死した武田方の将士の死体が横たわっていて」とあり、この後で、それらが「斬《き》りまくった果てに、力つきて斬死《ざんし》したといった納得の行く姿ではなかった。みんな不得要領のうちに、相果てたといった奇妙《きみょう》な死様をしていた」ことが語られる。ここから、武田軍が、応戦する間もなく銃弾《じゅうだん》に射抜《いぬ》かれ、あっけなく負けたのだとわかる。よって、２が適する。

問五　――部問六の直前に「武田の騎馬隊を食い止め、そこに銃火を集中し～しかばねの山を築いた織田、徳川連合軍の陣地《じんち》の馬防柵《ばぼうさく》」とある。そこでの戦いの様子について、――部問七の直前の段落に「馬をおどらせた。柵は高かった。馬から降りて柵を抜こうとした～銃火が、あたりにさくれつした～武田の騎馬隊は、そのほとんどが全くこの馬防柵のところでついえた」とあるのも参照。

問六　馬防柵の近くに来て泣き出した理由は、――部の２～３行後の「新蔵の胸に、合戦時に自分をいく度となくおそった無念だった思いが、火となってふき上げて来た」こと。「無念だった思い」は、その直後の段落から読み取れる。新蔵は何度もこの柵にせまり、「馬をおどらせた。柵は高かった。馬から降りて柵を抜こうとした」が、柵をこえることはできなかった。このことに対する無念さである。

問七　直前に「新蔵はついに動かなくなった。大地にしゃがみこんだ」とあり、その様子を受けて「裸《はだか》の捕りょ」と表現していることから、４が適する。

問八　新蔵は「捕りょになっても～恥《は》ずかしくもなければ、怖《こわ》くもくやしくもなかった」のであり、この気持ちは敵の本営の庭先にすえられてもひるむことなく、一貫している。また、――部問八の直後に「さながら赤不動のように」というたとえがあり、〈注６〉に「いきどおりの形相《ぎょうそう》」とある。これらの内容から、３が適する。

問九　「捕《と》らわれの身になっても、いっこうに恥じることはない」「恥じるにはおよばぬ」と信長《のぶなが》から言ってもらえたのは、有難いことだというのがふつうのとらえ方。つまりふつうは、戦いに負けて捕りょとなったら恥じるものだということ。それが「恥《はじ》」の「正当な意味」。しかし新蔵は、「自分が捕らわれたことを少しも恥じていなかった。恥じるようなまともな合戦ではなかった」と思っているのであり、その「どこか一点正常でない狂《くる》ったところがあった」戦いで、「みんなあっけなく一しゅんにして～みんな銃火の中に息を引き取った」という信じられない事態に、「ばからしいといった気持」しか持てなかったのである。よって、２が適する。

問十　「こんな合戦は裸でたくさんなのだ」と言っている。「こんな合戦」とは、「どこか一点正常でない狂ったところがあった～みんなあっけなく一しゅんにして～銃火の中に息を引き取った」という戦い。わけのわからないうちに銃弾に射抜かれるような戦いに、「よろいを着たり、馬に乗ったり、槍《やり》を持ったり」する意味はないということ。よって、１が適する。

問十一　今の新蔵には「仕官の問題より蚊《か》のしゅう撃《げき》の方が気にかかった」とある。「仕官を断って首をはねられても、それはもともと予定していた～捕《つか》まった時、すでに～覚ごしていた～自分一人が助かっても仕方のないこと」だと思う一方、「仕官しろというのなら、仕官してもいいと思う」とある。その「どちらでも構わない」、蚊よりも気にならない、つまり、どうなってもいいと思っているのである。よって、３が適する。

問十二　「合戦の神と言われ、長く武田の至宝と言われた山県昌景」を狙撃《そげき》したのが「ひまだった」「することがなかった」という理由だったと知り、怒《いか》りが爆発《ばくはつ》する寸前なのである。この後、「ひまだったから狙撃したと言うのか～新蔵は自分でも知らぬ間に立ち上がっていた」「そのばからしいことの限りが、この時、彼《かれ》にこの日初めての忿怒《ふんぬ》(ひどく怒《おこ》ること)を点火した」とあり、若い武士から槍をうばい、「若い一人の雑兵のわき腹をつきさし」た。よって、１が適する。

問十三　ひどくばからしい、納得のいかない戦いに用いられた「銃」とは対照的なものとしての「刀」。つまり、新蔵にとって、相手と向き合い正当に戦う時に使う武器なのである。よって、４が適する。

問十四　刀や槍を手に相手と向き合い、斬り合うという、あるべき戦いができたことに、武士として納得がいき、満たされた気持ちになったということ。よって、３が適する。「ひどくばからしい、ほとんど信じられぬくらいの間の抜けた」と感じていたのとは正反対の気持ち。

［二］

問一　本文の最初で「古代、中世の人間と人間との関係のあり方は、現代人のそれとはたいへん異なっているので～私たちの常識をいったんたな上げにする必要があるのです」と述べ、「たとえば」と「時間と空間」のとらえ方のちがいを取り上げ、特に「空間」について具体例をあげて説明したうえで、最後に「私たちには、現代の世界の常識を過去にもちこもうとするけい向があります。ところが古代や中世の人びとは～ひじょうに異なった世界に生きていたのです」と、最初に述べたことと同じ内容をまとめている。この展開のしかたに、３が適する。

問二　１は「食堂」、２は「東海道線」、３は「スーツ」という「モノを媒介《ばいかい》」にしている。４だけが「『目に見えないきずなによって結ばれる』関係」。

問三　── 部の２～３行後で、「古代、中世の人びと」の「空間」のとらえ方について、「聖なる空間とそうでない空間があって、前者はおそれをもって接しなければならない空間でした」と述べている。

問四①　「聖なる場所」の例として「神殿《しんでん》」を取り上げ、「いったんそこにはいった者は聖性を帯びますから、(追っ手は)その者(犯人)を捕らえることはできない～その聖性は、神殿のなかにいる間だけそこに留まる者に移っている」と説明されている。この内容をまとめる。　②　「古代、中世の社会では、たとえば神殿は聖なる場所でした」、「古代、中世の社会では個人の家も聖なる場所に近い性質をもっていました」、「渡《わた》し舟《ぶね》もアジールでした」、「馬《ま》ぐわの下でパンを一片食べている間は、追っ手は近づいてはならない」とあることから。

問五　「世界はひとつだ」と考える、つまり、時間も空間も均質的だと考えるということ。このことについて、本文３段落目に「私たちには時間が均質的でまた直線的に流れてゆくと考えるけい向がありますし、空間は三次元の均質的な場であると考えています」とあるのを用いてまとめる。

［三］

１　「何がどうする」「何がどんなだ」「何が何だ」の、「何が」にあたる文節が主語。「どうする」「どんなだ」「何だ」にあたる文節が述語。よって、ウが主語で、オが述語。「読みました」という動作をした主語は「本は」ではないので注意。　２　オの「予約した」という述語の主語にあたる「だれが」は、この一文に書かれていない。よって、主語と述語の関係が見られるのはアとウ。「富士山の」の「の」は、「が」に置きかえられる。

―《2020　算数　解説》

$\boxed{1}$ (1)　与式より，$\{3\div(\frac{45}{22}-\frac{27}{20})-\square\div17\}\div\frac{5}{3}=1$　　$3\div(\frac{450}{220}-\frac{297}{220})-\square\div17=1\times\frac{5}{3}$　　$3\div\frac{153}{220}-\square\div17=\frac{5}{3}$

$\frac{220}{51}-\square\div17=\frac{5}{3}$　　$\square\div17=\frac{220}{51}-\frac{5}{3}$　　$\square=\frac{135}{51}\times17=45$

(2)　三角形ＢＤＣの内角の和より，角ＢＤＣ＝180－(38＋104)＝38(度)だから，三角形ＢＤＣはＢＣ＝ＤＣの二等辺三角形である。したがって，ＡＣ＝ＢＣ＝ＤＣだから，三角形ＣＡＤも二等辺三角形で，角ＣＡＤ＝角ＣＤＡ＝{180－(60＋104)}÷２＝８(度)である。よって，㋐の角の大きさは，角ＢＡＣ－角ＣＡＤ＝60－８＝52(度)である。

(3)　整数Ｘをｎ回かけた数を，X^n(Ｘのｎ乗)と表す。例えば，$2\times2\times2=2^3$となる。

《２》×《３》×《４》×…×《10》＝(１×２)×(１×２×３)×(１×２×３×４)×…×(１×２×３×…×10)＝

$\underline{1^9\times2^9\times3^8\times4^7\times5^6\times6^5\times7^4\times8^3\times9^2\times10}$となる。これに$\boxed{B}$をかけて，$\boxed{C}$を３回かけた数にするから，$\square^3$を１つのかたまりとして取り出し，残った数に注目する。例えば，2^9からは2^3を３つ取り出し，3^8からは3^3を２つ取り出す(3^2が残る)。取り出した$\square^3$を右図のように３つある$\boxed{C}$に１つずつ割りふっていくことで，$\boxed{C}$は縦に並んだ数をかけてできる数となる。この作業をくり返して残った数に$\boxed{B}$をかけることで，すべての数が$\square^3$のかたまりに分けられればよい。$\boxed{B}$をなるべく小さくしたいので，なるべく多くの数を$\square^3$として下線部から取り出すと，$3^2\times4\times6^2\times7\times9^2\times10$が残る。これらの数を素数の積に分けて同様の作業を行うと，

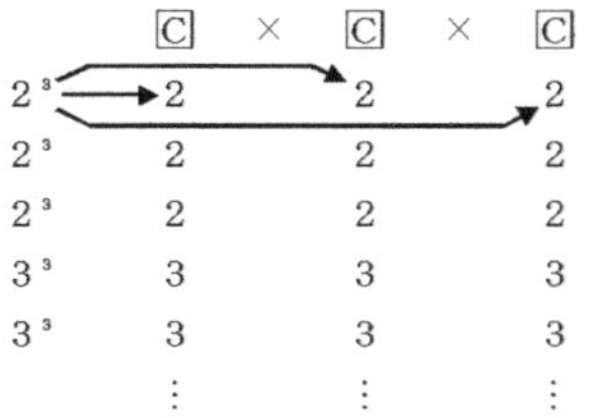

$3^2\times(2\times2)\times(2\times3\times2\times3)\times7\times(3\times3\times3\times3)\times(2\times5)=2^5\times3^8\times5\times7\Rightarrow2^2\times3^2\times5\times7$となる。よって，$\boxed{B}=2\times3\times5^2\times7^2=2\times3\times5\times5\times7\times7=7350$

(4)　はじめに，容器Ａ，Ｂに入っている水の量をそれぞれ$\boxed{9}$，$\boxed{7}$とし，加えた水の量の比が16：12＝４：３だから，加えた水の量をそれぞれ④，③とする。$\boxed{9}$＋④の$\frac{13}{17}$倍が$\boxed{7}$＋③だから，$(\boxed{9}+④)\times\frac{13}{17}=\boxed{\frac{117}{17}}+\bigcirc\frac{52}{17}$と$\boxed{7}$＋③が等しい。したがって，$\boxed{7}-\boxed{\frac{117}{17}}=\boxed{\frac{2}{17}}$と$\bigcirc\frac{52}{17}-③=\bigcirc\frac{1}{17}$が等しいので，$\boxed{2}$＝①である。したがって，Ａに加えた水は，$\boxed{2}\times4=\boxed{8}$であり，これが16Ｌだから，はじめ容器Ａに入っていた水の量は，$16\times\frac{\boxed{9}}{\boxed{8}}-18$(リットル)である。

〔別の解き方〕

はじめに，容器Ａ，Ｂに入っている水の量を９$\boldsymbol{x}$リットルと７$\boldsymbol{x}$リットルとする($\boldsymbol{x}$は整数)と，

$(9\boldsymbol{x}+16):(7\boldsymbol{x}+12)=17:13$となるから，$13(9\boldsymbol{x}+16)=17(7\boldsymbol{x}+12)$となる。これを解くと，$\boldsymbol{x}=2$となるから，はじめ容器Ａに入っていた水の量は，９×２＝18(リットル)

(5)　右図のように，矢印の並びの両端《りょうはし》と矢印と矢印に間に①～⑧の番号をふる。

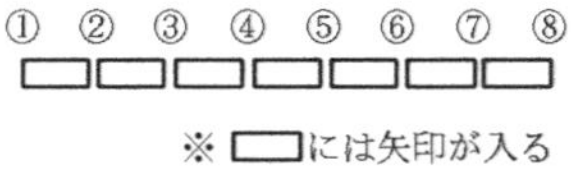

例１のようになるとき，矢印と矢印が逆の向きとなる境目は１か所だけであり，その場所は①～⑧の８通りある(①と⑧のときはそのような境目がない並べ方と考える)から，そのような矢印の並べ方も$_ア$<u>８</u>通りある。

例２のようになるとき，矢印と矢印が向かい合う境目(このような境目を境Ｘとする)は１か所だけであり，境Ｘの左側と右側それぞれに，例１のときのような，矢印と矢印が逆の向きとなる境目(境Ｙとする)が０または１か所できる。境Ｘは①と⑧の位置には作れないので，②～⑦のいずれかとなるが，左右対称なので，②，③，④の場合だけ調べればよい。

境Xが②のとき，左側の境Yは①の１通り，右側の境Yは③～⑧の６通りなので，並べ方は，$1\times6=6$(通り)
境Xが③のとき，左側の境Yは①～②の２通り，右側の境Yは④～⑧の５通りなので，並べ方は，$2\times5=10$(通り)
境Xが④のとき，左側の境Yは①～③の３通り，右側の境Yは⑤～⑧の４通りなので，並べ方は，$3\times4=12$(通り)
よって，例２のようになる矢印の並べ方は全部で，$(6+10+12)\times2=$ イ56(通り)

2 (1) となりあう２つの頂点の間の長さは，$24\div2=12$(cm)である。
点Pと点Qの速さが同じで，どちらも12cm進むと頂点Bに着くから，２点が初めて出会う場所は頂点アBであり，それは出発してから，$12\div12=$ イ1(秒後)である。初めて出会った後，点Pは$24\times3\div12=6$(秒)ごとに頂点Bを通り，点Qは$12\times3\div12=3$(秒)ごとに頂点Bを通るから，６秒と３秒の最小公倍数のウ6秒ごとに頂点Bで出会う。

(2) 点Pは$12\div3=4$(秒)ごとに１つ先の頂点に進み，点Qは$12\div4=3$(秒)ごとに１つ先の頂点に進む。４と３の最小公倍数は12だから，点Pと点Qが同時に頂点を通るのは12秒ごとである。12秒で点Pは$12\div4=3$(つ)進むから，12秒ごとに，A→D→A→D→…と頂点を通る。したがって，点Pと点Qが出会う頂点はエDである。
点Pは12秒後に初めて頂点Dを通った後，$12\times2=24$(秒)ごとに頂点Dを通る。点Qは$3\times2=6$(秒後)にはじめて頂点Dを通った後，$3\times3=9$(秒)ごとに頂点Dを通るが，点Pが通る秒数は偶数《ぐうすう》だから，点Qが通る秒数も偶数のところだけを調べればよいので，６秒に$9\times2=18$(秒)を足していく。調べると右表のようになるので，頂点Dで初めて出会うのはオ60秒後である。

頂点Dを通る秒数

点P	点Q
12秒後	6秒後
36秒後	24秒後
60秒後	42秒後
⋮	60秒後
⋮	⋮

初めて出会った後は，24秒と９秒の最小公倍数のカ72秒ごとに頂点Dで出会う。

3 (1) 右のように作図し，記号をおく(OはABの真ん中の点)。

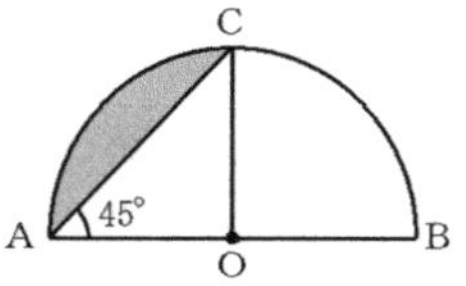

半径だからAO＝COで，角CAO＝45度だから，三角形CAOは直角二等辺三角形とわかる。したがって，色付き部分は，半径$6\div2=3$(cm)の円の$\frac{1}{4}$から，直角をはさむ２辺の長さが３cmの直角二等辺三角形をのぞいた図形だから，求める面積は，
$3\times3\times3.14\times\frac{1}{4}-3\times3\div2=7.065-4.5=2.565$(cm²)である。

(2) 右のように作図し，記号をおく。

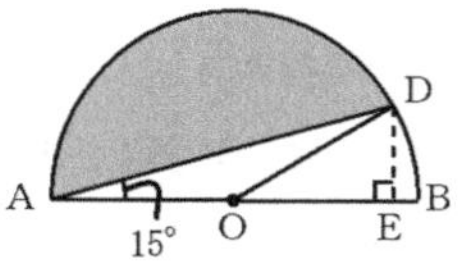

色付き部分は，半径３cmのおうぎ形OADから三角形OADをのぞいた図形である。
三角形の１つの外角は，これととなりあわない２つの内角の和に等しく，三角形OADはOA＝ODの二等辺三角形だから，角DOE＝15＋15＝30(度)である。したがって，三角形DOEは１辺の長さがOD＝３cmの正三角形を半分にした直角三角形だから，DEはODの半分の長さの$3\div2=\frac{3}{2}$(cm)である。よって，おうぎ形OADの中心角は$180-30=150$(度)，三角形OADの底辺をOA＝３cmとすると，高さはDE＝$\frac{3}{2}$cmだから，求める面積は，$3\times3\times3.14\times\frac{150}{360}-3\times\frac{3}{2}\div2=11.775-2.25=9.525$(cm²)である。

4 (1) ２番目の数は，$10\times\frac{2}{3}+10=\frac{50}{3}$，３番目の数は，$\frac{50}{3}\times\frac{2}{3}+10=\frac{190}{9}$だから，４番目の数は，$\frac{190}{9}\times\frac{2}{3}+10=\frac{650}{27}=24\frac{2}{27}$である。

(2) １番目の数と30との差は，$30-10=(30-10)\times$ ア1と表せる。２番目の数と30との差は，$30-\frac{50}{3}=\frac{40}{3}=20\times\frac{2}{3}=(30-10)\times$ イ$\frac{2}{3}$と表せる。３番目の数と30との差は，$30-\frac{190}{9}=\frac{80}{9}=20\times\frac{4}{9}=(30-10)\times$ ウ$\frac{4}{9}$＝$(30-10)\times\frac{2}{3}\times\frac{2}{3}$と表せる。したがって30との差は，１番目から１つ後になるごとに$\frac{2}{3}$倍になるとわかる。
よって，６番目の数と30との差は，$20\times\frac{2}{3}\times\frac{2}{3}\times\frac{2}{3}\times\frac{2}{3}\times\frac{2}{3}=20\times\frac{32}{243}=\frac{640}{243}=$ エ$2\frac{154}{243}$である。

(3) (2)より，初めて29より大きくなるとき，その数と30との差は$30-29=1$より小さい。したがって，30との差が，初めて1より小さくなるときを探す。6番目の数と30との差は$\frac{640}{243}$だから，これに$\frac{2}{3}$をかけていき，はじめて分子が分母より小さくなるところを探すと，右表より，9番目とわかる。よって，初めて29より大きくなるのは，9番目の数である。

	分子の数	分母の数
6番目	640	243
7番目	640×2＝1280	243×3＝729
8番目	1280×2＝2560	729×3＝2187
9番目	2560×2＝5120	2187×3＝6561

5 (1)　Xさんの所持金によって，a，b，cの大小関係が変わるが，大小関係が変わる境目は，3人の所持金それぞれのちょうど中間である。AさんとBさんの所持金の中間は，(1600＋3000)÷2＝2300(円)，BさんとCさんの所持金の中間は，(3000＋4000)÷2＝3500(円)，AさんとCさんの所持金の中間は，(1600＋4000)÷2＝2800(円)だから，右のような線分図で考える。

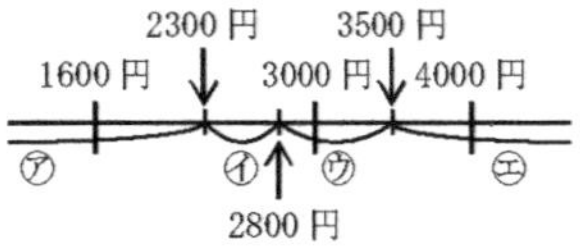

x円が㋐の範囲《はんい》にあるとき(2300円未満のとき)，2300円よりも左にあるから a＜bであり，2800円よりも左にあるから，a＜cなので，①a＜b＜cとなる。

以下同様に考えると，x円が㋑の範囲にあるとき，③b＜a＜c，x円が㋒の範囲にあるとき，④b＜c＜a，x円が㋓の範囲にあるとき，⑥c＜b＜aとなる。

よって，a，b，cの大小関係としてありえないものは，②と⑤である。

(2)　(1)より，a，b，cの大小関係として考えられるものは，①a＜b＜c，③b＜a＜c，④b＜c＜a，⑥c＜b＜aである。bとcの和がaの2倍に等しいのだから，bとcの和を2で割ったものがaに等しい。したがって，aはbとcの間にある数とわかるから，考えられる大小関係は，③b＜a＜cである。

(3)　ここまでの解説をふまえる。

条件に合うx円は，(1)の図の㋑の範囲である。cはbよりも4000－3000＝1000(円)多いから，b＋c＝b×2＋1000となる。これがa×2に等しいのだから，a＝(b×2＋1000)÷2＝b＋500となり，aとbの差は500円とわかる。また，aとbの和は3000－1600＝1400(円)だから，a＞bより，a＝(1400＋500)÷2＝950(円)である。

よって，x円は，1600＋950＝2550(円)である。

―《2020　理科　解説》―

1　2(1)　ホウセンカなどの双子葉《そうしよう》類では，水の通り道である道管と養分の通り道である師管が束になったもの(維管《いかん》束《そく》)が，ウやカのように輪状に並んでいる。また，道管は維管束の内側を通っているので，カが正答となる。

3(1)　ウ○…じょう散が起こると，植物の体温は下がる。昼でもうす暗く，気温が低いときには，体温が下がらないように，じょう散をおさえる必要がある。ふつうの植物では，よく晴れて高温になるようなときにじょう散をおさえると，体温が上がりすぎてしまう(高温時はじょう散がさかんに起こった方がよい)。なお，砂漠《さばく》のような特別な環境《かんきょう》で生活するサボテンなどでは，よく晴れて高温になる昼に気こうを閉じ，体内の水分が出ていかないようにして，じょう散をおさえる必要がある。　(2)　ア○…植物は太陽の光を受けると，水と二酸化炭素を材料にしてでんぷんと酸素をつくる光合成を行う。したがって，よく晴れた日に光合成がさかんに行われる。　(3)　(1)では，光合成をおさえる必要がある理由として，じょう散による体温の低下を考えた。つまり，高温になるときには体温を低下させるためにじょう散がさかんに起こるということである。また，(2)では，よく晴れた日に光合成がさかんに行われると答えた。じょう散が起こるときには気こうが開いて水じょう気が出ていき，光合成を行うときには気こうが開いて二酸化炭素が入ってくる。したがって，光合成がさかんに行われるときにはじょう散もさかんに起こると考えられる。

2　1　しつ度は，ほう和水じょう気量に対するふくまれている水じょう気量の割合を%で表したものだから，気温が高くなってほう和水じょう気量が大きくなると，(空気の出入りがなくふくまれている水じょう気量が変わらなければ)しつ度は低くなる。

4　0.81×26＋0.01×50×(0.99×26－14.3)＋46.3＝73.08→73

5，6　1解説と同様に考えれば，気温が高くなるとしつ度は低くなり，気温が低くなるとしつ度は高くなるから，イがしつ度だとわかる。

7　通風とうの中に入っているのは温度計とかんしつ計であり，これらで測定した温度をもとにしつ度を求めている(水じょう気量などをもとに直接しつ度を測定しているわけではない)。したがって，温度が容器の内部にこもった熱などによって正しく測定されないと，気温やしつ度が正しく観測されない。

3　2　図2では，ばねAは左右両側から反対向きに同じ大きさの力(50ｇ)で引っ張られて静止している。これは図1のときと同じ状態だから，ばね全体の長さは図1のときと同じ7㎝になる。

4　どちらのばねも両側から50ｇの力で引っ張られたときの長さになるので，7＋12＝19(㎝)が正答となる。

4　1(1)　イ○…白いけむりは，ドライアイスによって冷やされてできた氷のつぶであり，ドライアイスが変化してできた気体の二酸化炭素ではない(気体の二酸化炭素は目に見えない)。　(2)　ＢＴＢよう液は酸性で黄色，中性で緑色，アルカリ性で青色に変化する。二酸化炭素がとけた水(炭酸水)は酸性を示すので，黄色に変化する。

(3)　金属は熱を伝えやすい。金属製のスプーンをドライアイスにおし当てると，スプーンからドライアイスに熱が伝わり，ドライアイスを気体に変化させる。発生した気体がスプーンをいっしゅんおし上げ，すぐにスプーンが落ち，再びスプーンがドライアイスを気体に変化させる，ということをくり返すことで，しばらくの間スプーンが細かくゆれる。

《2020　社会　解説》

1　(1)　北海道の先住民であるアイヌの人々は，明治政府が札幌に開拓使をおき，士族や農民を屯田兵として移住させ，本格的な開発をはじめると，土地や文化を奪われて追いやられていった。

(2)・(3)　育てる漁業には，稚魚を一定の大きさまで育てた後，海や川に放流して自然の中で育てる「栽培漁業」と，いけすや網で区切った海などで，出荷するまで人工的に育てる養殖(漁業)がある。オホーツク海ではサケの栽培漁業などが行われている。

(4)　益子焼きには，茶器や土びん，土なべなどがある。

(5)　高速道路網が発達して目的地まで貨物を直接運べるようになったため，ＩＣ周辺に宇都宮工業団地ができた。

(6)　飛驒山脈(北アルプス)，木曽山脈(中央アルプス)，赤石山脈(南アルプス)をまとめて日本アルプスと呼ぶ。

(7)・(8)　諏訪湖のきれいな水や空気を利用し，時計やカメラのような精密機械器具がつくられている。

a　北見地方では種まきの時期をずらしてたまねぎを生産している。そのため，長期出荷することが可能となり，生産量が多い。

b　稲作の裏作としていちご栽培が取り入れられたことのほか，いちごの品質向上に注力し「とちおとめ」などのブランドいちごを開発したことも，栃木県でいちご栽培が盛んになった理由として挙げられる。

c　水蒸気量が少ない内陸では快晴日が多いため，夏や昼間は太陽からの熱を受けて気温が高くなる一方，冬や夜間は地表から熱がにげて気温が低くなる。

2　Aは福岡県，Bは熊本県，Cは宮崎県，Dは山口県，Eは広島県，Fは愛媛県，Gは高知県，Hは徳島県。

問1　イ．九州地方の西側を東経130度線が通ることは知っておきたい。最西端が東経123度で，兵庫県明石市を東経135度線が通ることからもほぼ中間点の九州西部は130度程度と推測できる。

問2　川が少なく水不足になる佐賀平野では，クリークを作って農業用水を蓄えている。

問3　大分県の八丁原発電所は日本最大の地熱発電所である。

問4　室戸岬は高知県の南東端に位置するから，ウを選ぶ。アは鹿児島県の佐多岬，イは高知県の足摺岬である。

問5　宮崎県や高知県では冬でも暖かい気候を利用して，夏から秋が旬であるなすやピーマンなどを，時期をずらして栽培している。高い値段で商品を売ることを目的として，出荷時期を他の地域より早めるために農作物の生長を早める栽培方法を「促成栽培」と呼ぶ。

問6　アを選ぶ。名産地である植木産のすいかは，ビニルハウス栽培などによって糖度が高いという特徴を持つ。イはメロン，ウはみかんである。

問7　エを選ぶ。鳴門ワカメは，うず潮によってかき混ぜられた海の栄養分が含まれるため，厚みが出て歯ごたえが良いという特徴を持つ。アはE(広島県)，イはB(熊本県)，ウはF(愛媛県)である。

問8　福岡県には人口50万人以上の政令指定都市が2都市(福岡市・北九州市)あるから，第2位の都市の人口割合が高いイと判断する。アはG(高知県)，ウはD(山口県)である。

3　a　原爆ドームは，1945年8月6日に広島に原子爆弾が投下されたときの被害を象徴する建造物で，当時のままに保存されている。

b　聖武天皇は平城京→恭仁京→難波宮→紫香楽宮→平城京と都を移した。

c　行基は，民衆とともに橋や用水路などを作り，仏の教えを説いた僧である。一時期迫害されたものの，東大寺の大仏造りに協力し，聖武天皇によって大僧正に任命された。

e　奥州藤原氏は11世紀末に起こった後三年合戦の後に勃興し，およそ1世紀にわたって平泉を中心に栄えたが，1189年，源義経をかくまったために源頼朝に滅ぼされた。

f　『平家物語』は，平氏の栄枯盛衰をうたった軍記物で，琵琶法師によって語られた。

h　ウ．鉄砲の伝来(1543年)→イ．桶狭間の戦い(1560年)→ア．室町幕府の滅亡(1573年)

i　ウが正しい。織田信長は安土城下に楽市・楽座令を出し，営業を独占する座を廃止して商工業を活性化させた。なお，ポルトガル人やスペイン人と行われた南蛮貿易の中心地は長崎や平戸であった。

j　農民から刀などの武器を取り上げる刀狩によって，武士と農民の身分差がはっきりと区別されるようになり，兵農分離が進んだ。

k　生類憐みの令は動物の殺生を禁止した法令で，徳川綱吉が戌年生まれだったことから犬を殺した者は重刑に処された。

l　イが正しい。徳川家光が武家諸法度に追加した参勤交代についての記述である。　ア．大名は，関ヶ原の戦い以前から徳川氏に従っていた譜代大名と，関ヶ原の戦い前後に徳川氏に従った外様大名とに分けられ，外様大名は江戸から遠ざけられた。　ウ．親藩は徳川家一門で，交通の要衝となる場所に置かれた。

m　長野市は善光寺，伊勢市は伊勢神宮，日光市は日光東照宮の門前町として発達した。

4　a　ア．朱子学は儒学の中でも特に身分秩序を重視する学問であったため，江戸幕府にとって都合が良かった。

b　杉田玄白は，前野良沢とともにオランダ語で書かれた『ターヘル・アナトミア』を翻訳し，『解体新書』を出版した。玄白は江戸で人体解剖を見学した際，『ターヘル・アナトミア』の解剖図が実物とほとんど変わらないことに感心し，東洋医学の五臓六腑説が誤っていることに気づいた。

c　ウが誤り。女子は男子よりも就学率が低かったため，女子のための実用教科として裁縫を加えることが推奨された。学制により，6歳以上の男女すべてが小学校で初等教育を受けることとされたが，授業料の負担が重く，子どもは大切な働き手であったため，当初はなかなか就学率が伸びなかった。

d　在学中は兵役が免除されていた大学生まで，戦況の悪化に伴って召集されるようになった。

e　終戦後，空襲で校舎が焼けてしまった学校では，校庭に机を並べて子どもたちが勉強をする風景が見られた。

f　日本国憲法に定められている「教育の義務（26条第2項）」「勤労の義務（27条第1項）」「納税の義務（30条）」などの国民の三大義務については覚えておこう。

g　戦前や戦争中は，権力者への批判が治安維持法などに違反したため，思想の自由が制限されていた。

h　教育の目的は，社会的・職業的自立に向け，必要な基盤となる能力や態度を育てることである。

■ ご使用にあたってのお願い・ご注意

（1）問題文等の非掲載

著作権上の都合により，問題文や図表などの一部を掲載できない場合があります。

誠に申し訳ございませんが，ご了承くださいますようお願いいたします。

（2）過去問における時事性

過去問題集は，学習指導要領の改訂や社会状況の変化，新たな発見などにより，現在とは異なる表記や解説になっている場合があります。過去問の特性上，出題当時のままで出版していますので，あらかじめご了承ください。

（3）配点

学校等から配点が公表されている場合は，記載しています。公表されていない場合は，記載していません。

独自の予想配点は，出題者の意図と異なる場合があり，お客様が学習するうえで誤った判断をしてしまう恐れがあるため記載していません。

（4）無断複製等の禁止

購入された個人のお客様が，ご家庭でご自身またはご家族の学習のためにコピーをすることは可能ですが，それ以外の目的でコピー，スキャン，転載（ブログ，ＳＮＳなどでの公開を含みます）などをすることは法律により禁止されています。学校や学習塾などで，児童生徒のためにコピーをして使用することも法律により禁止されています。

ご不明な点や，違法な疑いのある行為を確認された場合は，弊社までご連絡ください。

（5）けがに注意

この問題集は針を外して使用します。針を外すときは，けがをしないように注意してください。また，表紙カバーや問題用紙の端で手指を傷つけないように十分注意してください。

（6）正誤

制作には万全を期しておりますが，万が一誤りなどがございましたら，弊社までご連絡ください。

なお，誤りが判明した場合は，弊社ウェブサイトの「ご購入者様のページ」に掲載しておりますので，そちらもご確認ください。

■ お問い合わせ

解答例，解説，印刷，製本など，問題集発行におけるすべての責任は弊社にあります。

ご不明な点がございましたら，弊社ウェブサイトの「お問い合わせ」フォームよりご連絡ください。迅速に対応いたしますが，営業日の都合で回答に数日を要する場合があります。

ご入力いただいたメールアドレス宛に自動返信メールをお送りしています。自動返信メールが届かない場合は，「よくある質問」の「メールの問い合わせに対し返信がありません。」の項目をご確認ください。

また弊社営業日（平日）は，午前９時から午後５時まで，電話でのお問い合わせも受け付けています。

2025 春

教英出版

株式会社教英出版

〒422-8054　静岡県静岡市駿河区南安倍３丁目 12-28

TEL　054-288-2131　　FAX　054-288-2133

URL　https://kyoei-syuppan.net/

MAIL　siteform@kyoei-syuppan.net

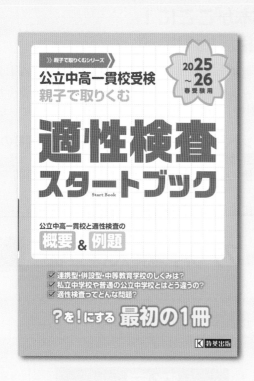

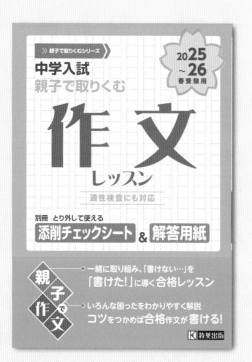

教英出版　2025年春受験用　中学入試問題集

学校別問題集

✿はカラー問題対応

北海道

①[市立]札幌開成中等教育学校
②藤女子中学校
③北嶺中学校
④北星学園女子中学校
⑤札幌大谷中学校
⑥札幌光星中学校
⑦立命館慶祥中学校
⑧函館ラ・サール中学校

青森県

①[県立]三本木高等学校附属中学校

岩手県

①[県立]一関第一高等学校附属中学校

宮城県

①[県立]宮城県古川黎明中学校
②[県立]宮城県仙台二華中学校
③[市立]仙台青陵中等教育学校
④東北学院中学校
⑤仙台白百合学園中学校
⑥聖ウルスラ学院英智中学校
⑦宮城学院中学校
⑧秀光中学校
⑨古川学園中学校

秋田県

①[県立]
- 大館国際情報学院中学校
- 秋田南高等学校中等部
- 横手清陵学院中学校

山形県

①[県立]
- 東桜学館中学校
- 致道館中学校

福島県

①[県立]
- 会津学鳳中学校
- ふたば未来学園中学校

茨城県

①[県立]
- 日立第一高等学校附属中学校
- 太田第一高等学校附属中学校
- 水戸第一高等学校附属中学校
- 鉾田第一高等学校附属中学校
- 鹿島高等学校附属中学校
- 土浦第一高等学校附属中学校
- 竜ヶ崎第一高等学校附属中学校
- 下館第一高等学校附属中学校
- 下妻第一高等学校附属中学校
- 水海道第一高等学校附属中学校
- 勝田中等教育学校
- 並木中等教育学校
- 古河中等教育学校

栃木県

①[県立]
- 宇都宮東高等学校附属中学校
- 佐野高等学校附属中学校
- 矢板東高等学校附属中学校

群馬県

①
- [県立]中央中等教育学校
- [市立]四ツ葉学園中等教育学校
- [市立]太田中学校

埼玉県

①[県立]伊奈学園中学校
②[市立]浦和中学校
③[市立]大宮国際中等教育学校
④[市立]川口市立高等学校附属中学校

千葉県

①[県立]
- 千葉中学校
- 東葛飾中学校

②[市立]稲毛国際中等教育学校

東京都

①[国立]筑波大学附属駒場中学校
②[都立]白鷗高等学校附属中学校
③[都立]桜修館中等教育学校
④[都立]小石川中等教育学校
⑤[都立]両国高等学校附属中学校
⑥[都立]立川国際中等教育学校
⑦[都立]武蔵高等学校附属中学校
⑧[都立]大泉高等学校附属中学校
⑨[都立]富士高等学校附属中学校
⑩[都立]三鷹中等教育学校
⑪[都立]南多摩中等教育学校
⑫[区立]九段中等教育学校
⑬開成中学校
⑭麻布中学校
⑮桜蔭中学校
⑯女子学院中学校
✿⑰豊島岡女子学園中学校
⑱東京都市大学等々力中学校
⑲世田谷学園中学校
✿⑳広尾学園中学校(第2回)
✿㉑広尾学園中学校(医進・サイエンス回)
㉒渋谷教育学園渋谷中学校(第1回)
㉓渋谷教育学園渋谷中学校(第2回)
㉔東京農業大学第一高等学校中等部(2月1日午後)
㉕東京農業大学第一高等学校中等部(2月2日午後)

神奈川県

①[県立]
- 相模原中等教育学校
- 平塚中等教育学校

②[市立]南高等学校附属中学校
③[市立]横浜サイエンスフロンティア高等学校附属中学校
④[市立]川崎高等学校附属中学校
✿⑤聖光学院中学校
✿⑥浅野中学校
⑦洗足学園中学校
⑧法政大学第二中学校
⑨逗子開成中学校(1次)
⑩逗子開成中学校(2·3次)
⑪神奈川大学附属中学校(第1回)
⑫神奈川大学附属中学校(第2·3回)
⑬栄光学園中学校
⑭フェリス女学院中学校

新潟県

①[県立]
- 村上中等教育学校
- 柏崎翔洋中等教育学校
- 燕中等教育学校
- 津南中等教育学校
- 直江津中等教育学校
- 佐渡中等教育学校

②[市立]高志中等教育学校
③新潟第一中学校
④新潟明訓中学校

石川県

①[県立]金沢錦丘中学校
②星稜中学校

福井県

①[県立]高志中学校

山梨県

①山梨英和中学校
②山梨学院中学校
③駿台甲府中学校

長野県

①[県立]
- 屋代高等学校附属中学校
- 諏訪清陵高等学校附属中学校

②[市立]長野中学校

岐阜県

①岐阜東中学校
②鶯谷中学校
③岐阜聖徳学園大学附属中学校

静岡県

①[国立]静岡大学教育学部附属中学校(静岡·島田·浜松)

②
- [県立]清水南高等学校中等部
- [県立]浜松西高等学校中等部
- [市立]沼津高等学校中等部

③不二聖心女子学院中学校
④日本大学三島中学校
⑤加藤学園暁秀中学校
⑥星陵中学校
⑦東海大学付属静岡翔洋高等学校中等部
⑧静岡サレジオ中学校
⑨静岡英和女学院中学校
⑩静岡雙葉中学校
⑪静岡聖光学院中学校
⑫静岡学園中学校
⑬静岡大成中学校
⑭城南静岡中学校
⑮静岡北中学校

⑯
- 常葉大学附属常葉中学校
- 常葉大学附属橘中学校
- 常葉大学附属菊川中学校

⑰藤枝明誠中学校
⑱浜松開誠館中学校
⑲静岡県西遠女子学園中学校
⑳浜松日体中学校
㉑浜松学芸中学校

愛知県

①[国立]愛知教育大学附属名古屋中学校
②愛知淑徳中学校

③
- 名古屋経済大学市邨中学校
- 名古屋経済大学高蔵中学校

④金城学院中学校
⑤椙山女学園中学校
⑥東海中学校
⑦南山中学校男子部
⑧南山中学校女子部
⑨聖霊中学校
⑩滝中学校
⑪名古屋中学校
⑫大成中学校
⑬愛知中学校
⑭星城中学校
⑮名古屋葵大学中学校(名古屋女子大学中学校)
⑯愛知工業大学名電中学校
⑰海陽中等教育学校(特別給費生)
⑱海陽中等教育学校(I·II)
⑲中部大学春日丘中学校
新刊⑳名古屋国際中学校

三重県

①[国立]三重大学教育学部附属中学校
②暁中学校
③海星中学校
④四日市メリノール学院中学校
⑤高田中学校
⑥セントヨゼフ女子学園中学校
⑦三重中学校
⑧皇學館中学校
⑨鈴鹿中等教育学校
⑩津田学園中学校

滋賀県

①[国立]滋賀大学教育学部附属中学校

②[県立]
- 河瀬中学校
- 守山中学校
- 水口東中学校

京都府

①[国立]京都教育大学附属桃山中学校
②[府立]洛北高等学校附属中学校
③[府立]園部高等学校附属中学校
④[府立]福知山高等学校附属中学校
⑤[府立]南陽高等学校附属中学校
⑥[市立]西京高等学校附属中学校
⑦同志社中学校
⑧洛星中学校
⑨洛南高等学校附属中学校
⑩立命館中学校
⑪同志社国際中学校
⑫同志社女子中学校(前期日程)
⑬同志社女子中学校(後期日程)

大阪府

①[国立]大阪教育大学附属天王寺中学校
②[国立]大阪教育大学附属平野中学校
③[国立]大阪教育大学附属池田中学校

④[府立]富田林中学校
⑤[府立]咲くやこの花中学校
⑥[府立]水都国際中学校
⑦清風中学校
⑧高槻中学校（A日程）
⑨高槻中学校（B日程）
⑩明星中学校
⑪大阪女学院中学校
⑫大谷中学校
⑬四天王寺中学校
⑭帝塚山学院中学校
⑮大阪国際中学校
⑯大阪桐蔭中学校
⑰開明中学校
⑱関西大学第一中学校
⑲近畿大学附属中学校
⑳金蘭千里中学校
㉑金光八尾中学校
㉒清風南海中学校
㉓帝塚山学院泉ヶ丘中学校
㉔同志社香里中学校
㉕初芝立命館中学校
㉖関西大学中等部
㉗大阪星光学院中学校

兵庫県

①[国立]神戸大学附属中等教育学校
②[県立]兵庫県立大学附属中学校
③雲雀丘学園中学校
④関西学院中学部
⑤神戸女学院中学部
⑥甲陽学院中学校
⑦甲南中学校
⑧甲南女子中学校
⑨灘中学校
⑩親和中学校
⑪神戸海星女子学院中学校
⑫滝川中学校
⑬啓明学院中学校
⑭三田学園中学校
⑮淳心学院中学校
⑯仁川学院中学校
⑰六甲学院中学校
⑱須磨学園中学校(第1回入試)
⑲須磨学園中学校(第2回入試)
⑳須磨学園中学校(第3回入試)
㉑白陵中学校
㉒夙川中学校

奈良県

①[国立]奈良女子大学附属中等教育学校
②[国立]奈良教育大学附属中学校
③[県立]国際中学校
　　　青翔中学校
④[市立]一条高等学校附属中学校
⑤帝塚山中学校
⑥東大寺学園中学校
⑦奈良学園中学校
⑧西大和学園中学校

和歌山県

①[県立]古佐田丘中学校
　　　向陽中学校
　　　桐蔭中学校
　　　日高高等学校附属中学校
　　　田辺中学校
②智辯学園和歌山中学校
③近畿大学附属和歌山中学校
④開智中学校

岡山県

①[県立]岡山操山中学校
②[県立]倉敷天城中学校
③[県立]岡山大安寺中等教育学校
④[県立]津山中学校
⑤岡山中学校
⑥清心中学校
⑦岡山白陵中学校
⑧金光学園中学校
⑨就実中学校
⑩岡山理科大学附属中学校
⑪山陽学園中学校

広島県

①[国立]広島大学附属中学校
②[国立]広島大学附属福山中学校
③[県立]広島中学校
④[県立]三次中学校
⑤[県立]広島叡智学園中学校
⑥[市立]広島中等教育学校
⑦[市立]福山中学校
⑧広島学院中学校
⑨広島女学院中学校
⑩修道中学校
⑪崇徳中学校
⑫比治山女子中学校
⑬福山暁の星女子中学校
⑭安田女子中学校
⑮広島なぎさ中学校
⑯広島城北中学校
⑰近畿大学附属広島中学校福山校
⑱盈進中学校
⑲如水館中学校
⑳ノートルダム清心中学校
㉑銀河学院中学校
㉒近畿大学附属広島中学校東広島校
㉓AICJ中学校
㉔広島国際学院中学校
㉕広島修道大学ひろしま協創中学校

山口県

①[県立]下関中等教育学校
　　　高森みどり中学校
②野田学園中学校

徳島県

①[県立]富岡東中学校
　　　川島中学校
　　　城ノ内中等教育学校
②徳島文理中学校

香川県

①大手前丸亀中学校
②香川誠陵中学校

愛媛県

①[県立]今治東中等教育学校
　　　松山西中等教育学校
②愛光中学校
③済美平成中等教育学校
④新田青雲中等教育学校

高知県

①[県立]安芸中学校
　　　高知国際中学校
　　　中村中学校

福岡県

①[国立]福岡教育大学附属中学校（福岡・小倉・久留米）
②[県立]
- 育徳館中学校
- 門司学園中学校
- 宗像中学校
- 嘉穂高等学校附属中学校
- 輝翔館中等教育学校

③西南学院中学校
④上智福岡中学校
⑤福岡女学院中学校
⑥福岡雙葉中学校
⑦照曜館中学校
⑧筑紫女学園中学校
⑨敬愛中学校
⑩久留米大学附設中学校
⑪飯塚日新館中学校
⑫明治学園中学校
⑬小倉日新館中学校
⑭久留米信愛中学校
⑮中村学園女子中学校
⑯福岡大学附属大濠中学校
⑰筑陽学園中学校
⑱九州国際大学付属中学校
⑲博多女子中学校
⑳東福岡自彊館中学校
㉑八女学院中学校

佐賀県

①[県立]
- 香楠中学校
- 致遠館中学校
- 唐津東中学校
- 武雄青陵中学校

②弘学館中学校
③東明館中学校
④佐賀清和中学校
⑤成穎中学校
⑥早稲田佐賀中学校

長崎県

①[県立]
- 長崎東中学校
- 佐世保北中学校
- 諫早高等学校附属中学校

②青雲中学校
③長崎南山中学校
④長崎日本大学中学校
⑤海星中学校

熊本県

①[県立]
- 玉名高等学校附属中学校
- 宇土中学校
- 八代中学校

②真和中学校
③九州学院中学校
④ルーテル学院中学校
⑤熊本信愛女学院中学校
⑥熊本マリスト学園中学校
⑦熊本学園大学付属中学校

大分県

①[県立]大分豊府中学校
②岩田中学校

宮崎県

①[県立]五ヶ瀬中等教育学校
②[県立]
- 宮崎西高等学校附属中学校
- 都城泉ヶ丘高等学校附属中学校

③宮崎日本大学中学校
④日向学院中学校
⑤宮崎第一中学校

鹿児島県

①[県立]楠隼中学校
②[市立]鹿児島玉龍中学校
③鹿児島修学館中学校
④ラ・サール中学校
⑤志學館中等部

沖縄県

①[県立]
- 与勝緑が丘中学校
- 開邦中学校
- 球陽中学校
- 名護高等学校附属桜中学校

もっと過去問シリーズ

北海道

北嶺中学校
7年分（算数・理科・社会）

静岡県

静岡大学教育学部附属中学校
（静岡・島田・浜松）
10年分（算数）

愛知県

愛知淑徳中学校
7年分（算数・理科・社会）
東海中学校
7年分（算数・理科・社会）
南山中学校男子部
7年分（算数・理科・社会）
南山中学校女子部
7年分（算数・理科・社会）
滝中学校
7年分（算数・理科・社会）
名古屋中学校
7年分（算数・理科・社会）

岡山県

岡山白陵中学校
7年分（算数・理科）

広島県

広島大学附属中学校
7年分（算数・理科・社会）
広島大学附属福山中学校
7年分（算数・理科・社会）
広島学院中学校
7年分（算数・理科・社会）
広島女学院中学校
7年分（算数・理科・社会）
修道中学校
7年分（算数・理科・社会）
ノートルダム清心中学校
7年分（算数・理科・社会）

愛媛県

愛光中学校
7年分（算数・理科・社会）

福岡県

福岡教育大学附属中学校
（福岡・小倉・久留米）
7年分（算数・理科・社会）
西南学院中学校
7年分（算数・理科・社会）
久留米大学附設中学校
7年分（算数・理科・社会）
福岡大学附属大濠中学校
7年分（算数・理科・社会）

佐賀県

早稲田佐賀中学校
7年分（算数・理科・社会）

長崎県

青雲中学校
7年分（算数・理科・社会）

鹿児島県

ラ・サール中学校
7年分（算数・理科・社会）

※もっと過去問シリーズは
国語の収録はありません。

教英出版
〒422-8054
静岡県静岡市駿河区南安倍3丁目12−28
TEL 054-288-2131
FAX 054-288-2133
詳しくは教英出版で検索
教英出版　検索
URL https://kyoei-syuppan.net/

二〇二四年度

国語

（50分）

《注意》

一、問題は一から二十六ページにあります。始まりのチャイムが鳴ったら必ず確認してください。

二、問題を解く前に、解答用紙に受験番号と氏名を忘れずに記入してください。

三、答は、すべて解答用紙に書いてください。句読点や記号などは字数にふくめます。

四、解答用紙の一行のわく内には二行以上書かないようにしてください。

フェリス女学院中学校

［一］ 次の文章を読んで後の問に答えなさい。

ひさし少年は、馬の絵をかいている。

三頭の軍馬が、並んでかけて行く姿を真横からかいている。

日曜日なのに、父親は工場からむかえの人が来て、つい先程、朝食が終わると早々に出かけて行った。出かける前に、これが今日《きょう》の分だよ、と言って、四つ切《ぎり》の画用紙を一枚ひさしにわたした。

勉強部《べ》屋は、日々草がさく裏庭に面しているので、母親と住みこみの小母《おば》さんが洗たく物を干しながら話しているのがみんな聞こえてくる。この家の物干し場は、ひさしの部屋からは見えないところにあるのだが、今日は、そこが客ぶとんや敷《しき》布類でふさがってしまったため、母親と小母さんは、裏庭の樫《かし》の木を利用してつなを張り、客用のゆかたを干している。

小母さんが言う。

「〈注1〉将校さん達《たち》、もう輸送船に乗ったでしょうか。」

「乗ってもまだ、港の内じゃないかしら。そう簡単には出て行けないでしょう。」

母親が言う。

「この暑い時に、海の上でじかに照りつけられて、いくら若いといっても船よいする人もいるでしょうに。」

「見るものといえば毎日空と海ばかり。これから親の待つ郷里へ帰るわけではないし、物見遊山に行くわけでもない。それを思えば、こうして船に乗る前の何日か宿をさせられるのも、いやだとは言えなくなるのよね。」

「でも、一《ひ》と晩、二《ふ》た晩はまだいいとして、いくら食事の世話はいっさいいらないといっても一週間というのは長過ぎます。」

「時勢だ、お上のたのみだと言われても、表座敷を何日も使われるのはねえ。ただ、あの人達の行く先を考えると、床《とこ》の間のある部屋にねむらせてあげたいと思うのは人情でしょう。わたし達が少しのあいだがまんしていればすむことだから。まあ、お天気ばかりは今夜のことも分からないし、思いがけず乗船待ちになる事情だって起こるかもしれない。」

「うちは兵隊さんのお宿は出来ませんって、断りなさるお宅はないんでしょうか。」

「どうなのかしら。病人でもあれば、いくら割り当てだと言われても困るでしょう。」

　小母さんは、かわいたゆかたのえりを両てのひらにはさんで、ぱちぱちたたくようにしながらしわをのばしている。問二そして、ちょっと不服そうな声で言う。

「隣《となり》組の組長さんが、お宅は部屋数が多いんだからと言って、宿を引き受けるのが当たり前のような顔して割り当てに見えるでしょ。わたしゃ、どうもあれが気に入らない。たくさん割り当てられて喜ぶとでも思っているのかって言ってやりたいですよ。」

「組長さんにしてみれば、言いたくて言っているわけではないでしょう。」

「そんなことは分かっています。でも、この町内で大勢引き受ければ、けっきょくは自分の顔がよくなるじゃありませんか。」

「旅館がいっぱいになって、港に近い町家に宿をたのんでくるのは仕方がないと思うけれど……」

「旦那《だんな》さまも奥《おく》さまも、少しお気がよ過ぎます。いつだって、はい、はい。わたしゃそれもじれったい。船を待っている人の身になれば、そりゃわたしだって奥さまと同じです。わたしが言いたいのは、組長さんのことですよ。時にはもう少し困らせたほうがいい。」

　ひさしはこの一週間、いつもは土蔵へ行く通路をもかねている仏間で、両親の間にはさまってねて、それはそれでけっこうたのしかった。部屋を変えてねると、両親と旅行している時のような気がした。あと二年もすれば、ひさしも中学受験である。

隣組の組長からの達しによると、乗船待ちの出征《しゅっせい》軍人の宿を割り当てられた場合、食事、入浴の世話はいっさいする必要なし、寝《しん》室と夜具の提供だけでよいということであった。隣組の人たちは、この宿のことを「兵隊宿」とよんで引き受けた。

ひさしの家では、これまでにももう何度かこの宿を引き受けていて、一日だけのこともあれば、今度のように一週間も続く場合もあり、たまに兵隊がいっしょのこともあったが、大方は将校で、いちばん多い時は五人だった。

ひさしの家には、簡単な庭そうじや、家のまわりのちょっとした片付けには、古くから出入りしている老人がいるが、行儀《ぎ》見習いということで来ていた若い女は、親の看病に帰ったままなので、住みこみの小母さんはかなりいそがしかった。

小母さんは、兵隊宿をすると、洗たく物が増えるのと、家の中で軍靴《か》のにおいがするのをいやがった。夏は、洗たく物のかわきにはよかったが、玄《げん》関〈注2〉の三和土《たたき》に長ぐつが五足も並んでいると、たしかに側《そば》を通るだけできついにおいがした。

戸別に人数の割り当てをする時、組長がどういう基準でしているのかはひさしの母親にはよく分からなかった。しかし、部屋数だけで言うなら、当然宿を引き受けてよいはずなのに、割り当てられていない家もあった。また、ひさしの母親は、組長から、今回は、お宅へは割り当ての人数を少なくしてあげました、というような言い方をされたこともあったが、別にそれを感謝したこともなかった。

ひさしの家では、組長からの達し通り、食事、入浴の世話はいっさいしなかった。問四 ただひさしの母親の性格から、お茶とお菓《か》子だけは厚くもてなした。そうしないではいられなかった。だまってお茶しか飲まない将校がいた。自分達は、ごめいわくをかけてはいけないことになっていますから、と断って、菓子に手をつけない将校もいた。すすめられるまま、うれしそうに菓子を口にし、お茶のおかわりをする将校もいた。もてなしに対するどのような対応を見ても、見ているうちに胸をふさがれそうになるのがひさしの母親だった。

兵隊宿の割り当てが始まってまだ間もないころ、ひさしの母親は、家で草餅《もち》をつくって出したことがある。この時は将校だけでなく、兵隊がいっしょだった。兵隊宿をすることになっても、ひさしにはそのための用が増えるわけではなかったから、この時もひさしはけっこうたのしかった。

ひさしの家では、ひさしが物心ついてからというもの、正月餅はいつも工場の人が手伝いに来て、家でつく習慣になっていた。裏庭にれんがをついてつくったかまどがある。ここでせいろう〈注3〉に入れたもち米を蒸して臼《うす》〈注4〉にあけると、向かい合って待ち構えていた威《い》勢のいい男が、冬空の下で、かけ声もろとも、交ごに杵《きね》〈注5〉をふり始める。臼の中から立ちのぼる湯気が、男たちの顔をつつむ。手水〈注6〉は、小母さんの役だった。

ひさしは、母親といっしょに暮れの風にふかれながら、かまどにたきぎを入れてけむりにむせたり、蒸し上がったもち米を、神だなや仏だんに供えに走ったりした。熱いもち米をしゃもじにほんのひとすくい茶わんによそってもらって食べたり、工場の人達ともなれない話をしたりしてこの日はいそがしく、気持よくつかれた。男達は、おきよめの酒にいいきげんになって、酒くさい息をはきながら杵をふった。

ひさしの勉強部屋と、部屋に続く広縁《えん》には、この日ばかりは上《うわ》敷〈注7〉がしかれ、ここが急ごしらえの丸餅製造場になった。ひさしの母親と手伝いの若い女は、つきたての餅を木箱にとると、す早く手と餅に粉をふり、片手でしぼり出すようにしながら、一方の手でどんどん千切り取って小さな丸餅をつくってゆく。

ひさしは、いくら母親に教わっても、千切り方も丸め方もていねい過ぎるので、途《と》中で餅が冷えてしまい、あとは、ねん土細工に四苦八苦するような工合《ぐあい》であった。指先やてのひらにからんだ餅がそのまま固くなってしまうと、熱いお湯にでもひたさなければ、容易に元の手にはもどらない。

問五 けれどもこの餅つきも、人手が思うにまかせぬようになり、父親もまた世の中を気にして万事自しゅく気味になり始めてから、簡素化された。父親は、出入りの男にたのんで、臼は石臼、杵は一本、それも手でふるのではなく、足でふむと杵が上がり、足を外すとひとりでに杵が落ちて臼の中のものをつくという装置を軒《のき》下につくらせた。これなら男手はなくても餅つきが出来る。

兵隊宿の割り当てが来るようになったころは、もうこの石臼に変わっていた。小母さんが杵をふみ、母親が手水をさし、ひさしがそのまわりをちょろちょろして草餅が出来上がった。本を読みながらでもお餅がつけるから、わたしゃ女二宮金次郎《ろう》よ、と小母さんは得意気だった。よもぎは新しかったので、香りの高い草餅になった。

しかしこの時、兵隊に草餅を食べさせることは出来なかった。将校が手をつけなかったので、兵隊はそれにならうほかなかった。

「お心づかいに感謝します。」

兵隊は、玄関で直立不動の姿勢をとり、ひさしの母親に挙手の礼をすると、あわただしく将校のあとを追った。

「あのばか将校が。」

小母さんは流しで洗いものをしながらひとりでおこっていた。

「折角なのに、なぜ部下に食べさせないのか。部下の心もくめずにいい指揮ができるわけがない。」

小母さんはののしり続けた。

ひさしの母親も、小母さんの言うのが当たっているような気がした。あの将校は、部下の心どころかわたし達の気持さえ、と思いかけてまた考え直した。いやあの将校もつらくなかったはずはない。部下にあたえるほうがどんなに気持が楽だったろう、そう思うと、部下だけでなく、将校も 問六 ［　　　　］。

今朝《けさ》ひさしの家を発《た》って行った将校達は、ひさしの母親には、いずれもまだ二十代の若さに見えた。彼《かれ》らは滞《たい》在中、毎朝早く、〈注8〉馬丁が馬をひいてむかえに来た。三人の将校は、それぞれ馬に乗って出かけて行き、ひづめの音とともに帰って来た。隣組の組長の話では、あまり遠くない所に、〈注9〉軍の駐屯《ちゅうとん》所らしいものがあるということだった。

ひさしは毎朝、表に出て騎《き》馬の将校を見送った。夏休みがさいわいした。ひさしの父親は、いつの時でも、泊《とま》りの軍人には会わなかった。世話はもっぱら母親と小母さんの仕事で、将校達は一体に口数が少なかったが、それでも言葉をかわすのはひさしがいちばん多かった。

ひさしの目には、それぞれの将校の乗る馬はいつも決まっていた。いちばん背の高い将校の馬が姿がもっともよく、その次に姿のよい馬にはふとった将校が乗った。背の低い、そしてやせた将校には、それらしい馬のあてがわれているのがひさしにはおかしかったが、毛並のいちばん美しいのはこの馬だったので、よかったと思った。

背の高い将校が、皮ぶくろに入っている腰《こし》の日本刀を、ぬいて見せようかと言ったことがある。しかしひさしは首をふった。刀よりも馬のほうに興味があった。

馬は、からだの大きさの割には不釣《つり》合なほど目がいいとはよく人が言うけれど、どうしてあんなにやさしい目をしているのだろうとひさしは思った。馬の目を見ていると、それが馬の目だということをよく忘れた。それに、〈注10〉前肢《し》後肢の動きは何度ながめてもおどろくばかりで、その動きの複雑さは、不思議をこえて、そういう生きものをつくった目に見えない何かをひさしにこわいと思わせた。すばらしいと思わせた。

ひさしはよく、周囲にだれもいないのを確かめてからたたみの上に四つんばいになり、馬と同じように歩いてみようとするのだった。けれども、何秒も数えないうちにあっけなくひっくり返ってしまう。ひっくり返ってもひっくり返ってもくり返してみる。もしも今の自分をだれかが見ていたらと思うと何となくきまりが悪くなって、腹を見せてもがいている金ぶんぶんのように、ひっくり返ったまま手足をばたつかせてひとりで笑った。

毎日、三頭の馬を間近に見られることが、ひさしをいきいきとさせた。ひさしは、学校で自由画というといつでも馬の絵をかいた。図画の先生は、ひさし君の馬は、クラスの他のだれがかく馬ともちがって生きている、そう言ってよくほめた。新聞社主さいの小学校の図画の展覧会に、本人にはだまってひさしの馬を出品して、特賞をとらせたこともある。ひさしは、うれしくなくはなかったが、賞に対しての格別のしゅう着はなかった。賞より馬、だった。

宿題の絵をひさしにたのむ友達がいた。先生に見破られると、君も困るだろう、だから、君が、これで半分の出来上がりだと思うところまでかいてほしい。あとは自分がかく。友達はそう言った。ひさしはこの友達に何度馬をかいてやったかしれない。しかし、友達にかいてやっているという気持には一度もならなかった。あの馬の目の深いやさしさと、四本の肢《あし》のおどろくべき動きを、何とかあらわしたい一念であった。かけばかくほど、実際の馬の目はいよいよやさしく、四本の肢の動きはいよいよすばらしいものに思われ、かくことで自分がそれに近づいているような気もするのに、逆に遠ざかっていくような感じもあって、問七 かく度に初めてのおどろきとよろこびを味わった。不安もまたその都度、新しかった。

父親が毎日一枚しか四つ切の画用紙をあたえないのにはそれなりの理由がある。父親はひさしに、用紙をむだづかいしないようにと言った。けれども父親は、ひさしが宿題とは関係なく、毎日好きでかく絵に熱中しはじめると、時を忘れて打ちこむのを内心ではたのもしく思いながらも、健康のことも気になるので、一枚の絵ならどんなに時間をかけてもという見通しから、むだづかいせぬよう、一枚だけという約束をひさしと取りかわした。

また、いつでも、せめてもう一枚用紙があればという気持を残させることが、ひさしの絵のためにはかえってよいだろうという考えもこの父親にはあった。学用品は全部母親がととのえてくれるのに、この画用紙だけは父

親の管かつだった。学校とは関係がないからだろうとひさしは思った。（中略）

三日前の夜のことである。

馬で帰って来た将校達は、いったん座敷にくつろぐと、背の高い将校が代表格になって、ひさしの母親にこう申し出た。

「長い間、ごやっかいをおかけして申し訳ありません。自分達の出発も、あと二、三日後にせまりました。ついては、出発前に、ひさし君を連れて、神社参拝をしてきたいと思います。まちがいのないよう、責任をもちますから、明日一日、ひさし君を自分達に預けて下さい。」

その神社というのは、ひさしが低学年のころ、学校の遠足でいく度も行っている神社で、春は境だいの桜に、別の土地からも大勢の人が集まった。近くには川もある。ひさしの母親は、

「ありがとうございます。本人はきっとよろこびますでしょうが、主人がもどりましたら相談しまして、改めてご返事させていただきます。」

と言って引きさがった。

問八 ひさしに、どう？　とさぐると、一日中馬といられると思って、行く、行く、とはしゃいだが、たまらなくなったひさしが直接将校達に、

「明日も、馬で行くんでしょう？」

とたずねると、背の高い将校が、

「明日は電車だよ。」

と答えたのにはひさしもがっかりした。

ただ、子供心にも、将校達がこの町を出発してからの運命というものをばく然とながら思わずにはいられない

ので、自分が断るのは気の毒だという気持も起こった。しかし半分は、ぼくを連れ出すなんてめいわくだなあ、という気持だった。あの人達は、この土地の人ではないからあの神社がめずらしいのだろう。桜といっても、今は葉っぱばかり。用心しないと枝や葉から毛虫が落ちてくる。でも、やっぱり行こう。決めた。お父さんが行っていいと言うなら、ぼくが案内役だ。

そのあくる朝、冷たい麦茶を入れた水とうを母親から受け取ったひさしが、将校達といっしょに家を出たのは、九時過ぎだった。

「どうぞよろしくお願いいたします。」

母親は腰を深く曲げて将校にたのんだ。

電車の中でも、道を歩いていても、彼らがほとんど口をきかないことがひさしにはありがたかった。ひさしは、学校の帰りに、買い物から帰って来る小母さんと出会ったりすると、気が重くなった。小母さんは、

「今日はどうでした？　お弁当はみんなあがりましたか？　宿題は多いんですか？」

とか、

「夕方から工場の人が見えるんだそうですよ。おふろは、食事の前にします？　それとも後にします？」

などと言いながら、ひさしにしきりに返事を求めてくる。人中《ひとなか》で家の者に声をかけられるのは何となくはずかしい。また、そればかりでなく、ひさしはいつも、話すか歩くか、どっちかにしてほしいと思っていた。若いほうの手伝いの女に対しても、母親に対しても同じように思っていた。

将校達は、別に急いで歩いているふうではなかったが、歩はばが広いので、ひさしはどうしても急ぎ足になった。背の高さに関係なく三人が歩調をそろえているので、ひさしは、訓練というのはすごいものだと感心する。

途中、兵隊と出会うと、兵隊のほうは一様に歩調をとって、将校達に敬礼を送った。白手ぶくろが、きびきびし

た動きで挙手の礼を返す。問九ひさしは、ついて歩くだけで上気した。

参道に入るところで川のながめがひらけた。

川に、馬はいなかった。

ひさしは、

「練兵場で演習を終わった騎兵隊の馬が、よくこの川に入って来るんだけど、早いから、今日はまだ、いない。」

と、言い訳をするような表情で言った。日も暮れ近くなって、一列に並んだ騎馬の兵士が、たづなをあやつりながら土手のしゃ面を静かに下って川の中に馬を進め、だいだい色にかがやいて流れる水の面《おもて》に、馬と一体になった自分達のかげをゆらめかせて小休止をとっているのは、ひさしにはいく度見ても見あきないながめだった。人馬の動きの止まったしゅん間、それがみごとな埴《はに》輪の列に見えることもあった。

四人は、馬のいない川のほとりでしばらく休んだ。

ひさしは、この近くの練兵場へは、友達とよく模型飛行機を飛ばしに来るのだと言い、練習を終わった騎兵隊の馬は、いつもどのあたりから、どのようにしてこの川のほとりに出てくるのかを細かに説明した。

「ひさし君は、よほど馬が好きなんだなあ。馬はかしこいからね。」

と、背の高い将校が言った。

「どれくらいかしこい？」

とひさしが聞いた。

「時によっては人間よりも。」

とふとった将校が答えた。

やせた将校は、ただ静かに笑っていた。それからしばらくたって、

「ものが言えなくても、からだでものを言うし、人の心ははっきり読む。」

とひとりごとのように言った。

神社の境だいは、葉桜のさかりであった。

問十 ひさしは、ここではよく、外出を許可された陸軍病院の傷病兵が、白衣に軍靴のいでたちで、面会に来た家族らしい人たちとベンチに腰かけているのを見かけるが、午前中とあって、ここでもまだそれらしい人の姿は見られなかった。ひさしは、そのことにむしろほっとした。ここに来るまでは予想もしなかった安どだった。

三人の将校は、軍帽《ぼう》をとると、長い間本殿《でん》に向かって頭を垂れていた。ひさしはその後ろから、見習って同じように頭を垂れていた。神社の裏手には、戦死者の墓地がある。ひさしは、将校達がその墓地に気づかないうちに早くこの境だいから連れ出さなければとあせっていた。参詣《けい》人はまばらであった。

陽《ひ》にやけた顔でひさしが帰って来たのは、もう夕方だった。わきに、軍馬の画集のようなものをかかえている。

背の高い将校は母親に、

「ありがとうございました。責任もって、ひさし君をおわたしいたします。」

と言った。

ひさしは、母親からその日一日のことをたずねられても、あまりくわしいことは言わなかった。神社へ行ったあと郊《こう》外電車に乗ったということ。町中《まちなか》へ帰って来て食事をしてから、町でいちばん大きな本屋に入り、自分が買ってほしいとせがんだわけではないのにあの人達はこの画集を買ってくれた、その程度のことしか話さなかった。

問十一 ひさしは、将校達と、とりたてて言うほどの話をしたわけではないのに、三人に対する自分の気持が、出かけて行く時とははっきりちがっていることに気づいていた。

めいわくだなあ、という思いはいつのまにか消えていた。それで、母親に対する報告も、何となくはずまないのだった。

「行ってよかった?」

と母親に聞かれてうなずきはしたが、からだ全体でうなずいているわけでもなかった。

今朝、将校達が引き上げて行ってから、ひさしは勉強部屋に入って夢中で三頭の馬をかき続けた。問十二 じっとしている馬は、今朝はかきたくなかった。毎朝、三人をむかえに来た三頭の軍馬を、思いきり走らせたかった。走らせずにはいられなかった。たてがみだけでなく、しっぽの先まで風になびかせた。

一と月ばかりたって、ひさしの父親あてに、三人の将校の連名で封《ふう》書が届いた。一枚の写真と、簡単な文面の手紙で、そこには、滞在中の世話に対する礼が述べられ、自分達は元気で軍務についていること、ご一家のご多幸をいのるという主旨《し》のことがむだなく書かれていた。

写真は、神社の葉桜を背景にとったもので、真ん中に立っているひさしの後ろから、背の高い将校がかがみこむようにしてひさしの両かたに手をかけ、ふとった将校は、軍刀の柄《つか》の上に白手ぶくろを重ねてひさしの右に、やせた将校はひさしの左に立って、なぜかこの人だけ、とんでもない方向に顔をあお向けている。

封とうの裏書きに、三人の居場所は明記されていない。部隊名だけが記され、その〈注11〉気付《づけ》となっていて、表には〈注12〉「検閲済《けんえつずみ》」のスタンプがおしてある。ひさしは、三人の将校が、家族の中で自分だけにしてくれた別れの意味を考えようとしながら、にわかにわき出してきたとりとめのないかなしみの中で、問十三 自分がこれまで知らなかった新たな感情の世界に、いま、確かに一歩入ったということを知らされた。父親にも母親にも言えないまま、じっとその思いをかみしめていた。

(竹西寛《ひろ》子『神馬《め》／湖——竹西寛子精選作品集』所収「兵隊宿」)

(5) A さんと B さんがじゃんけんを何回かして，点数を得たり失ったりするゲームをします。2 人のはじめの持ち点はともに 10 点です。
グーで勝てば 1 点を得て，グーで負ければ 1 点を失います。
チョキで勝てば 2 点を得て，チョキで負ければ 2 点を失います。
パーで勝てば 3 点を得て，パーで負ければ 3 点を失います。
じゃんけんでは 2 人が同じ手を出した場合は勝敗がつくまでじゃんけんをして，それを 1 回のじゃんけんと数えます。
次の ア ～ ウ にあてはまる数をそれぞれすべて答えなさい。

① じゃんけんを 1 回して，A さんの持ち点が 11 点になるとき，B さんの持ち点は ア 点です。

② じゃんけんを 2 回して，A さんの持ち点が 10 点になるとき，B さんの持ち点は イ 点です。

③ 2 人の持ち点のうちのどちらかがはじめて 5 点以下となるか 15 点以上となったとき，このゲームを終了することにします。じゃんけんを 3 回して A さんの持ち点が 15 点以上となり，ゲームが終了しました。このとき B さんの持ち点として考えられる最も高い点は ウ 点です。

答	ア		イ		ウ	

(4) 図のように直線 AD と直線 BC が平行な台形 ABCD があります。辺 AD 上に点 E があり，台形 ABCD の面積と三角形 ECD の面積の比は 4 : 1 です。直線 CE と直線 BD の交わる点を F とします。点 F を通り，辺 AD に平行な直線が辺 AB と辺 DC に交わる点をそれぞれ G と H とします。

次の ア ，イ にあてはまる数を求めなさい。

① 三角形 CDE の面積は三角形 CAE の面積の ア 倍です。

② 直線 GH の長さは イ cm です。

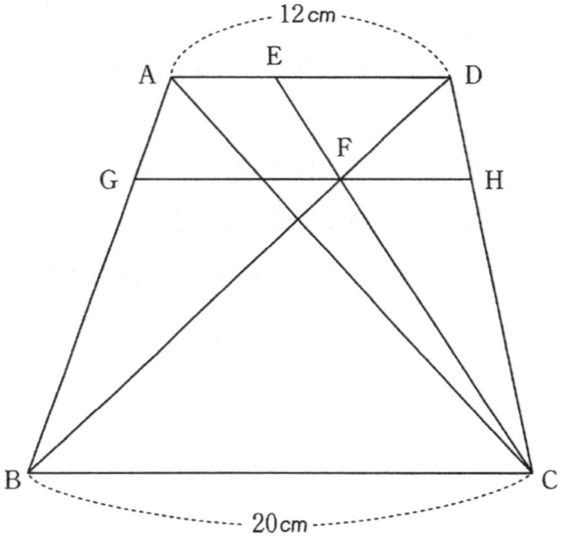

答	ア		イ	

(3)　3種類のバケツA，B，Cを水で満たして，空の水そうに水を入れます。この3種類のバケツを1回ずつ使って水を入れると，水そうの容積の20%になります。バケツAを2回，バケツBを4回，バケツCを8回使って水を入れると，水そうの容積の100%になります。また，バケツAを7回，バケツBを4回，バケツCを4回使って水を入れても，水そうの容積の100%になります。

次の［ア］～［エ］にあてはまる数を求めなさい。

①　3種類のバケツの容積の比を最もかんたんな整数の比で表すと，バケツA，バケツB，バケツCの順で［ア］:［イ］:［ウ］です。

②　水そうの容積はバケツAの容積の［エ］倍です。

答	ア		イ		ウ		エ	

(2) 図のように四角形 ABCD があり，点 P は対角線 AC と対角線 BD の交わる点です。
三角形 ABP の面積と三角形 CDP の面積の比は 1 : 3 で，三角形 ABC の面積と三角形 DBC の面積の比は 7 : 9 です。
次の ア ～ ウ にあてはまる数を求めなさい。

① 直線 AP の長さと直線 PC の長さの比を最もかんたんな整数の比で表すと ア : イ です。

② 三角形 PBC の面積は三角形 PAD の面積の ウ 倍です。

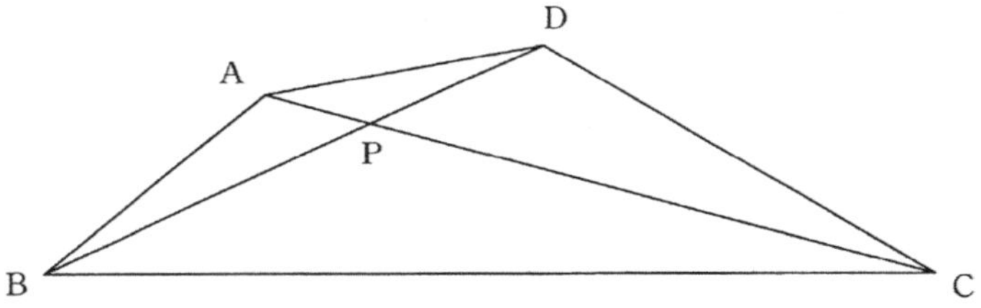

答	ア		イ		ウ	

1 次の問いに答えなさい。

(1) 次の□にあてはまる数を求めなさい。

$$\frac{1}{3} \div \left(1.7 \div \square - \frac{1}{8}\right) \div \frac{2}{9} = 2\frac{4}{7}$$

答

2024(R6) フェリス女学院中
K 教英出版

2024年度

算　　数

（50分）

《注意》

1．問題は1ページから10ページまであります。始まりのチャイムが鳴ったら必ず確認してください。
2．問題を解く前に、受験番号と氏名を忘れずに記入してください。
3．答は、答の欄《らん》にはっきりと書いてください。
4．答を出すのに必要な図や式や計算を、その問題のところにはっきりと書いてください。
5．円周率を使う場合は3.14としてください。

受験番号		氏名	

得点	※100点満点 （配点非公表）

〈注1〉軍隊で上の位の人

〈注2〉土・石灰《せっかい》・にがりなどを混ぜてつき固めて仕上げた土間のこと。玄関の土足で入る部分

〈注3〉釜《かま》の上にのせて、もち米やまんじゅうなどを蒸す道具

〈注4〉穀物や餅をつくときに使う木や石をえぐって作った器

〈注5〉臼に入れた穀物や餅をつく木製の道具

〈注6〉餅をつくとき、手につけた水で臼の中の餅をしめらすこと

〈注7〉たたみやゆかの上に敷くもの

〈注8〉馬の世話をする職業の人

〈注9〉軍隊がとどまっている場所

〈注10〉四本の足を持つ動物の前足と後ろ足

〈注11〉住所ではなく、立ち寄り先などであるという断り書き

〈注12〉そのままでよいかどうか調べること。特に、国家機関が郵便物や出版物などの表現内容を調べて取りしまること

問一　後の問に答えなさい。

①「ひさし」は何年生くらいですか。

②「三人の将校」が「ひさし」の家に泊《と》まった季節はいつですか。

問二 ━━部「そして、ちょっと不服そうな声で言う」とありますが、「小母さん」はどのようなことに不服があるのですか。あてはまるものに○、そうでないものには×を書きなさい。

1　宿を引き受けるのは自分たちだが、利益は隣組の組長のものになってしまうこと

2　食事・入浴・洗たくなど兵隊の生活の全てを自分ひとりで世話しなければならないこと

3　宿に泊まる兵隊たちが表座敷を何日にもわたってわが物顔で占《せん》領すること

4　ひさしの父母が宿の割り当てに文句も言わず、隣組の組長の言いなりになっていること

5　隣組の組長が、引き受けて当然だという態度で無遠りょに宿を割り当てること

6　いくら天気の都合とはいえ、宿を引き受ける期間を隣組の組長が勝手に延長すること

問三　自分の家が「兵隊宿」になっている間、「ひさし」はどのような気持でしたか。十字以内でぬき出しなさい。

問四 ━━部「ただひさしの母親の性格から、お茶とお菓子だけは厚くもてなした。そうしないではいられなかった」とありますが、このときの「ひさしの母親」の説明としてふさわしいものを選びなさい。

1　いくら短期間だからといって宿だけ貸すというのは物おしみをしているようでいやなので、禁止されていないはん囲で兵士達をねぎらってやりたい気持をおさえきれないでいる

2　隣組の組長から世話をたのまれた大切な客人達なのであまりぞんざいな対応をするわけにもゆかず、貴重なあまい物でも食べさせて体面をつくろおうとやっきになっている

3　この土地には客人の年れいを問わずお茶とお菓子を出してもてなす習慣があるので、たとえ相手が年若

い兵隊であっても軽視せず一人前のおとなとしてあつかってやろうと意気ごんでいる

4 少なからず縁ができた相手に対して無関心でいることはできず、ましてやかこくな運命を背負っている若者のために少しでもできることをしてやりたいという気持でいっぱいになっている

問五 ――部「けれどもこの餅つきも、人手が思うにまかせぬようになり、父親もまた世の中を気にして万事自しゅく気味になり始めてから、簡素化された」とありますが、このころ「世の中」はどのような様子になっているのですか。

1 男性がみな戦争にかり出され、国全体に娯《ご》楽をつつしむ風潮がまん延している様子

2 男性は工場の仕事でいそがしく、各家庭でお正月の準備をするひまもない様子

3 戦争によって貧しい人が増え、ゆう福な家庭が肩《かた》身のせまい思いをせざるを得ない様子

4 機械化が進んで工場から人が減り、伝統行事を楽しむふん囲気が町から失われている様子

問六 [　　]部にあてはまるものを選びなさい。

1 ふがいないのであった　　2 あわれであった

3 いとおしいのであった　　4 みじめであった

問七　━━部「かく度に初めてのおどろきとよろこびを味わった。不安もまたその都度、新しかった」とありますが、このときの「ひさし」の説明としてふさわしいものを選びなさい。

1　毎日間近に見る三頭の軍馬がいつもちがう目や動きをしていることにすっかりとりこになりながら、この三頭の馬もまもなく将校とともにいなくなってしまうことにいちまつのさびしさを感じている

2　くる日もくる日も三頭の馬をかけることに言いようのないしあわせを感じながら、絵に夢中になっている自分を見た父親が心配して画用紙をくれなくなってしまうのではないかと案じている

3　何度も自分に宿題の馬をかいてほしいとたのむ友達がいることにほこりを持つと同時に、いつか自分が代わりにかいていることが先生に見破られてしまうのではないかとこわくなっている

4　何回馬をかいてもあらためて馬の魅《み》力を感じると同時に、自分の力では自分が見ているとおりの馬をどうしてもかき得ないことをも感じ、人間の力をこえた目に見えない何かにおそれを感じている

問八　「　」部とありますが、このときの「ひさし」の気持としてふさわしいものを二つ選びなさい。

1　馬に乗れないのは残念だが、格好いい将校達と連れ立って歩くのはそれなりに気分がいい

2　出発前の最後の思い出作りだというのに、親類でもない宿の子供をさそうのは不可解だ

3　目的地の神社は自分にはめずらしくもないうえに、馬で行くわけでもなくつまらない

4　世話になった将校達のために、戦地からの無事の帰還《かん》を自分もいっしょに祈願したい

5　将校達をひとりで神社に連れて行けるくらい自分も成長したのだと、親に認めてもらいたい

6　せっかく知り合った将校達がこの町で最後に外出するのだから、少しでも役に立ちたい

問九　━━部「ひさしは、ついて歩くだけで上気した」とありますが、このときの「ひさし」の説明としてふさわしいものを選びなさい。

1　将校達を敬う兵隊の動作の数々に接して、案内役ができる自分は皆《みな》から一目置かれる存在になったとさっ覚し、すっかり気をよくしている

2　間近にせまった戦いに備えて、きびきびとした動作で気を引きしめる将校達の様子に心をうばわれ、彼らの士気の高まりに自然と共鳴している

3　これまで知らなかった軍人達の規律正しい動きや、将校達の地位の高さを目の当たりにして、彼らのそばにいることに興奮している

4　自分の存在を気にもとめず歩を進める将校達のふるまいにちょっとしたいら立ちを覚えつつも、彼らの威《い》厳ある行動に圧とうされている

問十　「　」部とありますが、このときの「ひさし」の説明としてふさわしいものを選びなさい。

1　戦争に行く将校達にすこぶる明るく楽しい記おくをのこしてあげたいと願っている自分に気づき、おどろいている

2　いよいよ戦地におもむく将校達に不吉な未来を予感させる傷病兵や戦死者の墓地などを見せてはいけないと、内心必死になっている

3　将校達といっしょに歩いているとすれちがう兵隊達に敬礼されて気はずかしいので、境内に人が少なくて安心している

4　川によく来る馬は見られずに、傷病兵や戦死者の墓地だけを見て帰るのは、将校達にとってもつまらないだろうと残念に思っている

問十一 ━━部「ひさしは、将校達と、とりたてて言うほどの話をしたわけではないのに、三人に対する自分の気持が、出かけて行く時とははっきりちがっていることに気づいていた」とありますが、帰宅後の「ひさし」の説明としてふさわしいものを選びなさい。

1 将校達にとってこの神社参拝は死ぬ覚悟《ご》をもって戦地におもむく最後の別れだったのだと意識され、もの悲しい気分になり始めている

2 いつもよりも馬の話を聞かせてくれ、軍馬の画集まで買ってくれた将校達に好意をいだき、年がはなれていても友情が芽生えた気がしている

3 神社で頭を垂れて真けんに祈る将校達の姿を見て、恐ろしい戦争に真っ向からいどむ勇ましい彼らにあこがれをいだき始めている

4 厳しい軍隊の規律に何も言わずひたすら従う将校達の姿にふれ、自分らしさをうばわれて生きなければならない彼らに深く同情している

問十二 ━━部「じっとしている馬は、今朝はかきたくなかった。毎朝、三人をむかえに来た三頭の軍馬を、思いきり走らせたかった。走らせずにはいられなかった。たてがみだけでなく、しっぽの先まで風になびかせた」とありますが、「ひさし」が「三頭の軍馬を、思いきり走らせたかった」のはなぜですか。

1 馬はからだでものを言うと言ったやせた将校のことばを思い出し、しっぽの先で自分に別れを言っていた軍馬の姿を形に残しておきたかったから

2 三頭の軍馬に三人の将校を重ね合わせ、絵の中だけでも将校達を様々なしばりから解放させ、自由で若い生命力あふれる姿にしてやりたかったから

3 画集まで買ってくれた将校達のやさしさを思い出し、三頭の軍馬のやく動する姿に将校達の戦地での活

やくと勝利への願いをこめたかったから

4　毎日軍馬を観察し続けた結果、これらの馬はじっとしている姿より走っている姿のほうが格好よく、将校達も絵を見て喜ぶだろうと思ったから

問十三　――部「自分がこれまで知らなかった新たな感情の世界に、いま、確かに一歩入ったということを知らされた」とありますが、「自分がこれまで知らなかった新たな感情の世界」とはどのようなものですか。

1　人と人とがどこかで知り合ってかけがえのない時間を共有したとしても、一人ひとりの本心など決して知り得ないという現実の前で、ぬぐえない孤《こ》独感と疎《そ》外感にさいなまれる空虚《きょ》な世界

2　人は皆いつか必ず死ぬと決まっているなら、なぜこの世に生まれてくるのかという問いの前で、答えの見えぬいら立ちやむなしさ、底知れない不安や心細さにとつ然おそわれる予測不能な世界

3　定められた運命にあらがい、もがき苦しみ続けてでも、生きることへのしゅう着や未練をどうしても捨てることができない人間のおろかさやあさましさ、みじめさなどが入り乱れる醜《しゅう》悪な世界

4　自分の望むと望まないとに関係なく、自分の命が投げ出され、それを無言で受け入れなければならないという計り知れない苦しみ悲しみ、どうにもできない無力感などがうず巻く理不尽《じん》な世界

[二] 次の文章を読んで後の問に答えなさい。

お詫び

著作権上の都合により、文章は掲載しておりません。
ご不便をおかけし、誠に申し訳ございません。

教英出版

お詫び

著作権上の都合により、文章は掲載しておりません。
ご不便をおかけし、誠に申し訳ございません。

教英出版

（松浦《うら》弥《や》太郎『考え方のコツ』）

〈注1〉物事を進める手順
〈注2〉インターネット上で目的の情報やウェブサイトを調べる機能
〈注3〉未来像。将来への見通しや計画

問一 ━━部a・bの言葉の文章中の意味としてふさわしいものをそれぞれ選びなさい。

a 居ながらにして

1 手を加えずひとりでに
2 たちまちのうちに
3 大した苦労もしないで
4 その場を動かないで

b まっさらだ

1 何も入っておらず空っぽだ
2 態度がつつましやかだ
3 まったく新しい
4 心にわだかまりがない

問二 〰〰部ア・イと同じ意味で用いられているものをそれぞれ選びなさい。

ア ゆめゆめ

1 ゆめゆめこの夏は毎日体をきたえなさい
2 ゆめゆめ今日読んだマンガはつまらない
3 ゆめゆめ毎日の授業の復習をおこたるな
4 ゆめゆめ少年時代の希望がかなってきた

2024(R6) フェリス女学院中
教英出版

イ　あえて

1　Aさんの野球チームは強ごうチームの前にあえてやぶれ去ってしまった

2　Bさんは健康のためあえてエスカレーターを使わず階段をのぼった

3　Cさんの意見に賛成する人と反対する人はあえて同じくらいの数だった

4　Dさんはかさを持っていなかったのであえて夕立にぬれてしまった

問三　[A]・[B]に入るふさわしい言葉をそれぞれ三字以内で書きなさい。

問四　――部「問題となるのは、思考の第二歩」とありますが、筆者はどのような点が問題だと考えているのですか。

1　思考の第二歩で情報を集めることに走ると、答えを得たとかんちがいし、自分で考えなくなる点

2　思考の第二歩ですぐにインターネット検さくをすると、不確かな情報を信用して行動してしまう点

3　思考の第二歩で調べものの道へふみ出すと、なかなか答えが見つからず長時間調べ続けることになる点

4　思考の第二歩で知識を増やそうとすると、自分が本当に知りたかったことが分からなくなってしまう点

問五　――部「知らないことはすばらしい」と筆者が考えるのはなぜですか。文章中の言葉を用いて四十字以内で書きなさい。

問六　筆者が「考える」ことを大切にするために心がけていることを二つ書きなさい。

問七　次にあげるのはある家族の会話です。七十歳《さい》をこえた祖父は登山をしゅ味にしており、中学生の娘《むすめ》も祖父といっしょに山登りを楽しんできました。しかし、祖父の登山をめぐって家族の意見が分かれています。

家族それぞれの意見をふまえて、後の問に答えなさい。

祖母「おじいさんはもう七十歳をとっくに過ぎて足腰も以前ほど強くないし、判断力もにぶっているでしょう。この間もうっかり道をまちがえて迷《まい》子になりかけたそうじゃありませんか。もう登山はやめにしてもらいたいわ。」

祖父「ワシは若い時から体をきたえているからそこいらの老人よりずっと体力があるわい。それに、この間は道案内の書き方があいまいだったからちょっと道をまちがえただけじゃ。まだまだ心配なく山に登れるぞ。」

母「私は山に登ったことがないからわからないけれど、山には危険がいっぱいあるみたいだし、最近はしきりにクマも出没《ぼつ》しているでしょう。遭《そう》難事故にあって人さまに迷わくをかけてからではおそいわ。」

父「登山はおじいちゃんの生きがいみたいなものだし、本人がだいじょうぶだと言っているんだから、むやみに生きがいをうばうのもどうかと思うな。それに娘もおじいちゃんと山に行くのをとても楽しみにしているし、娘がいっしょならいいんじゃないか。」

［問］あなたはこの祖父の孫だとします。あなたはこの家族の意見をまとめるために、どのような提案をしますか。娘の立場になって、どのようにまとめればよいか、理由を示しながら二百字以内で書きなさい。

〔三〕 **次の各文について敬語の用い方の正しいものには○を、そうでないものには×を書きなさい。**

1 私の写真展を拝見してくださいましたか
2 Aさんのことは昔からよく存じ上げております
3 どうぞ、そちらのソファーにおかけください
4 母は昨日Bさんのご自宅へおいでになりました
5 校長先生にこの書類をおわたししようと思います
6 先生が私の荷物をお運びしたのですか

〔四〕 **次の――部1～5のカタカナの部分を漢字で書きなさい。また――部6～8の漢字の読み方をひらがなで書きなさい。**

イサギヨ[1]くあやまる　　一代でザイ[2]を築く　　選挙でヒョウサ[3]が開いた　　季節のスイイ[4]

花が水をス[5]う　　音楽を奏[6]でる　　ケンカの仲裁[7]をする　　春の兆[8]し

（問題は以上です。）

＊問題文に使用した作品における難しい漢字表記は、現在一ぱん的に使われている漢字またはひらがなに改めるか読みがなをほどこすかしてあります。また、送りがなを加えたりけずったりしたものもあります。

2 整数を順に 1, 2, 3, ……, N と並べて次の操作 ①, ②, ③ を続けて行います。

① 7 で割って 1 余る数は 5 に変える。

② 7 で割って 2 余る数は 25 に変える。

③ 並んだ数をすべてかけてできる数を M とする。

例えば N が 10 のとき次のようになります。

	1,	2,	3,	4,	5,	6,	7,	8,	9,	10
	↓	↓	↓	↓	↓	↓	↓	↓	↓	↓
M=	5 ×	25 ×	3 ×	4 ×	5 ×	6 ×	7 ×	5 ×	25 ×	10

次の問いに答えなさい。

(1) N が 10 のとき, M は 10 で何回割り切れますか。

(2) N が 25 のとき, M は 10 で何回割り切れますか。

(3) N が 50 のとき, M は 10 で何回割り切れますか。

答

(1)		(2)		(3)	

3 長針と短針がそれぞれ一定の速さで動く時計があります。

次の ア ～ エ にあてはまる数を答えなさい。

(1) 図のように時計の針が6時を指したあと，長針と短針の間の角が初めて70°になる時刻は ア 時 イ 分です。

（求め方）

答	ア		イ	

(2) 図のように時計の針が6時を指しているとき，長針と短針の間の角は，3と9の目盛りを結ぶ直線ⓐによって二等分されます。このあと12時までの6時間に，長針と短針の間の角が直線ⓐによって二等分されることは ウ 回あります。ただし，6時の場合は回数に含めません。

（求め方）

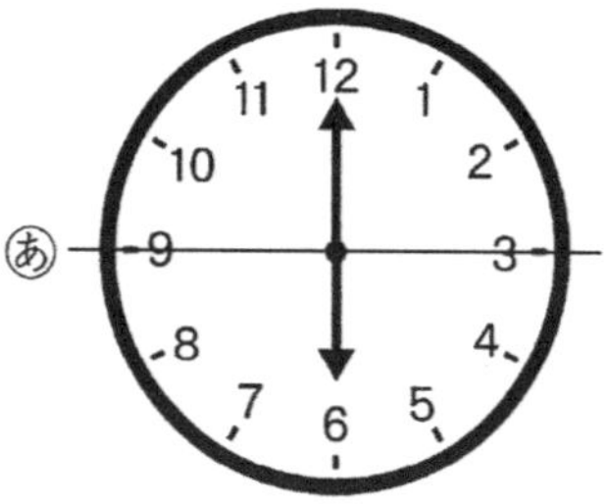

答	ウ	

(3) (2)の場合のうち，長針と短針の間の角が最も小さくなる場合の，その角度は［エ］°です。

（求め方）

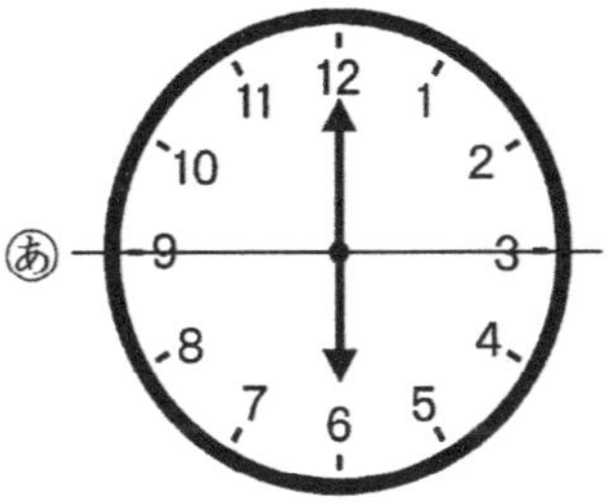

答	エ	

4　次の問いに答えなさい。

(1)　図の正三角形 ABC で，点 D，点 E はそれぞれ辺 AB，辺 AC 上の点です。

直線 AD と直線 DB の長さの比は 2：1 で，

直線 AE と直線 EC の長さの比も 2：1 です。

三角形 ADE の面積は，正三角形 ABC の面積の何倍ですか。

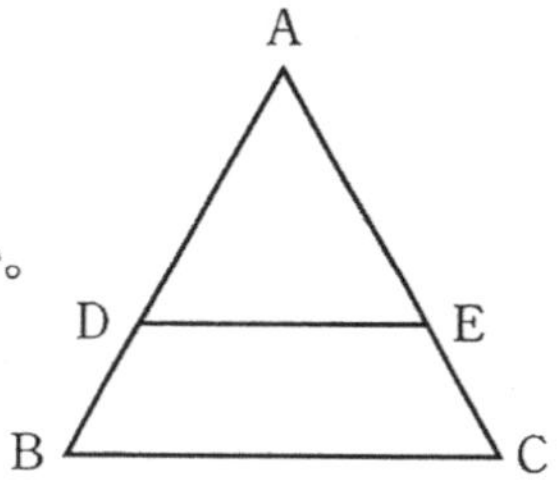

答　　　　　　　　倍

(2)　正三角柱と正六角柱があります。

それぞれの側面の面積の合計は 288 cm^2 で等しく，

体積も等しいです。

正三角柱の高さは 16 cm です。

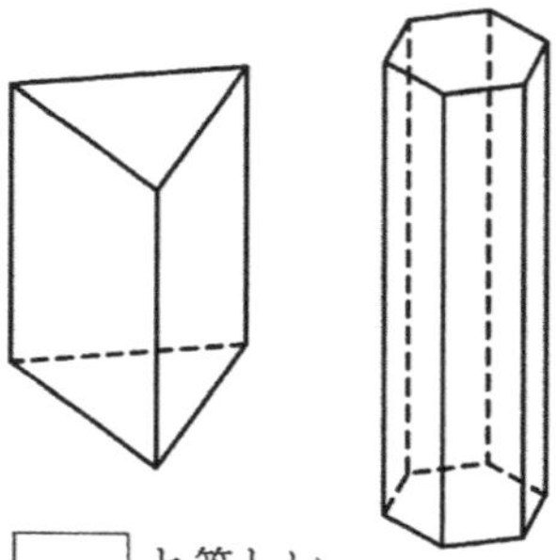

①　この正三角柱と正六角柱の底面の周りの長さの比は，□と等しい。

□にあてはまるものを下の**ア**～**カ**から選んで答えなさい。

ア　正三角柱と正六角柱の底面の 1 辺の長さの比

イ　正六角柱と正三角柱の底面の 1 辺の長さの比

ウ　正三角柱と正六角柱の高さの比

エ　正六角柱と正三角柱の高さの比

オ　正三角柱と正六角柱の 1 つの側面の周りの長さの比

カ　正六角柱と正三角柱の 1 つの側面の周りの長さの比

答

② 正六角柱の高さは何 cm ですか。

（求め方）

答 | cm |

2024年度

理　　科

(30分)

《注意》

1．問題は1から9ページまであります。始まりのチャイムが鳴ったら必ず確認してください。

2．問題を解く前に、解答用紙に受験番号と氏名を忘れずに記入してください。

3．答は、すべて解答用紙に書いてください。

1　私たちが住む地球は、空気でおおわれています。空気の成分をくわしく調べると、様々な気体の混ざりものであることがわかります。ここにA、B、Cの異なる3種類の気体があり、それぞれの気体について次のことがわかっています。

・3種類の気体はすべて空気中にふくまれており、最も多くふくまれているのはA、次に多くふくまれているのはBである。

・Cは空気中にわずかにふくまれており、石灰水に通すと石灰水が白くにごる。

1　各気体について、次の問いに答えなさい。

(1)　Aの気体は何か答えなさい。

(2)　Bを発生させる方法を簡単に答えなさい。

(3)　A、B、Cが同じ体積ずつ入ったビンに火のついたろうそくを入れてふたをすると、しばらく燃えてから消えました。次のア～エのうち、正しいものをすべて選び記号で答えなさい。

ア　ろうそくが燃えると、ビンの中のAは減る。

イ　ろうそくが燃えると、ビンの中のCは増える。

ウ　ろうそくが燃えても、A、B、Cは増えも減りもしない。

エ　火が消えた後のビンの中に、Bは残っていない。

(4)　次の気体の組み合わせのうち、(3)の実験と同じくらいろうそくが燃えるものを1つ選び記号で答えなさい。ただし、割合はすべて体積についてのものとします。

ア　AとBが1：1の割合で混ざった気体。

イ　BとCが1：1の割合で混ざった気体。

ウ　CとAが1：1の割合で混ざった気体。

エ　AとBが2：1の割合で混ざった気体。

オ　BとCが2：1の割合で混ざった気体。

カ　CとAが2：1の割合で混ざった気体。

2　各気体を1Lずつ集めて重さをはかると次のようになりました。

気体A　1.25g　　気体B　1.45g　　気体C　1.96g

空気中には、体積の割合で気体Aが80%、気体Bが20%ふくまれているものとしたとき、次の問いに答えなさい。ただし、気体の温度はすべて同じとします。

(1)　空気1Lあたりの重さは何gになりますか。小数第三位を四捨五入して、小数第二位まで答えなさい。

(2)　空気中には、重さの割合で気体Aが何%ふくまれていますか。小数第二位を四捨五入して、小数第一位まで答えなさい。

(3)　はき出した息1Lの重さをはかると1.31gでした。呼吸による気体成分の変化が、「酸素の一部が二酸化炭素に置きかわる」のみとしたとき、はき出した息中にふくまれる二酸化炭素は体積の割合で何%ですか。小数第二位を四捨五入して、小数第一位まで答えなさい。

2　ドライヤーや電気コンロには、ニクロム線という金属線が使われています。これは、ニッケルとクロムを混ぜ合わせた「ニクロム」という金属（合金）でできており、電流が流れにくい性質があります。電流の流れにくさのことを「電気ていこう」といいます。

図1のような回路をつくり、AB間に長さや断面積の異なるニクロム線をつないで、電流の流れにくさを測定する2つの実験をしました。ただし、電源装置のつまみ（電流を流すはたらきの大きさ）は一定であるとします。

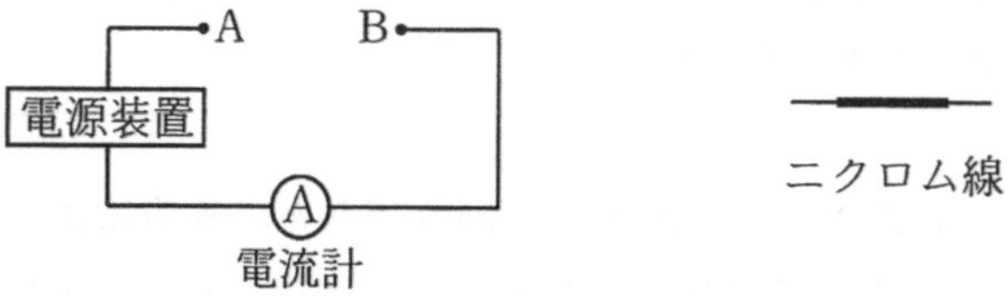

図1

実験1　断面積が0.5mm^{2}で、長さの異なるニクロム線をつなぎ、電流の大きさを記録する。
実験2　長さが10cmで、断面積の異なるニクロム線をつなぎ、電流の大きさを記録する。

結果は次の表のようになりました。この結果に基づいて、以下の問いに答えなさい。

表1

ニクロム線の長さ（cm）	5	10	15
電流計の示す値（A）	6	3	2

表2

ニクロム線の断面積（mm^2）	0.25	0.5	1
電流計の示す値（A）	1.5	3	6

1　断面積0.5mm^{2}で12cmのニクロム線をつないだとき、電流計は何Aを示しますか。

2　このニクロム線を、断面積1.5mm^2、長さ30cmのものと取りかえると、電流計は何Aを示しますか。

3　断面積 0.5mm²、長さ 10cm のニクロム線を図 3 のようにしてつなぎました。これを直列つなぎといいますが、これはニクロム線の長さを変えたものと考えることができます。このとき、電流計は何 A を示しますか。また、図 2 の電気ていこう（電流の流れにくさ）に比べると、図 3 の全体の電気ていこうは何倍になりますか。

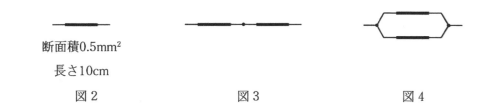

断面積0.5mm²
長さ10cm
図 2

図 3

図 4

4　断面積 0.5mm²、長さ 10cm のニクロム線を図 4 のようにしてつなぎました。これを並列つなぎといいますが、これは断面積を変えたものと考えることができます。このとき、電流計は何 A を示しますか。また、図 2 の電気ていこう（電流の流れにくさ）に比べると、図 4 の全体の電気ていこうは何倍になりますか。

5　断面積 0.5mm²、長さ 10cm のニクロム線を図 5 のようにしてつなぎました。このとき、電流計は何 A を示すかを考えました。以下の文章の｛　　｝からは正しい語句を選び、（　　）には数値を入れなさい。

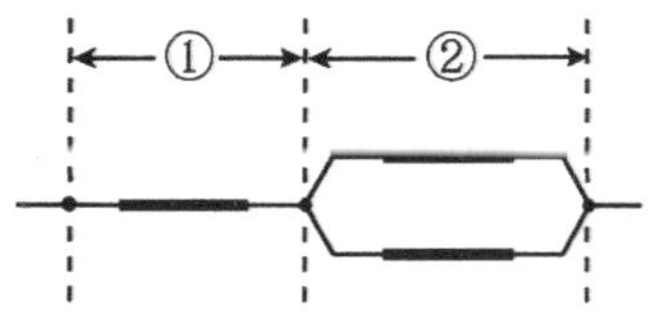

図 5

ここで使われている、断面積 0.5mm²、長さ 10cm のニクロム線の電気ていこうを【基準】として考えます。図の②の部分は、【基準】のニクロム線 2 本が｛**ア　直列、並列**｝つなぎになっていますが、この部分は上の問題 **4** から、電流が｛**イ　流れやすく、流れにくく、等しく**｝なっているので、1 つにまとめた電気ていこうは【基準】の電気ていこうの（　**ウ**　倍）となります。

この、②の部分を 1 つにまとめた電気ていこうと、①の部分のニクロム線が｛**エ　直列、並列**｝つなぎになっていると考えると、上の問題 **3** から、電流は｛**オ　流れやすく、流れにくく、等しく**｝なります。したがって、①・②の部分をすべてまとめた電気ていこうは、【基準】の（　**カ**　倍）になります。それがこの電源装置につながれているので、流れる電流は（　**キ**　A）になります。

3

1　ヒトの誕生は次のように進みます。

女性の体内でつくられた（　①　）と、男性の体内でつくられた（　②　）が結びつき（　③　）ができ、女性の体内の（　④　）で育ちます。女性の体内で（　③　）が育ち、ヒトのすがたになるまで子が成長する間は、子は母の（　⑤　）を通じて血液中の酸素や栄養を取りこんでいます。このようにして子は成長し、ヒトのすがたになり生まれてきます。

(1)　文章中の空らん（①）～（⑤）に当てはまる言葉を答えなさい。

(2)　ヒトの（③）の大きさと、生まれてくる子の身長について、最も正しい組み合わせを、次のア～エから１つ選び、記号で答えなさい。

	（③）の大きさ	生まれてくる子の身長
ア	約 0.1 mm	約 50 cm
イ	約 0.1 mm	約 30 cm
ウ	約 1 mm	約 50 cm
エ	約 1 mm	約 30 cm

(3)　次のア～ウから子の成長についての説明として正しいものをすべて選び、記号で答えなさい。

ア　（③）は約 45 週間かけてヒトのすがたに育ち、子として生まれてくる。
イ　（④）の中には羊水という液体があり、しょうげきなどから子を守っている。
ウ　生まれてくるまで、自分の意志で体を動かすことはできない。

2　にんしん中の女性の体には、様々な変化があります。例えば、にんしんが進みお腹が大きくなっていくと、一度に多くの量の食事をとれなくなることがあります。またトイレに行く回数が増えてひんぱんに、にょうが出ることもあります。

にんしん中は体の中の血液の量も増加することがわかっています。出産間近になると血液の量はにんしん前の約1.5倍になります。

(1)　にんしん中に、にょうを出す回数が増える理由を説明しなさい。

(2)　にんしん中は、にんしん前とくらべると1分間に心臓が動く回数はどのように変化すると考えられますか。理由とともに説明しなさい。

4

1　雨が降り止んですぐに、学校の校庭で、どこに水たまりができているか調べました。
校庭の運動場の砂の上に水たまりができていましたが、校庭の砂場や草が一面にはえている花だんの土の上には水たまりはできていませんでした。

雨が降り止んで、晴れた次の日、右図のように校庭の運動場の砂（A）と砂場の砂（B）を植木ばちに同じ量入れて、じょうろで同じ量の水を同時に注ぎ、植木ばちの下に置いたコップの中にしみ出た水の様子を観察しました。なお植木ばちの底にはあみが置かれていて砂は落ちないようになっています。

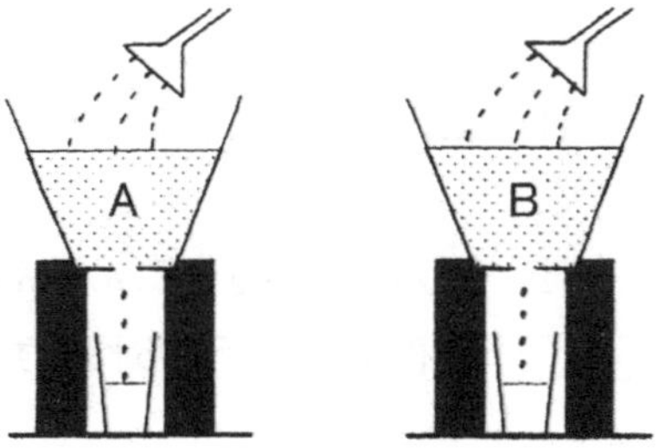

(1)　じょうろで水を注ぎ始めてからコップに水がたまるまで時間がかかったのは、次のAとBのどちらか。

A. 運動場の砂　　　B. 砂場の砂

(2)　運動場の砂（A）と砂場の砂（B）をくらべたとき
①　指でさわった感しょくが「さらさら」「ざらざら」しているのは、それぞれどちらか。
②　砂のつぶが「小さい」「とても小さい（細かい）」のは、それぞれどちらか。
解答らんにAまたはBで答えなさい。

2　雨が降ったとき、雨水が地面のちがいによって、どのように流れていくのかを調べるために、下図のようなそう置をつくり、じょうろで同じ量の水を注ぎ、実験しました。
下図のＡには校庭の運動場の地面の砂とその下の土を入れ、Ｂには草が一面にはえている校庭の花だんの地面の土を入れました。どちらも雨が降り止んで晴れた次の日、地面から同じ深さになるように、地面をなるべくくずさないように注意しながら、
切り取って箱に入れました。じょうろで1000cm^{3}の水を約１分間同じようにかけ、
箱の側面の上側から流れた水と、箱の側面の下の穴から出た水の量をビーカーに
ためて、メスシリンダーで測り、下表にまとめました。

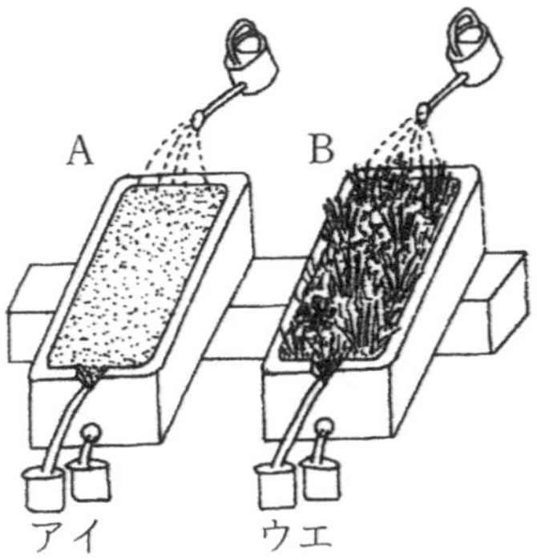

結果　　ビーカーにたまった水（cm^3）

じょうろで流しはじめてからの時間		0秒～20秒	20秒～30秒	30秒～1分	1分～10分	10分～20分
A	ア	250	300	60	0	0
	イ	50	20	130	100	0
B	ウ	0	40	0	0	0
	エ	25	105	145	235	50

(1)　じょうろでかけた水は、ＡとＢでは、どのように流れていきましたか。表の結果を見てわかったことと、実際に雨が降り止んですぐに校庭で観察したことを関連づけて説明しなさい。

(2)　ア、イ、ウ、エ、それぞれのビーカーにたまった水の中で、一番にごっていたのはどれと考えられますか。

(3)　次の①～③のことがらは表の実験結果ア～エのどれともっとも関連があると考えられますか。

①　夏、日でりが続いても山の谷川の水はかれない。
②　大雨が降ると土砂くずれが起こりやすい。
③　森では大雨が降ってもこう水は起こりにくい。

3 下記のグラフは、神奈川県西部の山地に大雨が降ったとき、その山のしゃ面にある森林から雨水が流れこむ川で、雨量（降水量）と川を流れる水の流量を測って、グラフに示したものです。ただし、雨量の単位はmm（ミリメートル）で棒グラフで下向きに表わし、グラフの右側のたてじくの数値で読み取ります。また流量の単位は1秒間に流れた水量をL（リットル）で測り、折れ線グラフで表わし、グラフの左側のたてじくの数値で読み取ります。20時（午後8時）から次の日の19時（午後7時）までの雨量と流量を10分ごとに記録しました。

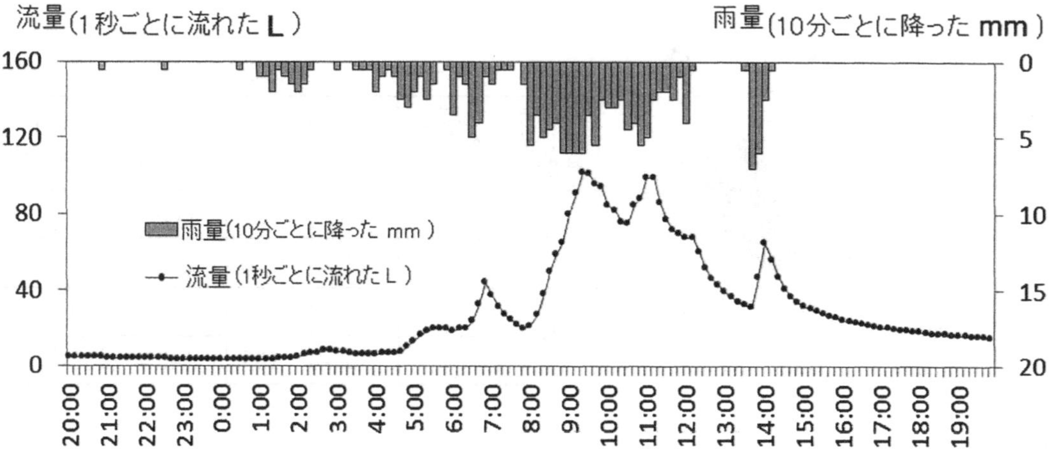

出典　「かながわの水源林」 神奈川県自然環《かん》境保全センターのホームページより
（単位の表記を一部改変）

上記のグラフから「森林はこう水を防ぐ」ことが正しいとは判断できません。
その理由は、森林から雨水が流れこむ場所が川の源流（上流）近くで、そこで雨量と流量を測ったからです。

【問題】
それでは、森林から雨水が山のしゃ面にそって流れこむ場所まではなれていて、その合流する場所で雨量と流量を測った場合、雨量と流量のグラフからどのような結果がわかれば、「森林はこう水を防ぐ」ことが正しいと判断されますか。

ここは余白です。

2024年度

社　　会

(30分)

《注意》

1. 問題は1ページから15ページまであります。始まりのチャイムが鳴ったら必ず確認してください。
2. 問題を解く前に、解答用紙に受験番号と氏名を忘れずに記入してください。
3. 答は、すべて解答用紙に書いてください。

ここは余白です。

1　日本地図を広げると、たくさんの地名が目に飛《と》び込《こ》んできます。なぜその名前になったのだろうかと調べていくと、今まで知らなかった歴史や地理に触《ふ》れることができます。以下は地名の由来について述べている文章です。下線部についての問いに答えなさい。

A

佐賀県の「唐津《からつ》」という地名は、その地域が昔から朝鮮半島や中国、すなわち「唐《から》」との往来が盛んであったことから、唐への港という意味で唐津になったという説があります。唐津駅近くの菜畑遺跡《なばたけいせき》からは、日本最古の $_{a}$水田あとが見つかっており、古くから大陸から技術や文化が伝わってきたことがうかがえます。

やがて周辺地域とともに $_{b}$肥前国《ひぜんのくに》としてまとまり、16世紀末には $_{c}$豊臣秀吉による朝鮮出兵の拠点《きょてん》が置かれました。

近代になると、唐津では石炭採掘《さいくつ》がさかんになり、運ぱんするための鉄道も建設され、唐津港の重要性は高まりましたが、やがて $_{d}$需要《じゅよう》がおとろえ、1972年には全ての炭鉱が閉山しました。近年は、中国や韓国に近いという有利な地理的条件を活かして、美容・健康産業の一大拠点をつくる $_{e}$「唐津コスメティック構想」が進められています。

a　米作りがはじまった地域は、図の**a**の河川流域であると考えられています。この**a**の川の名前を答えなさい。

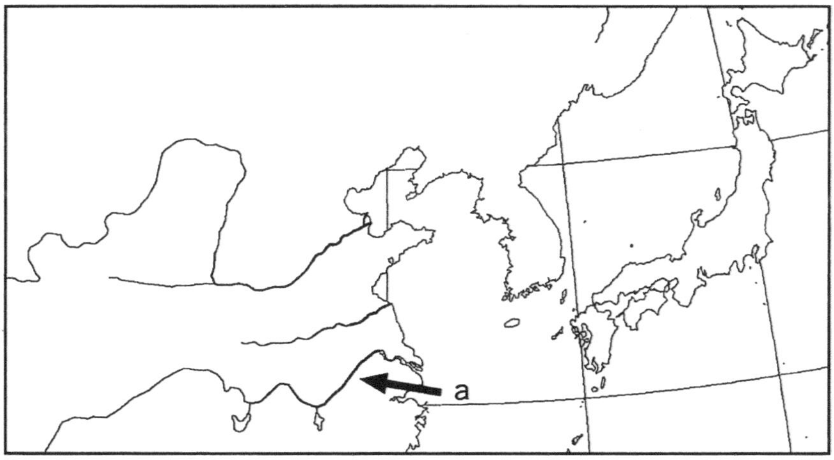

b　次の史料は奈良時代にこの国について書かれたものです。当時、こうした書物が日本各地でつくられました。この書物の名前は何ですか。

> 松浦《まつうら》の郡《こおり》。郡の東方にひれふりの峰《みね》がある。昔、宣化《せんか》天皇の時代に、大伴《おおとも》の狭手彦《さでひこ》を派遣《はけん》して、任那《みまな》の国をお鎮《しず》めになられた。その時、狭手彦が通った村に、弟日姫子《おとひひめこ》という名の乙女がおり、狭手彦は彼女と恋に落ちた。彼女の容貌《ようぼう》はうるわしく絶世の美女だった。（中略）
>
> 別れの日に、弟日姫子はこの山の峰に登って狭手彦を見送り、ひれ（注：スカーフのようなもの）を振《ふ》り続けた。それで山の名をひれふりの峰としている。
>
> （中略）
>
> 郡の西南の海に値嘉《ちか》の島がある。この島には、ビンロウ・モクレン・クチナシなどがあり、海では鮑《あわび》・サザエ・鯛《たい》や鯖《さば》などの様々な魚・海藻《かいそう》などがとれる。ここに住む漁民は、牛や馬をたくさん飼っている。西に船を停泊できる港が二か所あり、遣唐使はこの港から出発して、海を渡《わた》る。この島の漁民は、顔立ちは隼人《はやと》（注：九州南部に住んでいた人々）に似ているが、つねに馬上で弓を射ることを好み、言葉は世間の者と違っている。
>
> （注：書物の一部を抜粋《ばっすい》し、わかりやすく書き直してあります。）

c　この時に朝鮮半島から連れてこられた職人により技術が伝わり、佐賀県の有田を中心に作られるようになった工芸品は、17世紀のヨーロッパで大人気となり大量に輸出されました。ヨーロッパの人々がこの工芸品を求めた理由としてふさわしいものを、ア～エから一つ選びなさい。

ア　表面にざらっとした土の風合《ふうあ》いがよく出る器は、ヨーロッパにはないものだったから。

イ　美しい女性をモデルとした色鮮《あざ》やかな素焼きの人形がめずらしかったから。

ウ　夜光貝《やこうがい》などの貝がらがはめこまれ、宝石のように輝《かがや》く器を所有することがお金持ちの象徴《しょうちょう》とされたから。

エ　つやつやした白い器に赤や緑の華《はな》やかな絵付《えつけ》がなされ、大変美しかったから。

d　日本では1960年代に石炭の需要が急減しました。その理由として正しいものを、ア～ウから一つ選びなさい。

　ア　日本の石炭はほぼ掘《ほ》りつくされてしまい、安定して生産できなくなったから。

　イ　石油のほうが輸送に便利で、発熱の効率も良かったから。

　ウ　化石燃料を使わない水力発電の割合を高める方針になったから。

e　これは佐賀県・唐津市・民間企業《きぎょう》・大学等が連携《れんけい》し、化粧《けしょう》品の開発、化粧品関連企業の誘致《ゆうち》などを目指すものです。この構想を実現することで、唐津市に住む人々にはどのような利点があるか、下の表からわかることをふまえて説明しなさい。

唐津市の企業が開発した商品	唐津産素材
石けん、化粧水、リップクリーム、入浴剤《ざい》	椿油《つばきあぶら》
オールインワンクリーム※	酒粕《さけかす》、トマト
石けん	白いきくらげ

※化粧水や乳液、美容液など様々な機能が一つになったクリームのこと。

唐津市ホームページより作成。

B

　愛知県の「愛知」は、万葉集の和歌で詠《よ》まれる「年魚市潟《あゆちがた》」の「あゆち」に由来するそうです。現在の$_{\mathrm{a}}$名古屋港の一帯はかつて、「年魚市潟」と呼ばれる広大な干潟《ひがた》と海でした。愛知県などの東海地方が主産地の味噌《みそ》は「赤味噌」と呼ばれています。「八丁味噌」で有名な岡崎《おかざき》市のある$_{\mathrm{b}}$岡崎平野は河川の少ない地域で、近くの川から用水が引かれています。また渥美《あつみ》半島周辺の地域では$_{\mathrm{c}}$（　　　）用水が作られ、$_{\mathrm{d}}$農業がさかんです。さらに知《ち》多《た》半島の南端まで流れる別の用水は、岐阜《ぎふ》県の$_{\mathrm{e}}$木曽《きそ》川から取水されています。

a　名古屋港では液化天然ガス（LNG）が多く輸入されています。次の上の図は、2021年のLNGの輸入先上位2カ国と、かつて日本がLNGを最も輸入していたA国からの輸入量の推移を示しています。下の図は、2021年の原油の輸入先上位2カ国と、A国からの輸入量の推移を示しています。A国の国名を、下のア～ウから選びなさい。

日本の液化天然ガス（LNG）の輸入先（単位:千トン）

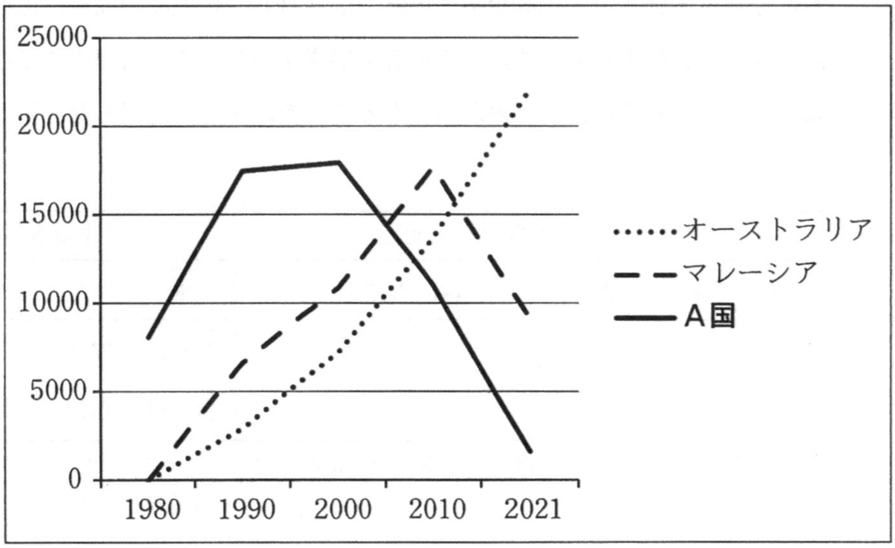

日本の原油の輸入先（単位:千キロリットル）

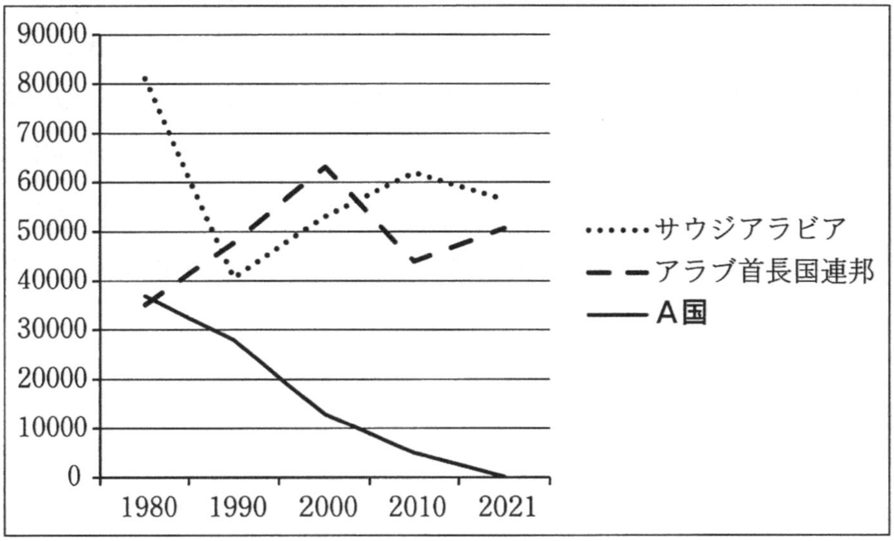

矢野恒太記念会『数字でみる日本の100年 改訂第7版』（2020年）、
同『日本国勢図会2023／24』より作成。

ア　インドネシア　　イ　ロシア（ソ連）　　ウ　アメリカ

b　次の表は、岡崎平野でさかんに養殖《ようしょく》されているある魚介《ぎょかい》類の、生産量の多い上位5県（2022年）を示しています。この魚介類を、ア～エから選びなさい。

	生産量（単位 トン）	割合（%）
鹿児島	7858	41.0
愛知	4205	22.0
宮崎	3574	18.7
静岡	2365	12.3
三重	272	1.4
全国	19155	100.0

農林水産省「令和4年漁業・養殖業生産統計」より作成。

ア　こい　　イ　あゆ　　ウ　うなぎ　　エ　ほたて

c　（　　　）に入る言葉を答えなさい。

d　次の表は、渥美半島周辺が一大産地となっている野菜の、収穫《しゅうかく》量の多い上位5県（2021年）を示しています。この野菜を、ア～エから選びなさい。

	収穫量（単位 トン）	割合（%）
群馬	292000	19.7
愛知	267200	18.0
千葉	119900	8.1
茨城	109400	7.4
長野	72500	4.9
全国	1485000	100.0

矢野恒太記念会『日本国勢図会2023／24』より作成。

ア　キャベツ　　イ　ねぎ　　ウ　レタス　　エ　にんじん

e　木曽川上流にある長野県の木曽谷などで伐採《ばっさい》された樹木が、明治時代まで木曽川を利用して名古屋まで運ばれていました。現在この樹木が生い茂《しげ》る木曽谷などの林は、日本三大美林の一つに数えられています。この樹木の名前を答えなさい。

C

新潟県の糸魚川市には、a親不知《おやしらず》という場所があります。地名の由来は、親子が一緒《いっしょ》に通っても、親は子を、子は親のことを気にかけることができないほど危険な場所であったからといわれています。しかし、明治時代に道が整備されると、人々の往来が容易になりました。さらに、b高速道路や鉄道が開通し、2015年にはc北陸新幹線が開業しました。

糸魚川市にあるフォッサマグナミュージアムでは、日本列島の形成過程などが紹介《しょうかい》されています。この地は2009年にd洞爺《とうや》湖有珠《うす》山、島原半島とともに、世界ジオパーク※に登録されました。フォッサマグナの西の端《はし》であるe糸魚川（　　　）構造線の断層沿いを通る糸魚川から松本までの道は「塩の道」として知られています。ここはf武田信玄と争っていた上杉謙信が、戦いの最中にも関わらず、塩不足に悩《なや》む武田氏へ自国の塩を送ったという、「塩伝説」の舞台《ぶたい》といわれています。

※特徴《とくちょう》的な地形を用いて、その土地に暮《く》らす人々の生活や文化を考えることが出来る場所

a　この地域でみられる地形的な特徴を、ア〜エから一つ選びなさい。

ア　火口　　イ　湿地《しっち》　　ウ　断崖《だんがい》　　エ　滝《たき》

b　次の表は、国内の輸送機関別輸送量（2019年度）を示しており、A〜Dは、鉄道・自動車・旅客船・航空のいずれかです。鉄道－航空の正しい組み合わせを、ア〜カから選びなさい。

	輸送人員（百万人）	輸送人キロ※（百万人キロ）
A	25190	435063
B	5800	61301
C	102	94490
D	80	3076

※輸送人キロ：輸送した旅客の人員数に、それぞれの旅客の輸送距離《きょり》をかけたもの。

矢野恒太記念会『日本国勢図会2023／24年版』より作成。

ア　A－B　　イ　A－C　　ウ　A－D

エ　B－A　　オ　B－C　　カ　B－D

c　北陸新幹線は、2024年3月に新たな区間が開業予定ですが、その区間として正しいものを、ア～エから選びなさい。

ア　新潟駅～敦賀《つるが》駅　　イ　金沢駅～京都駅

ウ　福井駅～京都駅　　エ　金沢駅～敦賀駅

d　洞爺湖と同じようにつくられた湖を、ア～エから一つ選びなさい。

ア　十和田湖　　イ　浜名湖　　ウ　琵琶《びわ》湖　　エ　霞ヶ浦《かすみがうら》

e　（　　　）に入る言葉を答えなさい。

f　武田信玄について述べた文章を、ア～エから一つ選びなさい。

ア　小田原を城下町として整備し、自由な商取引の場として、商工業者を多数招いた。

イ　米沢《よねざわ》を拠点に、東北地方に勢力を拡大したが、のちに豊臣秀吉に従属した。

ウ　甲府盆地《ぼんち》を流れる河川の氾濫《はんらん》による水害を防ぐために、土木工事を行った。

エ　関ヶ原の戦いでは西軍を率いて、対立する徳川家康と戦ったが、敗れて処刑《しょけい》された。

2　次の文は、日本のなかで人々の住まいがどのように変わってきたのかを述べたものです。読んであとの問いに答えなさい。

A

a縄文時代になるとb食生活がそれまでよりも豊かになったことなどから、人々はしだいに定住して暮《く》らすようになりました。そして、たて穴住居とよばれる、地面を掘《ほ》りさげて柱を建て、屋根をふいた家がつくられるようになりました。

弥生時代になると米づくりが始まり、収穫した米をたくわえるc高床倉庫もつくられるようになりました。

a　この時代について述べたア～エのうち、正しいものを二つ選びなさい。

ア　この時代はおよそ1万年続いた。

イ　この時代の貝塚からオオツノジカの骨もみつかった。

ウ　この時代の中頃《ごろ》に、日本は大陸から離れ、列島になった。

エ　この時代から弓矢が使われるようになった。

b　この時代の遺跡《いせき》から見つかるもので、食物が豊富にとれるよう、自然のめぐみを祈《いの》ってつくられたとみられているものは何ですか。

c　この倉庫や水田のあとが見つかったことで有名な、静岡県の遺跡《いせき》の名前を答えなさい。

B

a7世紀末から8世紀初めにかけて、律令《りつりょう》による政治体制が成立し、大きな都がつくられるようになりました。これらの都は道路によって区画され、平城京では宮殿《きゅうでん》や役所、寺院、貴族や庶民《しょみん》の家などがつくられ、市も開かれました。しかしb地方に住む農民たちは、たて穴住居での生活が続いていました。

8世紀末になると都が新たな場所に移され、平安時代となりました。この時代の貴族たちはc寝殿《しんでん》造りとよばれる屋敷《やしき》に住むようになり、儀式や行事などが重視され、宮中でさかんに行われるようになりました。

a　律令による政治体制が整うと、国の仕事が細分化され、多くの役所がつくられていきました。このことをふまえて、なぜこの時代に大きな都が必要になっていったのか説明しなさい。

二〇二四年度

国語

番号

氏名

※100点満点
（配点非公表）

【一】

問一①
年生
問一②

問二
1
2
3
4
5
6

問三

問四

問五

問六

問七

問八

問九

問十

問十一

問十二

問十三

【二】

問一a

問一b

問二ア

問二イ

問三A

問三B

問四

問五

問六

4

1	(1)		(2)	①	さらさら		ざらざら		②	小さい		とても小さい（細かい）	

2	(1)								
	(2)		(3)	①		②		③	

3	

	c		
D	a		
	b	①	
		②	
E	a		
	b		
	c		

3

a		b	①		②		c

1	2	3	
			※60点満点 （配点非公表）

2024年度　社　会

番号		氏名	

1

A	a		b		c		d
	e						
B	a		b		c		d
	e						
C	a		b		c		d		e
	f						

2

A	a		b		c	遺跡
B	a					
	b					
	c					

【解答

2024年度　理　　科

番号		氏名	

※60点満点
（配点非公表）

1

1	(1)						
	(2)						
	(3)		(4)				
2	(1)	g	(2)	%	(3)	%	

2

1	A	2	A	3	A	倍	4	A	倍	
5	ア		イ		ウ	倍				
	エ		オ		カ	倍	キ	A		

3

1	(1)	①		②		③	
		④		⑤			
	(2)		(3)				
	(1)						

【解答

問七

〔三〕

1

2

3

4

5

6

〔四〕

1 く

2

3

4

5 う

6 でる

7

8 し

b　地方の農民たちは、税を納めるために都に来ることがありましたが、そのほかにも都でのつとめにあたることがありました。どのようなつとめにあたったのですか。一つ答えなさい。

c　寝殿造りの説明として、正しいものをア～ウから一つ選びなさい。

ア　屋敷の中心部に広い寝室があり、室内は畳《たたみ》が敷《し》きつめられ、大和絵の屏風《びょうぶ》で飾《かざ》られていた。

イ　屋敷の中心部に神仏をまつった部屋があり、中庭には大きな池がつくられていた。

ウ　屋敷の中心部に主人の居間があり、まわりの建物とそれぞれ渡り廊下《ろうか》でつながっていた。

C

a鎌倉時代の武士たちの住まいを知る手だてとして、絵巻物があります。b一遍《いっぺん》は、時宗《じしゅう》を開き、各地で踊《おど》り念仏《ねんぶつ》を広めました。全国を布教してまわった一遍のことを描《えが》いた絵巻物には、各地のようすが描かれています。下の絵は、筑前《ちくぜん》の武士の館を訪れているところで、一遍が中庭で主人に教えを説いている場面や、その後、門から外に出て行く場面が描かれています。c館の周りには堀《ほり》や塀《へい》がめぐらされていることがわかります。

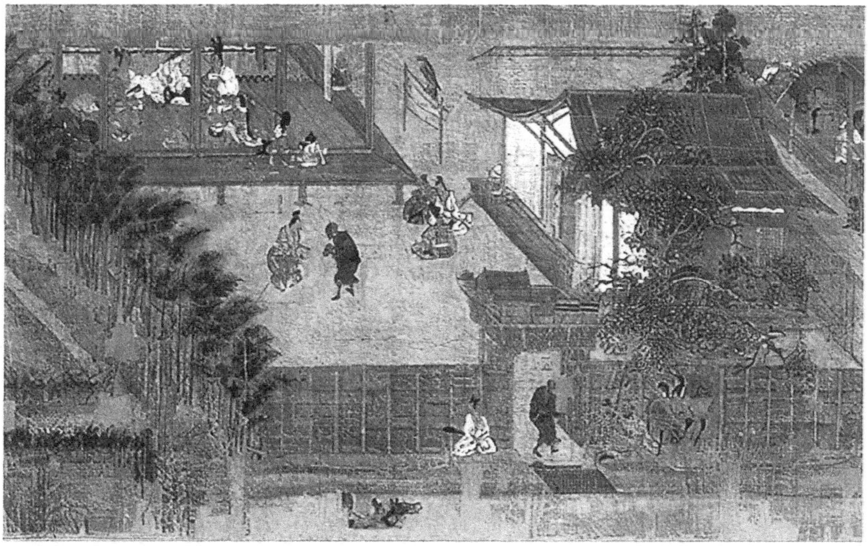

『一遍上人絵伝』（清浄光寺蔵）

a　鎌倉幕府の成立した年は、これまで源頼朝が征夷《せいい》大将軍に任命された1192年とされてきました。しかし近年、いくつかの年が幕府の成立年と考えられるようになってきました。1185年を成立年と考える場合、その理由の説明として最もふさわしいものを、ア～エから一つ選びなさい。

　ア　東北で繁栄《はんえい》をほこった奥州藤原氏を滅《ほろ》ぼし、源氏の支配が東北までおよんだから。

　イ　御家人を守護や地頭に任命することを朝廷に認めさせ、頼朝による支配が、地方にまで力をおよぼしたから。

　ウ　壇ノ浦《だんのうら》の戦いで、それまで勢力を誇《ほこ》っていた平家一族が滅んだから。

　エ　御家人をまとめる機関として侍《さむらい》所を設置し、武家政権としての体制が整ったから。

b　一遍が時宗を開いた1274年は、元が日本に攻《せ》めてきた年でもあります。元の軍が博多湾に上陸するのに先立って襲撃《しゅうげき》した島を、ア～エから一つ選びなさい。

　ア　種子島《たねがしま》　　イ　隠岐島《おきのしま》　　ウ　佐渡島《さどがしま》　　エ　対馬《つしま》

c　この堀には、敵の侵入《しんにゅう》を防ぐ役割のほかに、別の重要な役割もありました。鎌倉時代の武士たちが暮らしていた場所を考えて、もう一つの役割を答えなさい。

D

「将軍のおひざもと」であった a江戸は、武士が暮らす武家地、寺などがある寺社地、町人が暮らす町人地など、身分によって住む場所が決められていました。町人の中には自分の家を持ち、町の運営に参加する人もいましたが、大半の人は、b長屋《ながや》とよばれる借家に暮らしていました。長屋は、一棟《むね》を壁《かべ》で仕切って数世帯が住む共同住宅で、トイレや井戸は共同で使用することもありました。

a　江戸について正しく述べているものを、ア～ウから一つ選びなさい。

　ア　幕府の役人である町奉行《ぶぎょう》が、江戸の行政や裁判の仕事を行った。

　イ　全国から年貢米や特産物が集まり、諸大名の蔵屋敷《くらやしき》が建てられた。

　ウ　江戸の人口は、同じ時代のロンドンやパリに比べると、半分ほどであった。

b① 以下の2つのグラフは、19世紀頃の江戸の住区ごとの面積と人口を示しています。グラフを見て、長屋のくらしについてわかることを答えなさい。

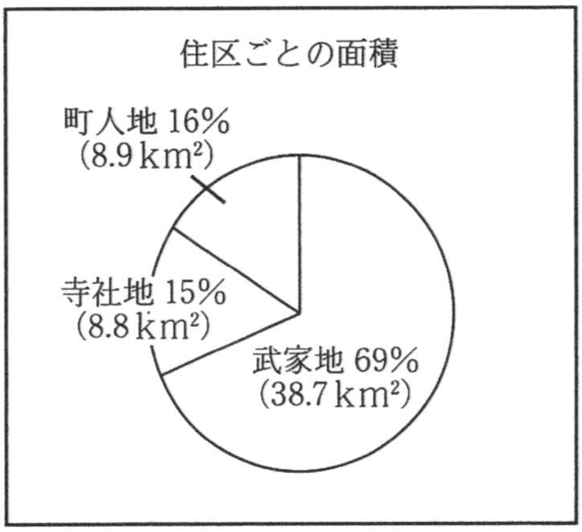

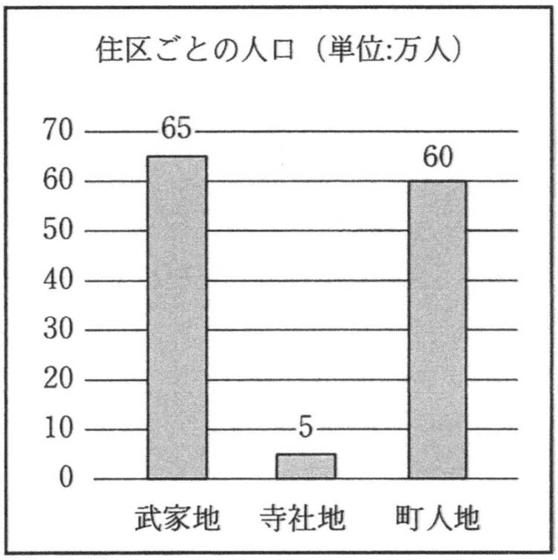

内藤昌『江戸と江戸城』（講談社）に基づき作成。

② 『東海道中膝栗毛《ひざくりげ》』は、江戸の長屋の住人である弥次郎兵衛《やじろべえ》と喜多八《きたはち》が東海道を旅する話ですが、その作者を次のア～エから選びなさい。

ア 井原西鶴《いはらさいかく》　イ 近松門左衛門《ちかまつもんざえもん》　ウ 松尾芭蕉《ばしょう》　エ 十返舎一九《じっぺんしゃいっく》

E

日米修好通商条約が結ばれた後、開港地では外国人が住む洋館がみられるようになりました。明治時代後半には、華族などが洋風建築の屋敷に住むようになり、a皇居も旧江戸城の建物から、洋風を取り入れた宮殿に新築されました。大正時代には庶民の住宅も洋風化し、関東大震災後には鉄筋コンクリートのアパートも出現しました。

太平洋戦争の時期、b都市の多くの住宅は空襲《くうしゅう》で焼けてしまい、戦後は焼け野原に廃材でつくられたバラック小屋が建ち並びました。やがてc朝鮮戦争をきっかけに日本の景気が良くなってくると、住まいもバラック小屋から新しいものに変わっていきました。

a 新築された宮殿で、大日本帝国憲法発布の式典が行われました。この憲法について述べた次のア～エのうち、正しいものを二つ選びなさい。

ア 憲法は天皇から総理大臣に授けられ、帝国議会で承認後、施行された。

イ 憲法では天皇は神のように尊い存在であり、けがしてはならないとされた。

ウ 自由民権派が作成した憲法の内容の一部が、この憲法に取り入れられた。

エ 言論・集会などの国民の権利は、法律で許された範囲内において認められた。

b　空襲に関する記述としてまちがっているものを、ア～エから一つ選びなさい。

ア　空襲から避難するために、住宅の周辺に防空壕《ごう》がつくられた。

イ　小学生は学校ごとに集団疎開《そかい》をし、地方の工場で勤労奉仕《きんろうほうし》を行った。

ウ　空襲では、火災が広がるようにつくられた焼夷弾《しょういだん》が、大量に使われた。

エ　空襲をさけるため、各家で電灯に被《おお》いをかけて暗くしなければならなかった。

c　この戦争が始まると在日米軍が出動したため、GHQ（連合国軍最高司令官総司令部）は日本に指示し、ある組織をつくらせました。この組織の名前を答えなさい。

3 次の文章を読んで、――a～cについての問いに答えなさい。

憲法が定める基本的人権の一つに居住・移転の自由があります。近年は、a海外に移住する日本人も増えていますが、人の主な移動先は日本国内です。戦後、b日本の人口は、地方から主に東京圏《けん》（東京都、埼玉県、千葉県、神奈川県）に移動してきました。現在では東京圏には、約3,700万人、つまり日本の総人口の約c（　　　）%の人が住むという一極集中が起きています。この傾向《けいこう》は、新型コロナウイルスの感染拡大によって少し変化しましたが、全体的には変わらず、引き続き地方は人口減少という問題を抱《かか》えています。

a　次の表は、日本人が多く住む上位5カ国を示しており、下のア～エの文章は、表中のいくつかの国について説明しています。A国にあてはまる説明をア～エから一つ選びなさい。

順位	国名	人数（単位:人）
1	アメリカ	418842
2	中国	102066
3	オーストラリア	94942
4	A	78431
5	カナダ	74362

外務省「海外在留邦人《ほうじん》数調査統計」（2022年10月1日）より作成。
(在留邦人とは3か月以上海外にいる日本国籍《こくせき》を持つ人のことを指します)

ア　世界3位の人口を有する国で、世界各地からの移民が多く、近年はスペイン語を話す移民が増えてきている。

イ　世界で最も人口の多い国として知られていたが、人口増加を抑《おさ》える政策を実施《じっし》し、2023年には人口は世界第2位となった。

ウ　G7にも参加している主要国であり、林業が盛んで、首都は木材の集積地として発展し、国旗には樹木に関係する図柄《ずがら》が描かれている。

エ　国民の大多数が仏教徒で、首都バンコクを中心に日本の自動車部品などの工場が多数進出している。

b　次のグラフは、日本国内の人口移動をまとめたものです。

三大都市圏と地方圏における人口移動（転入超過数※）の推移

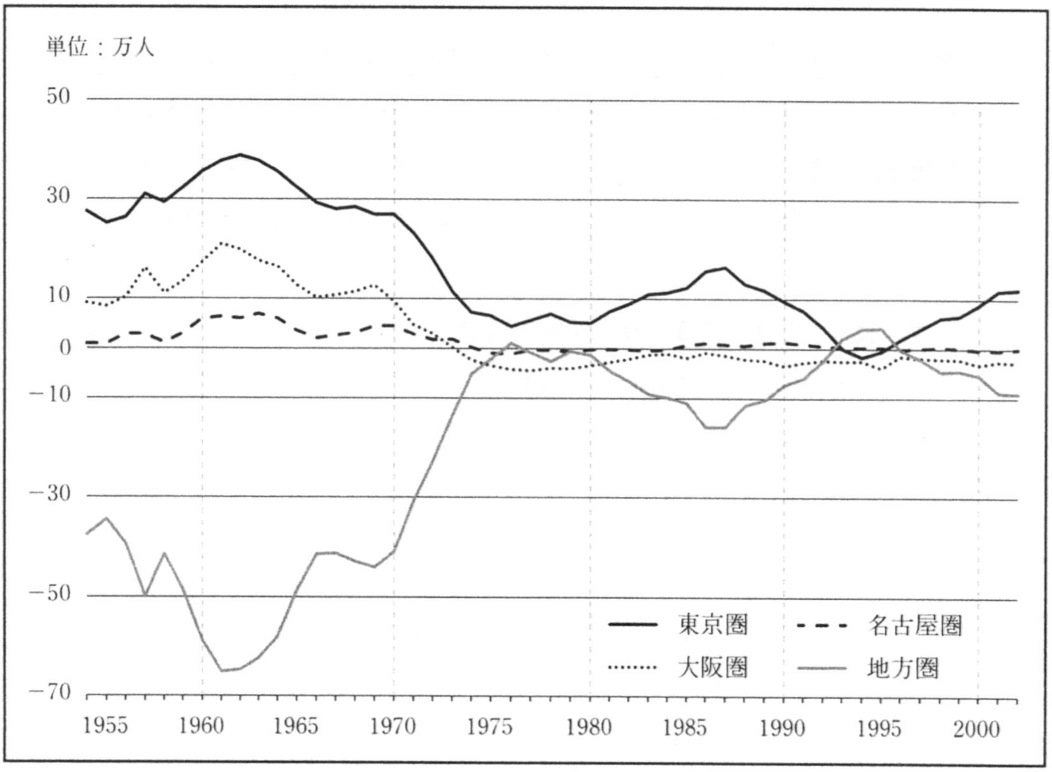

東京圏：埼玉県、千葉県、東京都、神奈川県　　名古屋圏：岐阜県、愛知県、三重県
大阪圏：京都府、大阪府、兵庫県、奈良県　　地方圏：上記の三大都市圏以外の地域

※転入超過数とは、転入者から転出者を引いた数です。

内閣府地方創生推進事務局「まち・ひと・しごと創生長期ビジョン（令和元年改訂版）」を元に作成。

①　グラフの数値は、通信や地方自治を担当する省庁が、各地方自治体の情報をまとめたものが元になっています。この省庁の名前を答えなさい。

② グラフから読み取れる内容としてまちがっているものをア～ウから一つ選びなさい。

ア 所得倍増計画が出された後の数年間は、地方圏から三大都市圏へ毎年50万人以上移動していた。

イ 東京圏では、バブル経済崩壊後に初めて、転入する人よりも転出する人が多くなった。

ウ 大阪で万国博覧会が開催《かいさい》された頃から、大阪圏の人口は減少し、その5年後には、地方圏の人口より下回った。

c （　　）にあてはまる数字をア～エから選びなさい。

ア 19　　イ 22　　ウ 29　　エ 36

ここは余白です。

ここは余白です。

二〇二三年度

国語

（50分）

《注意》

一、問題は一から二十二ページにあります。始まりのチャイムが鳴ったら必ず確認してください。

二、問題を解く前に、解答用紙に受験番号と氏名を忘れずに記入してください。

三、答は、すべて解答用紙に書いてください。句読点や記号などは字数にふくめます。

四、解答用紙の一行のわく内には二行以上書かないようにしてください。

フェリス女学院中学校

〔一〕 次の文章を読んで後の問に答えなさい。

こんな事は毎日だった。砧《きぬた》きぬ子が朝と晩の散歩の他に、昼間三時から四時ごろの間、海岸を散歩するのを日課としていることを知っていたので、私は学童たちを集めて海水浴場の外れの方でいつも彼《かの》女を待っていた。

砧きぬ子はたいていの場合一人で散歩したが、ごくたまに母らしい人に連れられて姿を現した。そんな時は、私たちは何もしなかった。彼女がこちらに近づいて来ると、私たちは海の中へ避《ひ》難した。そして板子〈注1〉につかまって、波にゆられながら、遠くの方から彼女をうかがった。

「あいつ、今日はやっつけられないでしゃくだな！」

私はそんな風に言った。他の四、五年生もみな、みょうにぎらぎらした目を彼女の方へ向け、

「大人《おとな》といっしょに来ていやがる！　よおし、明日覚えてろ！」

そんな事を言った。私たちはまるで彼女にうらみを持っているかのようであった。いかなる種類の仇敵《きゅうてき》か知らなかった。しかし、〈注2〉不倶戴天《ふぐたいてん》という言葉の意味に近いものを、彼女が持っていることは明らかだった。そのままにはして置けないような美しいものを、その都会の少女は持っていたのである。砧きぬ子は色が白く、目が大きく、かみはおかっぱにして、いつも着物を着ていた。私たちの目には彼女はひどく大人びて見えた。

「〈注3〉角屋の離《はな》れに、この魚をとどけて来い！」

私は父から命じられた。

「取り立ての、とれとれですって言ってな。そして五十銭〈注4〉もらって来い」

そんな風に父は言った。

夕方だった。私はしりごみした。その魚は、砧家から今朝父が依頼《いらい》されて釣《つ》って来たものであることは、私も

知っていた。しかし、毎日のように彼女をやっつけている手前、私には彼女の家に行くことは有り難い役目ではなかった。

　私は何とか理由をつけて、この役目から放免《めん》されようと思った。しかし、

「行って来いと言ったら、行って来い」

と、父から頭を一つこづかれると、その命令に従う以外仕方がなかった。

　私は二、三匹《ひき》の魚を入れたザルを持って、砧家へ出かけて行った。角屋の表門から入り、勝手口の横を通って、離れの縁《えん》側の方へまわって行った。

問二「魚を持って来ました」

　私は縁先の物干しの棒のところに立ち止まって、よそ行きの言葉で言った。そこからは内部がのぞかれなかったので、家の中に、だれが居るか全然わからなかった。私はただ家の内部へ向かって、声をかけたのであった。

　何の返事もしなかった。

「魚を持って来た！」

　こんどは、私は大きい声でさけんだ。

と、砧きぬ子の顔が縁側からのぞいた。

「あら、お魚？」

　彼女は言うと庭へ降りて来て、ザルの中をのぞきこみ、

「まだ生きているわ」

　そう言ってから、

「母さん、お魚ですって！」

と奥《おく》にさけんだ。

「何て言うお魚」

彼女は言った。

問三 私は口がきけなかった。彼女は私より少し背が高かったが、近くでみると、いつも私が思っていたよりずっと子供っぽかった。

私がザルを地面の上に置くと、彼女はそこにしゃがみこみ、小さい棒切れを拾って、それで魚のはだをつついた。そんなことをしている彼女を、私は上から見降ろしていた。私はそれまでに、そんなきゃしゃな白い手首を見たことはなかった。首も細く、その細い首の上にオカッパのかみがきちんとそろえて切られてあった。

間もなく、彼女の母が、これも縁側から降りて来ると、

「ごくろうさんね。おいくら」

と言った。

私はこの魚の代金を受け取るのが、何かはずかしかった。ひどく〈注5〉卑賤《ひせん》な行為《い》のような気がした。

「いいです」

と私は言った。

「よくはないわ。おいくらですって」

問四 「父ちゃんが上げておいでって――」

私はいきどおったように言った。すると、

「まあ、それは、お気の毒ね。よくお礼を言ってちょうだいね」

彼女の母は言った。

私が彼女の母と話をしている間に、きぬ子は私のところから離れ、縁側から部屋の中に上がって行った。私はそこを立ち去る時、初めて離れの家の中をのぞいた。きぬ子が南向きの縁側に面した部屋のすみで、小さい机に向かっていた。そのうしろ姿だけが、私の目に入った。何か雑誌でも読んでいる様子だった。

私は夕食の時、父からひどくしかられた。私は代金の五十銭を、途《と》中でどこかへ落としてしまったことにしていた。

「使い一つできないでは困るじゃあないか」

父は、いつまでも同じことを、がみがみ言った。

私が父からしかられている最中、角屋の女中〈注6〉が、砧家からたのまれたと言って、パインナップルのかんづめを一個持って来た。

「代金を取っていただけないので、これがお礼ですって」

と女中は言った。女中が帰ると、私はまた新しく父からどなられた。

「どう言う了《りょう》見で、うそなどつきやがるんだ」

父は私をにらみつけたが、しかし、父はこんどは長くはおこっていなかった。魚二、三匹と、めったにお目にかかれぬ果《くだ》物のかんづめとでは、決して損な取り引きではなかったからである。

私は、夕食の膳《ぜん》を離れると、すぐ家を出た。

足は海岸に向いた。**問五** もう浜《はま》はとっぷりと暮れて、海面にはいくつかの漁火《いさりび》〈注7〉がまたたき始めていた。

私は、半時間ほど砂の上にこしを降ろしていたが、そのうちに、ふいに、砧きぬ子の姿が目にうかんで来た。いまも彼女が昼間見かけた南側の部屋のすみで机に向かっていそうな気がすると、私は立ち上がって浜を角屋の裏手の方に向けてつっ切って行った。

角屋の離れの横手は石塀《べい》になっていて、一方が海に面し、一方が浜に面していた。私はその石塀のそばへ行くと、そこにあった松の木のあらいはだに手をかけた。幹の中ほどのところまでよじ登るとそこから砧一家の住んでいる離れの内部はまる見えのはずであった。

私は一間《けん》〈注8〉半ほど松の木をよじ登ったが、しかし何も見えなかった。家人は全部外出していると見えて、家の中の電とうは消えてまっ暗だった。

私が再び松の木を降りようとした時、下の方で人の話し声がした。私は思わず身を固くした。五、六間離れた松林の中のはだか電とうの光がそこら辺りまでのびていて、そのうす明かりの中に二、三人の人かげが見えた。

私はしばらく、問A目をこらしていたが、その三人が、砧きぬ子と彼女の母と、もう一人見知らぬ若い男の人であることを知ると、私は身動きができなくなった。

「兄さん、だいてよ」

明らかに砧きぬ子の声であった。問六アその声は磯《いそ》くさい夜風といっしょにみょうになまめかしく私の耳に聞こえた。

「もう、およしなさいよ、ばかね！」

こんどは彼女の母の声だった。

「いやよ、だいてよ、もう一度だけ」

きぬ子が言うと、

「うるさいな」

そんな太い男の声がした。と、やがてどっこいしょと言うかけ声といっしょに、問六イきゃあ、きゃあ嬌声《きょうせい》〈注9〉を上げているきぬ子の声が、静かな夜の海辺にひびいた。きぬ子は若い男の手によって高くだき上げられている風であった。

「ああ、らく、らくだわ。おうちまでこうして歩いて行って！」

「じょう談言ってはいけない、降ろすぞ！」

「いや、もっと」

と、やがて、

「ひどいわ、いきなり降ろすんだもの。下駄《た》がどこかに飛んじゃったじゃないの」

砧きぬ子の明らかにとがめる口調だった。

「探してよ」

「そこらにあるだろう」

「いや、探して！」

問六ウ 少女とは思われぬヒステリックな声のひびきだった。

「帰りましょう」

そんなことに取り合わない風で、きぬ子の母の声が一、二間離れたところで聞こえた。

問七 私は、なぜか、その時、たまらなく、きぬ子をだき上げたその男がにくかった。兄さんときぬ子が呼んでいたから、彼女の兄さんかも知れなかったが、私は松の木の上で、何となく二人は兄妹《きょうだい》でないような気がした。

三人の話し声が遠くなってから、私は松の木から砂浜の上に飛び降りた。

家へ帰ると、父はまだ酒を飲んでいた。父はもう、私をしからなかった。その時、そばにいる母の言葉で、私は、砧家へ親せきの大学生が二、三日前から来ていることを知った。

問八 やはり兄妹ではなかったなと思った。私はその夜、生まれて初めて、パインナップルというものを食べた。その甘《かん》美な味はいつまでも口中に消えないで残った。

その翌日の夕方、私は、きぬ子と彼女の母といっしょに海岸を散歩している青年の姿を見かけた。ゆかたのうでをまくって歩いている青年の姿は、きぬ子の兄どころか、父とでも言いたいほどの、年れいの開きを持っている人物のように思われた。私が、昨夜、想像していたような若い男とはちがっていた。

私はなぜか、ひどく問B当てが外れたような気がした。しかし、きぬ子が、その青年のうでにぶら下がっては歩いているのを見ていると、私の心にはやはりしっとに似た感情がわいた。

二人は何か話しているらしかったが、遠くからでは何も聞こえなかった。が、やはり、昨夜のように、きぬ子は、あの聞いていて心をとろかすような嬌声を上げて、きゃあきゃあ言っているのではないかと思った。

そう思った時、やはり、私はその青年がこの海岸に現れたことを快しと思わなかった。

長い海岸線の途中で、きぬ子と母の二人は青年と別れて家の方へ引き返して行った。青年一人だけがなおも、波打ちぎわを歩いて行くのを見ると、私は、そこからかけ出して、遊び仲間の料理屋の輝夫《てるお》を呼び出した。

「きぬ子をいじめる東京のやつがいる。いけないやつだ。やっつけよう」

と私は言った。

問九「そうか、よし！」

輝夫も、きぬ子と聞くと、舌でくちびるの周囲をやたらになめまわし、興奮した目の色をした。

輝夫はほら貝を吹いて往来を歩いた。二人はそろって青年集会所の火の見やぐらの前に行った。五分すると、部落の子供たちが集まって来た。十五、六人そろうと、舟《ふな》大工の仕事場の裏手の切岸《きりぎし》の上に移動した。

「いけないやつが浜を歩いているので、これから行ってやっつけるんだ」

私はみんなに命令した。

夕ご飯を食べていないという子が三人あった。その三人に、早く食べて再びここに集まるように言った。
それから十五分ほどして、私たちは松林の一隅《ぐう》に勢ぞろいした。
夕暮れの浜には、風がふいて、散歩している人の姿も見えなかった。
せっこう〈注10〉に出した雑貨屋の三津平《みつへい》が、馬にでも乗っているような調子を取ったかけ方で、波打ちぎわを遠くからこちらにかけて来るのが見えた。
「みさきの突端《とったん》で歌をうたっていた！」
彼《かれ》は、私に報告した。
やがて、二番のせっこうが帰って来た。彼は負傷していた。どこかで転んだと見えて、ひざこぞうをすりむいていたが、彼もまた興奮していると見えて泣きはしなかった。
「歌をうたっている！」
彼もまた言った。
私たちは、それから二丁〈注11〉ほど、みさきに近い方へ位置を移動し、新しく三人のてい察を出した。
二人のてい察が帰って来ての報告によると、彼は砂浜にこしを降ろし、夕暮れの海をあかずながめており、時々立ち上がると何か歌をどなり、またこしを降ろして、海面に見入っていると言うことであった。
最後のてい察が、
「来るぞ、どろ棒がこっちにやって来るぞ！」
と言いながらかけこんで来た時は、暮れなずんだ海が、一枚のうすずみ色の板に見えるほど、辺りに夕やみが立ちこめていた。
「どろ棒じゃあない、お化けだろう」

と、一人がてい正した。
私と輝夫の二人は、彼らに、これからしゅうげきする人物が何者であるかは説明していなかった。
子供たちは、それぞれ、自分たちで勝手な解しゃくを下して、それに対してめいめいそれぞれの敵意を燃え上がらせていた。
みんな小石を拾って、ポケットやふところにねじこんだ。盾《たて》のつもりか、板子などをだいている子もあった。
大学生は波打ちぎわを歩いて来た。その姿が小さく見えると、私たちはいっせいにかん声を上げて、その方へかけ出し、彼とのきょりが半丁ほどのところで散開すると、いっせいに石を彼に向かって投げ出した。彼の立っている地点に届かない石もあれば、彼をこえて海へ落ちる石もあった。
とつ然のしゅうげきにおどろいた大学生は、何かさけびながら地面にふした。そしてやがて立ち上がると見るとこちらにかけ出して来た。ひどく勇敢《かん》だった。
ばらばらと、私たちはにげ出した。
途中で、私たちは立ち止まり、二回目のしゅうげきを開始した。見ると私の周囲には五、六人しかいず、他の連中は、こわくなったのか、松林の方へにげ続けていた。いくら私たちが石を投げても、大学生はかけて来た。
私たちは再び、またにげ出した。松林の入口で、私たちは三度目にふみとどまった。その時は、私と輝夫の二人きりだった。
「つかまるぞ、にげよう」
輝夫は言った。
「よし、にげよう」
私はあいづちを打って、松林の中へかけこんだが、私は立木の一つに身をかくすと、にげるのをやめた。にげてなるものかと思った。そして、松林の入口で立ち止まっている彼の方へ石を投げた。

大学生は、あたりをきょろきょろ見まわしていたが、二番目の石が彼の立っている近くの松の幹にぶつかると、いきなり見当をつけて私の方へかけて来た。

私は松林の中をくるくるまわり、時々、立ち止まっては松の幹の間から姿を現して石を投げた。私一人が最後まで敢闘《とう》した。石はほとんど大学生にはぶつからなかった。それが、私には、いまいましかった。

そのうちに、夜のやみが全く、松の木も大学生の姿ものんでしまった。私は息をはずませながら一本の立木にもたれていた。手や足の方々が痛かった。至るところ負傷しているらしかった。

私は浜の方へ出て、草むらから雑草の葉をむしり取ると、それをひざ頭や手首の負傷かしょへなすりつけた。問十 私は、戦い終わったものの感傷で、暗い海をながめた。くもっているせいか、海には一点の漁火も見えず、船体の見えない漁船が、エンジンの音を海面の遠くにひびかせていた。

それから三日目に、この夏の最後に引き上げて行く避暑客として、砧一家はバスでこの村を離れた。ちょうど登校時の、二番バスだった。大学生はいつか帰ったものと見えて、砧家の一行の中には姿を見せなかった。きぬ子と彼女の両親と女中の四人だった。砧家の人々がバスに乗りこむのを私たちは今日はおとなしく遠くからながめていた。

バスの中に一行が収まってしまうと、じょじょに私たちはバスに近寄って行った。私たちがバスの一、二間近くまで行った時、バスは動き出した。問十一 私はとつ然、自分でも理解できぬ衝《しょう》動を感じて、バスを追いかけて走り出した。私にまねて、子供たちはみんな走り出した。一丁ほどかけてとまったが他の連中はとまらず、どこまでもバスといっしょに走って行った。間もなく、一人ずつバスから落伍《こ》した。問十二 最後に一人だけバスの横手を必死になってかけている少年の姿が見えた。輝夫だった。学校かばんがじゃまになると見えて、彼は途中でそれを路ぼうにすてると、もうこうなってはどこまでも追いかけて行くぞといったかっ好で、海沿いの道を走っていた。彼はバスといっしょに村外れの小さいトンネルに入ったが、バスがぬけ出た時は、そこに輝夫の姿はなかった。彼はト問十三ンネルの中で落伍したものらしかった。

その日は、完全に夏が終わって、村へ秋がやって来た日であった。夏が完全ににげ去ってしまう合図に、夕方から夜にかけてひどい雷《らい》雨が海浜《ひん》一帯の村をおそった。

（井上靖《やすし》「晩夏」『少年・あかね雲』所収　新潮文庫刊）

〈注1〉船の底にしく板
〈注2〉相手を生かしてはおけないと思うくらい強いうらみやにくしみがあること
〈注3〉砧家が宿泊《はく》している宿
〈注4〉お金の単位
〈注5〉地位や身分が低くいやしいこと
〈注6〉お手伝いさん
〈注7〉夜、海などで魚をさそい集めるために船でたく火
〈注8〉長さの単位。一間は約一・八メートル
〈注9〉なまめかしい声
〈注10〉敵軍の動きや敵地の地形などをさぐりに行くための兵士
〈注11〉長さの単位。一丁は約百九メートル

問一 ══部A・Bと同じ意味で用いられているものをそれぞれ選びなさい。

A 目をこらす

1 久しぶりに映画を見に出かけたAさんは、最新の映画館の設備のすばらしさに目をこらした
2 人気歌手の目をこらすほどのりりしさに夢中になったBさんは、さっそくポスターを買い求めた
3 古美術品のコレクターであるCさんは、めったに市場に出回らない目をこらした一品を入手した
4 バレエの審《しん》査会に出場したDさんは、ライバルの一挙手一投足を見のがすまいと目をこらした

B 当てが外れる

1 四国に来れば本場の讃岐《さぬき》うどんの店がたくさんあると思ったのに、近くに一軒《けん》もなくて当てが外れた
2 天気予報では荒《こう》天とあったが、山の天気は必ず当てが外れるものだから登山を決行しても良いだろう
3 私たち野球部の実力では全国大会出場など考えられなかったが、思いがけず当てが外れて喜んだ
4 たとえ固く約束しても彼が時間通りに来たためしはないから、やはり今日も当てが外れるだろう

問二 ━━部「『魚を持って来ました』私は縁先の物干しの棒のところに立ち止まって、よそ行きの言葉で言った」とありますが、このときの「私」の説明としてふさわしいものを選びなさい。

1 お得意様への大切な仕事を任されてほこらしい気分でいる
2 ふだんいやがらせをしているきぬ子の家なので、気まずくなっている
3 きぬ子が出て来ることを期待して良いところを見せようとしている
4 子供が配達に来たからと見下されないように大人っぽくふるまっている

問三 ━━部「私は口がきけなかった」とありますが、このときの「私」の説明としてふさわしいものを選びなさい。

1 思いがけずきぬ子本人が応対に出て来たうえに、何のこだわりもなく親しげに言葉をかけてきたので当わくしている

2 大人っぽいと思っていたきぬ子を間近で見ると、想像とは裏腹にあまりにも幼い様子だったので落たんしている

3 気位が高くとりすましているきぬ子に頭を下げて魚を買ってもらわねばならないことがくやしくて、ふてくされている

4 ふつうの人ならだれでも知っているような魚をものめずらしそうにのぞきこむ世間知らずなきぬ子に、あきれはてている

問四 ━━部「『父ちゃんが上げておいでって――』私はいきどおったように言った」とありますが、このときの「私」の説明としてふさわしいものを選びなさい。

1 ちっぽけな魚の代金をもらうのはなんとなく気が引けていっそあげてしまおうと思いついたのに、自分の親切心があっけなく否定されてしまい、しゃくにさわっている

2 魚の代金をもらうことへのみじめさからうそをついて見えをはったのに、そのうそを再び言わないといけない状きょうになり、早くやり取りを終わらせようと意地になっている

3 魚の代金を受け取ろうとしないことで気前の良さを見せたつもりだったのに、本当は余ゆうのない生活をしていることを見すかされ、はじをかかされたように感じている

4 せっかくめずらしい魚をプレゼントして喜んでもらおうと思ったのに、意外にも代金のことにこだわってなかなか魚を受け取ってくれないので、いや気がさしている

問五 ━━部「もう浜はとっぷりと暮れて、海面にはいくつかの漁火がまたたき始めていた」とありますが、「漁火」はどのようなことを象ちょうしていますか。

1 代金を受け取らなかった後かい

2 きぬ子へのあわい恋《こい》心

3 砧家の生活へのあこがれ

4 父への消えない反こう心

問六　「その声は磯くさい夜風といっしょにみょうになまめかしく私の耳に聞こえた」（――部**ア**）、「きゃあ、きゃあ嬌声を上げているきぬ子の声が、静かな夜の海辺にひびいた」（――部**イ**）、「少女とは思われぬヒステリックな声のひびきだった」（――部**ウ**）とありますが、「私」はきぬ子の声からどのようなことを感じ取っていると考えられますか。**ア・イ・ウ**それぞれにふさわしいものを選びなさい。

1　若い男にかまってもらえる喜びで異常なくらい興奮していること
2　日ごろからちやほやされて育ったせいでわがままな性質であること
3　若い男に愛情を示してもらうことで安心したいという願望があること
4　子どもらしい無じゃ気さと大人の落ち着きが同居していること
5　若い男をなんとしても自分の思い通りにしたいという欲望があること
6　美しくきゃしゃな少女には似合わない粗野《そや》な一面を持っていること
7　若い男がうっとうしがっていることにも気づかずどん感であること
8　若い男に対してただのあまえだけではない特別な感情があること
9　自分をないがしろにする若い男を見返そうとやっきになっていること

問七　――部「私は、なぜか、その時、たまらなく、きぬ子をだき上げたその男がにくかった」とありますが、このときの「私」の気持は、別の表現で言うとどのようなものですか。本文中から十字以内でぬき出しなさい。

問八 ━━部「やはり兄妹ではなかったなと思った。私はその夜、生まれて初めて、パインナップルというものを食べた。その甘美な味はいつまでも口中に消えないで残った」とありますが、このときの「私」の説明としてふさわしいものを選びなさい。

1 生まれて初めて食べたあまいパインナップルの味で、貧しい自分の生活とゆう福なきぬ子の生活との差を思い知らされてみじめになっている

2 海辺の村ではふだん食べることのないパインナップルの味に、きぬ子の洗練された美しさが思い起こされ、きぬ子に会いたい気持をつのらせている

3 あまくておいしいパインナップルの味がきぬ子と若い男との仲むつまじさを思い出させ、二人の間に入りこむ余地はないと苦い敗北感にさいなまれている

4 初めて食べたパインナップルのあまい味とこれまで聞いたこともなかったきぬ子のとろけるようなあまえた声とが重なり、頭から離れなくなっている

問九 ━━部「『そうか、よし！』輝夫も、きぬ子と聞くと、舌でくちびるの周囲をやたらになめまわし、興奮した目の色をした」とありますが、この部分からどのようなことがわかりますか。

1 輝夫がきぬ子に反発する気持を持っていること

2 輝夫が私にライバル意識を持っていること

3 輝夫がきぬ子に関心を持っていること

4 輝夫がいじめを許さない性質を持っていること

問十 ━━部「私は、戦い終わったものの感傷で、暗い海をながめた。くもっているせいか、海には一点の漁火も見えず、船体の見えない漁船が、エンジンの音を海面の遠くにひびかせていた」とありますが、この

ときの「私」の説明としてふさわしいものを選びなさい。

1 大学生を相手にやるだけのことはやりきったものの、勝敗もつかずきぬ子への恋もかなわなかったことを感じ、むなしくなっている

2 大学生を相手に必死で歯向かっても子供の力ではとうていかなうはずもなく、むぼうな戦いをいどんだ自分の浅はかさを後かいしている

3 最後まであきらめずに大学生と戦ったことにほこりを感じる一方、自分だけを残して仲間たちがみなにげ出したことにさみしさを覚えている

4 きぬ子をたぶらかしている大学生を追いはらおうとしたが失敗に終わり、きぬ子を助けられなかったという無力感にうちのめされている

問十一 ━━部「私はとつ然、自分でも理解できぬ衝動を感じて、バスを追いかけて走り出した」とありますが、このときの「私」の説明としてふさわしいものを選びなさい。

1 バスが動き出したことでもう来年の夏まできぬ子に会えないことに気づき、あいさつ一つできなかった後かいで胸がいっぱいになっている

2 バスが動き出したとたん、このままでは自分の存在がきぬ子に忘れ去られてしまうのではないかとあせり、自分をおさえられなくなっている

3 バスが動き出したことで本当にきぬ子がここからいなくなってしまうという事実をつきつけられて、いてもたってもいられなくなっている

4 バスが動き出したとたん、これまで何度もきぬ子をからかってきたことが次々と思い出され、申し訳なさでいたたまれなくなっている

問十二　「　」部の場面はどのようなことを表していますか。

1　情熱を最後までつらぬき通して走り続けた結果、少年が大人へと成長したということ
2　どれだけ思いを寄せても、別世界へと帰っていくきぬ子には手が届かないということ
3　激しい闘争心も、ライバルたちのだつ落によっていとも簡単に失われていくということ
4　海辺の村の子供たちに向けていたきぬ子の思いが、だんだんと消えていくということ

問十三　次の問に答えなさい。

①――部「その日」は、「私」が砧家が宿泊している角屋に魚を届けてから何日目ですか。角屋に魚を届けた日は数えずに答えなさい。
②「私」は村の学童たちのなかでどのような存在ですか。
③砧家はどこから来ましたか。本文中から漢字二字でぬき出しなさい。
④砧家は何人で来ましたか。

[二]　次の文章を読んで後の問に答えなさい。

問一 図書館には、相談係とか参考係というデスクに司書を置いています。蔵書の利用だけでなく、図書館で働く人の知識や経験を利用できるのです。この人は、本の世界の道案内人ですから、読者が目的の本を見つけるまでは、本だなのあいだを歩いていっしょに探してくれます。

でも読者に代わって本を読み、問題を解決することはしません。わからないことを自分で解決できた喜びは、その読者のものです。それがその人の次の問題解決に役立ちます。この質問は、その人のプライバシーの一つで

すから、図書館で働く人はその秘密を守ります。

そして、この本を読みなさい、とおしつけるのではなく、いくつかの本を見せて「この中であなたのお役に立つものがありましたら」というのが本来の方法です。それには図書館員の経験と知識のちく積が必要です。さらに、図書館には選書から始まって「本」の整理や保管、貸し出しに至るまでさまざまな仕事がありますが、その全部がじゅう実し、組織化されて、やっと「本と人とをつなぐ仕事」ができます。その一館で解決できない質問に対しては、図書館という組織全体がそれを支えます。

こうした案内を受けるうちに、読者は、自分に必要なものを探す方法を自然に理解するでしょう。司書が本を見せながら具体的に説明することで、それがわかってくるのです。だから図書館は「教えこまれるところ」ではなく、「自分の感覚を働かせて学び取るところ」です。

昔から「読み、書き、計算する能力」を人間の知的能力としてきましたが、今は図書館で「必要なものを探す能力」を身につけるようになったのです。これは、一生使える能力です。こうした学び方にまだ慣れていない人には、必要な手ほどきをします。それが、その人と「本」とをつなぐ入り口になることでしょう。

二一世紀に入って、大きな災害が続きますし、また来るといわれている大震《しん》災への備えも強調されています。そんな中でとつ然の被《ひ》害からやっと自分を取りもどした人が、避難生活の中で一人になれる場所を図書館に求め、持ち帰って読む本を探し、次いで被災の処理や連らくのために図書館を使う、という生活のパターンが各地から報告されています。図書館とは本好きの人たちが行く特別なところ、という長い間のイメージが、問三災害から立ち上がるための一つのよりどころにまで変わってきたのです。それには、災害発生以前の図書館サービスがあってこそ、です。

もう一つ大事なことは、子どもたちのことです。大人は図書館の復興を待ってくれますが、子どもたちの心の痛手に対しては、最初の一週間が大事だ、といわれています。読み聞かせにもお話にも、絵本の提供にも、大きな恐《おそ》れに直面した子どもたちの心をいやすこまやかな配りょが必要です。これもまたふだんからの準備と、災害後すぐに動きだせる態勢、行政の理解と施《し》策が必要ですし、子どもの成熟と成長にかかわる人たちみんなで考え、準備を重ねるべきことの一つでしょう。図書館はそのための本の供給源であり、混乱の中にあっても、実施の場として働くのだと思います。

（竹内悊《さとる》『生きるための図書館――一人ひとりのために』岩波新書）

問一 ――部「図書館には、相談係とか参考係というデスクに司書を置いています」とありますが、「相談係とか参考係」の司書の仕事について答えなさい。

① 「すること」は何ですか。一つ書きなさい。

② 「しないこと」は何ですか。一つ書きなさい。

③ 「必要なこと」は何ですか。一つ書きなさい。

問二 二一世紀に入って災害が発生する以前、図書館はどのようなイメージでしたか。本文中から二十字以内でぬき出しなさい。

問三 ――部「災害から立ち上がるための一つのよりどころにまで変わってきたのです」とありますが、災害以後人々は図書館をどのように使うようになったのですか。本文中の言葉を用いて四十字以内で具体的に書きなさい。

問四　自然災害の直後、被災した子どもたちは被災地のためにどのようなことができますか。図書館以外の例を挙げ、あなたの考えを二百字以内で書きなさい。

〔三〕　次のA・Bの文の――部と言葉の働きが同じであるものを選びなさい。

A　姉はおおらかな心の持ち主である

1　積極的な姿勢で行動することが大切だ
2　まだ二月なのに今日は春のように暖かい
3　引っこしの際に大きな家具を運び出した
4　宝石を散りばめたような星空をながめた

B　博士の考え出した理論は正しかった

1　父の古いうで時計をゆずり受けた
2　そこにかかっている黒いぼうしは兄のだ
3　妹はもうこの本を読まないのだろうか
4　母の作った手料理でおもてなしをした

［四］ 次の――部1～5のカタカナの部分を漢字で書きなさい。また――部6～8の漢字の読み方をひらがなで書きなさい。

お湯を1サます　　事態を2ラッカンする　　3カクシキを重んじる　　変化に4トむ

5キントウに分ける　　6本末転倒《とう》　　7豊満な花の香り　　チラシを8刷る

（問題は以上です。）

＊問題文に使用した作品における難しい漢字表記は、現在一ぱん的に使われている漢字またはひらがなに改めるか読みがなをほどこすかしてあります。また、送りがなを加えたりけずったりしたものもあります。

2023年度

算　　数

（50分）

《注意》

1．問題は1ページから12ページまであります。始まりのチャイムが鳴ったら必ず確認してください。
2．問題を解く前に、受験番号と氏名を忘れずに記入してください。
3．答は、答の欄《らん》にはっきりと書いてください。
4．答を出すのに必要な図や式や計算を、その問題のところにはっきりと書いてください。
5．円周率を使う場合は3.14としてください。

受験番号		氏名	

得点	※100点満点 （配点非公表）

1 次の問いに答えなさい。

(1) 次の□にあてはまる数を求めなさい。

$$2\frac{3}{5} \div \{(\square - 1.95) \times 0.6\} + \frac{5}{7} = \frac{5}{3}$$

答

(2) あるスーパーでは 3 本のラムネの空きビンと，1 本の新しいラムネを交換してくれます。

たとえば，7 本のラムネを買って，そのうち 6 本の空きビンをスーパーに持っていくと，2 本の新しいラムネと交換してくれます。この 2 本の新しいラムネの空きビンと前の残りの 1 本の空きビンを持っていくと，もう 1 本新しいラムネをもらえるので，合計 10 本のラムネを飲めます。

次の [ア]，[イ] にあてはまる数を求めなさい。

① 30 本の新しいラムネを買うと，合計で [ア] 本までラムネを飲めます。

② 合計で 100 本のラムネを飲むには，少なくとも [イ] 本のラムネを買う必要があります。

答	ア		イ	

(3) 3つの整数2342, 2894, 3561を, 1以外の整数 ア で割ると余りがどれも イ になります。

ア , イ にあてはまる数を答えなさい。

答	ア		イ	

(4)　サイコロを３回振ります。１回目に出た目の数をＡ，２回目に出た目の数をＢ，３回目に出た目の数をＣとします。

Ａ×Ｂ×Ｃの値が偶数となるようなサイコロの目の出方は，[ア]通りあります。

Ａ×Ｂ×Ｃの値が８の倍数となるようなサイコロの目の出方は，[イ]通りあります。

[ア]，[イ]にあてはまる数を答えなさい。

答	ア		イ	

(5) 3人の姉妹がそれぞれの貯金箱のお金を出しあって母の誕生日プレゼントとケーキを買いに行きました。はじめにプレゼント代を支払うのに長女のお金の37.5%，次女のお金の50%，三女のお金の45%を出しあいました。次に，ケーキを買うのに長女の残金の62.5%と，次女の残金の40%を出しあいました。最終的に三女の残金は長女の残金より一割多く，次女の残金は長女の残金と等しくなりました。

長女と次女と三女が出したプレゼント代を最も簡単な整数の比で表すと

[ア]：[イ]：[ウ]です。

[ア]～[ウ]にあてはまる数を答えなさい。

答	ア		イ		ウ	

2 Aさんの自動車は一般道路では時速 40km で走り，10km 走るのに 1L のガソリンを使用します。また，高速道路では時速 80km で走り，12km 走るのに 1L のガソリンを使用します。Aさんが自宅から 712km 離れた祖父母の家を一般道路と高速道路の両方を利用して往復しました。次の［ア］～［ウ］にあてはまる数を答えなさい。

(1) 行きは，使用したガソリンが 60L でした。高速道路を走った距離《きょり》は［ア］kmで，行きにかかった時間は［イ］時間です。

(2) 帰りは高速道路を走る距離と一般道路を走る距離を行きとは変えたところ 11 時間 30 分かかりました。そのとき使用したガソリンは［ウ］L です。

答	ア		イ		ウ	

3 図のように中心角が 90°のおうぎ形と直径が 4 cm の半円があります。
点 C は直線 OA の真ん中の点です。次の問いに答えなさい。

(1) 図の曲線 $\overset{\frown}{\mathrm{AD}}$ の長さと曲線 $\overset{\frown}{\mathrm{DB}}$ の長さの比が 7 : 8 であるとき，㋐の角の大きさは何度ですか。

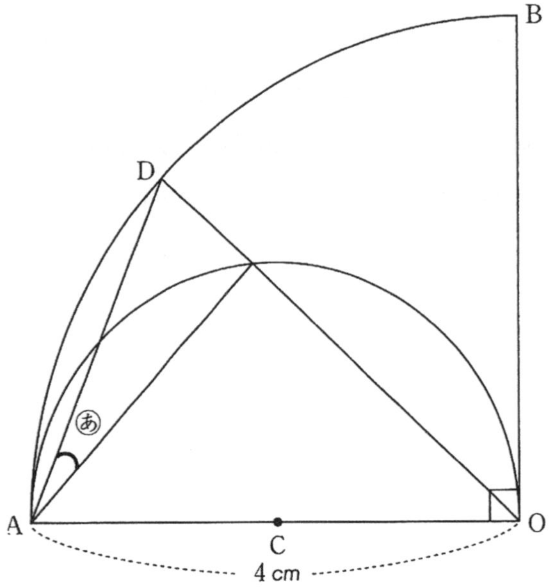

答

2023年度

理　　科

（30分）

《注意》

1．問題は1から10ページまであります。始まりのチャイムが鳴ったら必ず確認してください。

2．問題を解く前に、解答用紙に受験番号と氏名を忘れずに記入してください。

3．答は、すべて解答用紙に書いてください。

ここは余白です。

1　水よう液ア～エを用意し、実験①～③を行いました。図はその手順と結果です。図中の水よう液Ａ～Ｄは、水よう液ア～エのいずれかです。

ア：うすい塩酸　　　イ：うすい水酸化ナトリウム水よう液
ウ：食塩水　　　　　エ：うすいアンモニア水

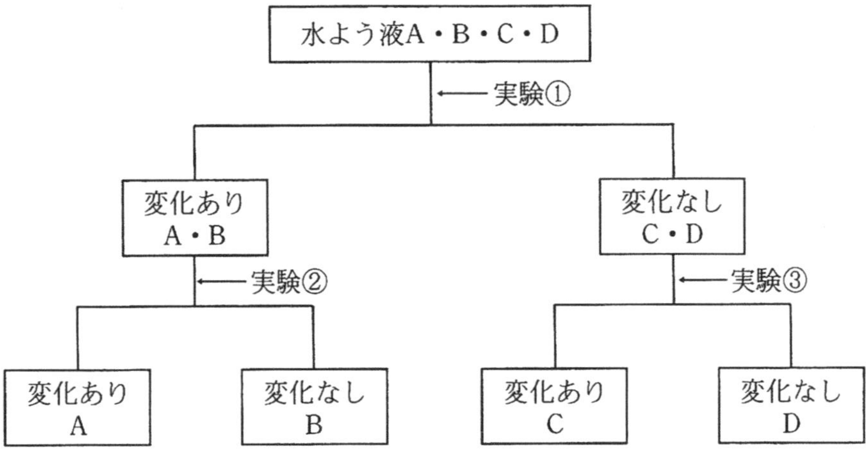

①～③でどのような実験をすれば、水よう液Ａ～Ｄを区別できるでしょうか。その方法を３通り考えたいと思います。①～③にふさわしい実験をサ～ソから選んで、実験の組合せを３通り作りなさい。ただし、各組合せでの①、②、③は異なる実験を選ぶこと。
また、その実験と結果になるとき、Ａ～Ｄにあてはまる水よう液をア～エから選びなさい。

サ：赤色リトマス紙に水よう液をつける。
　　→青く変色すれば「変化あり」、変色しなければ「変化なし」

シ：青色リトマス紙に水よう液をつける。
　　→赤く変色すれば「変化あり」、変色しなければ「変化なし」

ス：水よう液に石灰水を加える。
　　→白くにごれば「変化あり」、にごらなければ「変化なし」

セ：少量の水よう液をじょう発皿にとり、弱火で加熱する。
　　→固体が残れば「変化あり」、何も残らなければ「変化なし」

ソ：水よう液にアルミニウムのうすい小さな板を入れる。
　　→あわが出れば「変化あり」、あわが出なければ「変化なし」

2　アサギマダラというチョウの成虫は、ヨツバヒヨドリというキク科の植物などの花のみつをエサとしています。

1　アサギマダラについて、次の問いに答えなさい。

(1)　アサギマダラの成虫の口の形にもっとも近いものを、次のア～エから１つ選び、記号で答えなさい。なお、図は実際の生物の大きさとは異なります。

(2)　(1)のようなアサギマダラの成虫の口が適していることを、次のア～エから１つ選び、記号で答えなさい。

ア　かむこと　　イ　けずること　　ウ　吸うこと　　エ　なめること

(3)　アサギマダラの成虫のからだを示した解答らんの図に、あしとはねをかき入れなさい。

(4)　さなぎの時期があるものを、次の①～⑥からすべて選び、番号で答えなさい。

①　アサギマダラ　　②　アリ　　③　カブトムシ

④　セミ　　⑤　トンボ　　⑥　バッタ

2　次のア～エはある植物の葉（左）と花（右）のスケッチです。ヨツバヒヨドリのものを１つ選び、記号で答えなさい。なお、図は実際の植物の大きさとは異なります。

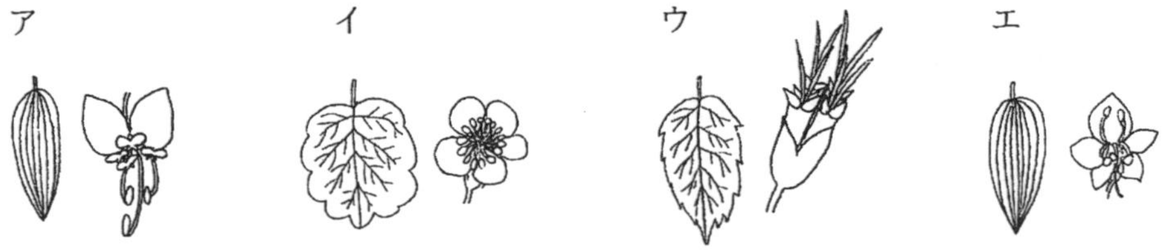

アサギマダラの成虫（以下、アサギマダラと呼ぶ。）とヨツバヒヨドリの関係について調べるために、野外で2日間にわたって次の実験をおこないました。この場所にはヨツバヒヨドリが多く生えており、アサギマダラもたくさん飛んでいます。また実験は複数人で協力しておこないました。

（1日目）

① 開花直後のヨツバヒヨドリの花を探し、くきにリボンをつけた。
② リボンをつけた花のうちの半分の花にふくろをかぶせて、ふくろの口をひもでしばった。リボンをつけた残りの花には、ふくろはかぶせなかった。

（2日目）

① 1日目にかぶせたヨツバヒヨドリの花のふくろをはずした。
② ふくろをはずしたヨツバヒヨドリの花に、アサギマダラが訪れるのを待った。
③ ヨツバヒヨドリにアサギマダラが訪れたら、ストップウォッチで花にとまっている時間を測定した。
④ アサギマダラが飛び立ったら、ヨツバヒヨドリの花は切り取った。
⑤ この測定を20個のヨツバヒヨドリの花でおこなった。

同様の測定を1日目にふくろをかぶせなかったヨツバヒヨドリの花でもおこなった。

実験の結果は、次のページの表とグラフのようになりました。なお、同じアサギマダラが何度もヨツバヒヨドリの花に訪れる可能性があります。

【１日目にふくろをかぶせた花】

ふくろを かぶせた花	花 1	花 2	花 3	花 4	花 5	花 6	花 7	花 8	花 9	花 10	花 11	花 12	花 13	花 14	花 15	花 16	花 17	花 18	花 19	花 20
花にとまって いた時間(秒)	37	18	223	28	170	305	85	4	11	94	27	24	50	648	244	58	45	602	170	9

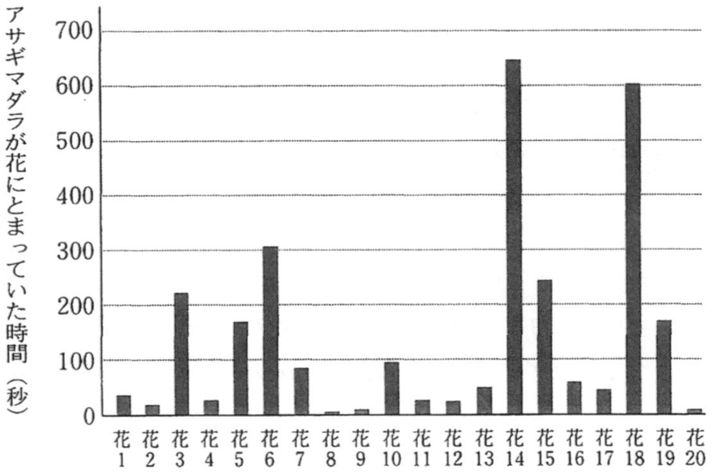

【１日目にふくろをかぶせなかった花】

ふくろをかぶせ なかった花	花 1	花 2	花 3	花 4	花 5	花 6	花 7	花 8	花 9	花 10	花 11	花 12	花 13	花 14	花 15	花 16	花 17	花 18	花 19	花 20
花にとまって いた時間(秒)	67	20	34	8	59	6	20	65	40	407	84	4	13	63	3	124	212	2	13	24

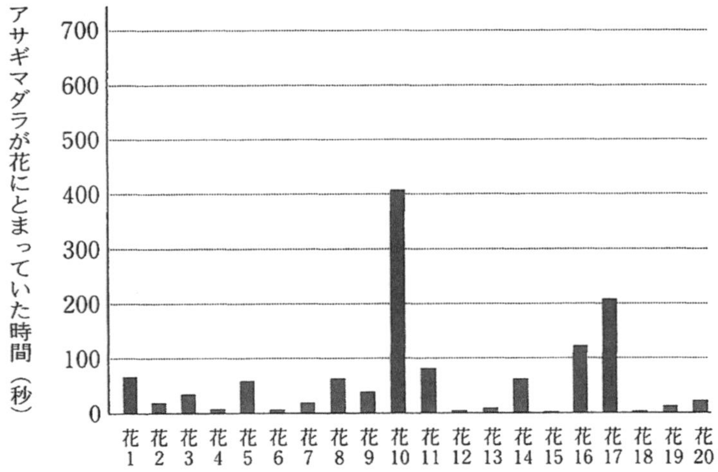

3 実験の結果について、次の問いに答えなさい。

(1) 1日目にふくろをかぶせたヨツバヒヨドリの花と、ふくろをかぶせなかったヨツバヒヨドリの花では、アサギマダラが花にとまっていた平均時間にちがいがあった。次のア・イから、アサギマダラがとまっていた平均時間が長い花を選びなさい。

ア　1日目にふくろをかぶせた花　　　　イ　1日目にふくろをかぶせなかった花

(2) (1)のようなちがいが生じた理由を説明しなさい。

4 1日目にふくろをかぶせたヨツバヒヨドリの花にも、1日目にふくろをかぶせなかったヨツバヒヨドリの花にも、アサギマダラが花にとまっていた時間が平均時間よりもあきらかに長かったものも、あきらかに短かったものもあった。
1日目にふくろをかぶせた花で、アサギマダラが花にとまっていた時間が平均時間よりもあきらかに短かったものについて、平均時間よりも短かった理由を2つ答えなさい。

3　光の進みかたの「きまり」をしらべるため、長方形で厚みが一定のガラスを用いて実験をしました。光の進む道筋が見えるように、細いすき間を通した光を図1のようにガラスの断面に対して直角に当て、上から観察したところ、光の道筋は図2のようになりました。ガラスに当てる角度を、直角ではなく、図3のアのような角度にしたところ、光の道筋が変わりました。

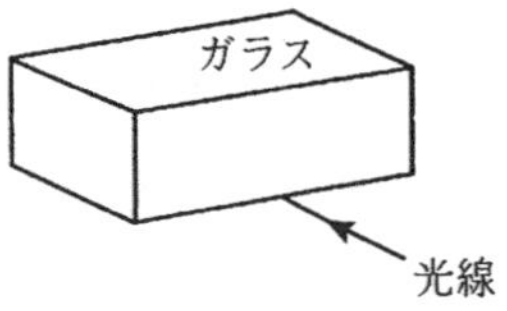

図1

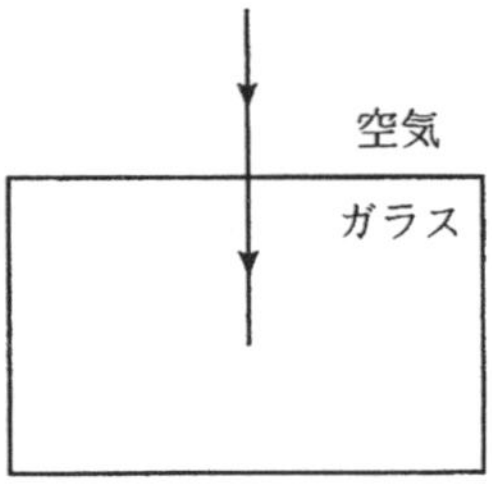

図2

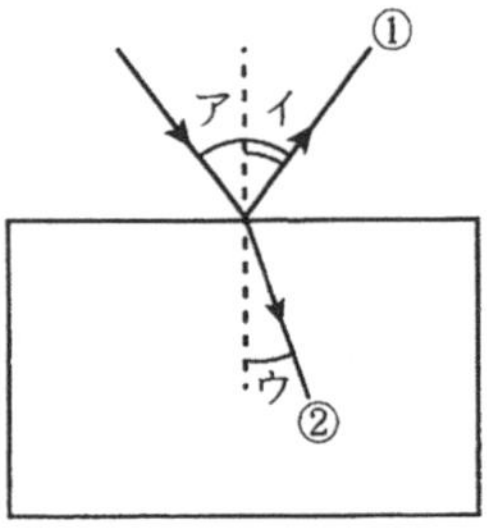

図3

図3の①はガラスの表面で反射した光(反射光)です。反射光がどの向きに進むか調べるため、図3のアの角度を変えて、イの角度を測定したところ、表1のようになりました。

表1

アの角度	イの角度
20°	20°
40°	40°
60°	60°

表2

アの角度	ウの角度
20°	13°
40°	25°
60°	35°

1　表1から、反射光が進む向きにはどのような「きまり」があるといえますか。

図3の②はガラスの中に入る時に光の道筋が曲がった光です。これをくっ折光といいます。図3のアの角度を変えて、ウの角度を測定したところ、表2のようになりました。しかしこれでは「きまり」がよくわからないので、本で調べたところ、次のような「きまり」があることがわかりました。

入射点Aを中心とした円を書き（図4)、BCの長さとDEの長さを測定すると、(BCの長さ）÷（DEの長さ）は、入射角（図4のアの角）を変えても一定の値になる。この値を「くっ折率」という。

あらためてこの「きまり」をあてはめやすいように、方眼紙の上で実験すると、図5のようになりました。

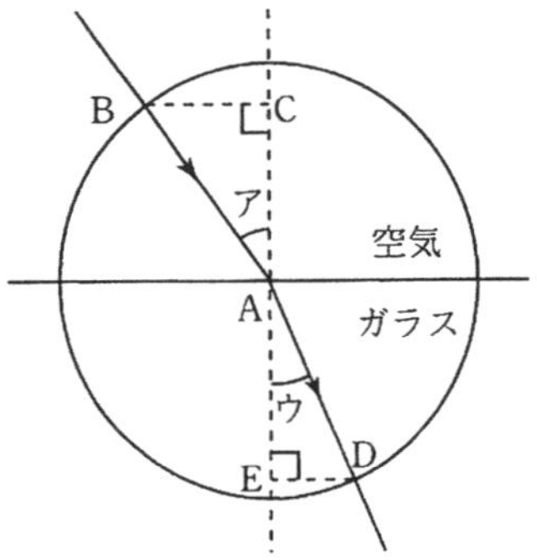

図4

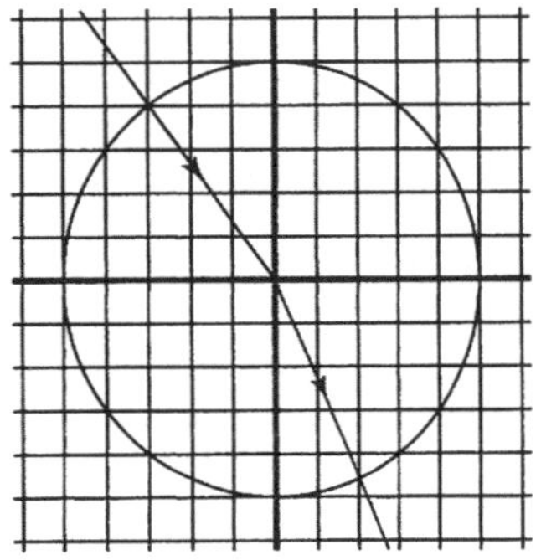

図5

2　このとき（図5）のくっ折率はいくらですか。

3　ガラスから空気に光が進むときも、図4の光線の向きを逆にすれば、同じ「きまり」が成り立ちます。ガラスから空気に光が進むときの光の道筋を、解答用紙の図に書き入れなさい。定規を使えませんので、光の道筋の線は、始点と終点をなるべくまっすぐ結ぶように書いてください。

4　3のとき、ガラスと空気の境目で反射する光もあります。反射光を解答用紙の図に書き入れなさい。

5　ガラスではなく、水で同じ実験をします。水の場合のくっ折率を調べたところ、1.33であることがわかりました。図4で、空気中を進む光の道筋が同じとき、水に入ったときのウの角度は、ガラスの場合と比べてどのように変化しますか。下の文章の｛　　　｝からあてはまるものを1つ選びなさい。

図4のアの角（入射角）を同じにして実験した場合、図4のBCの長さは同じであるが、水のくっ折率がガラスよりも｛①　**大き・小さ**｝いため、(BCの長さ）÷（DEの長さ）はガラスよりも｛②　**大き・小さ**｝くなる。したがって、DEの長さはガラスよりも｛③　**大き・小さ**｝くなるため、ウの角はガラスよりも｛④　**大き・小さ**｝くなる。

4 下図は地球の大気（空気中）、海洋、そして陸地に存在するすべての水の量を図示したものです。図中の□の数字は、その場所に存在している水の量（体積）で、単位は千立方キロメートル（1000 km^3）です。また図中の矢印の間の数字は、1 年間に矢印の向きに移動する水の量（体積）の合計で、単位は千立方キロメートル（1000 km^3）です。なお、図中のすべての数値は地球全体で測ることはできないので推定した値で、水は液体の状態だけでなく、気体や固体の状態でも存在するすべての水を液体の水の体積に置きかえた値で示しています。

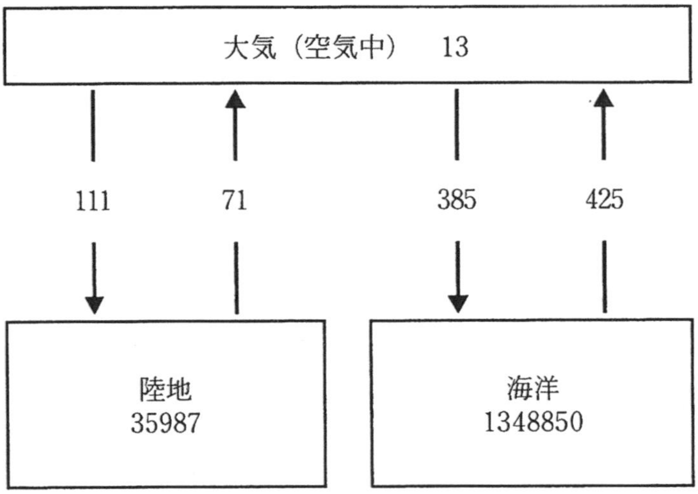

図中の数値は国立天文台編 『理科年表 2022 年版』 丸善 より引用。

1　大気中に存在する水は目に見えませんが、それを何といいますか。

2　陸地に存在するすべての水を 100%としたとき

(1)　1 番多い（76%）の水は固体の状態で存在します。それを何といいますか。漢字 2 字で答えなさい。

(2)　川や湖に存在する水は 1%もありません。それよりも多い全体で 2 番目（23%）の水は何でしょうか。漢字 3 字で答えなさい。

3　地球全体の水の量が一定で、水が存在しているそれぞれの場所で「入ってくる量」と「出ていく量」が同じであると考えたとき、陸地と海洋の間、大気中でも水は移動していることになります。

(1)　それぞれ、どの向きに水は移動しているのか。次の表のア～エの組合せの中から正しいものを1つ選びなさい。また、それぞれ移動している水の量（体積）が同じであると考えたとき、1年間で何千立方キロメートル（1000 km^3）になりますか。

	陸地と海洋の間	大気中
ア	陸地 → 海洋	陸地上の大気 → 海洋上の大気
イ	陸地 → 海洋	海洋上の大気 → 陸地上の大気
ウ	海洋 → 陸地	陸地上の大気 → 海洋上の大気
エ	海洋 → 陸地	海洋上の大気 → 陸地上の大気

(2)　大気中に存在している水の量と、1年間に大気中から「出ていく量」または大気中に「入ってくる量」をくらべ計算すると、大気中の水が何日間おきに入れかわっていることがわかります。その日数を求めなさい。答えが小数になる場合は、小数点以下を四捨五入して答えなさい。

問題は次のページに続きます。

4 海洋に存在するすべての水が、海洋の面積と海洋の深さ（平均した一定の深さ）から求められる直方体の中にあるとした場合、海洋の平均の深さは何 m になりますか。
ただし、海洋の面積は 361 百万平方キロメートル（1000000 km^2）とし、答えは十の位を四捨五入して答えなさい。

5 地球上にある水は大きく 2 つに分類されます。1 つは海水で、もう 1 つは海水以外の塩分をふくまない真水です。海水の塩分のう度は場所によって差はありますが、地球全体の平均で3.5％（海水 100 g に 3.5 g の塩分がふくまれています）です。地球上の水の量は一定で、海洋、大気、陸上の間で水が移動しているとき、海水の塩分のう度もほぼ一定で変化ありません。その理由を説明した下記の文中の下線部(1)～(3)に適語を入れ、文章を完成させなさい。

＜理由＞

水が海洋から大気中に移動するとき、海水中の塩分は (1)＿＿＿＿＿＿＿＿＿＿＿＿。そのため海水の塩分のう度は (2)＿＿＿＿＿＿＿＿＿＿。しかし、真水が (3)＿＿＿＿＿＿＿＿＿＿＿＿＿＿＿＿ので、海水の塩分のう度はほぼ一定となる。

(2) 曲線 $\overset{\frown}{AD}$ の長さと曲線 $\overset{\frown}{DB}$ の長さの比が 1 : 2 であるとき，三角形 DCO の面積は何 cm² ですか。

（求め方）

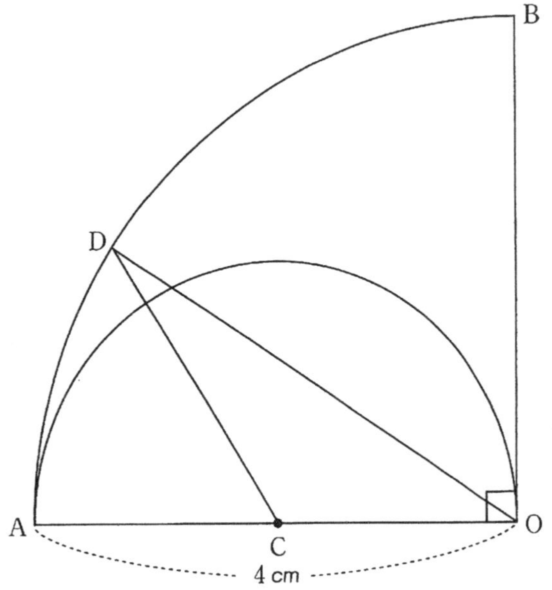

答

4 A, B, C, D, E の 5 人全員が，自分以外のだれか 1 人にメールを送ります。次の問いに答えなさい。

(1) メールを受け取るのが 2 人であるようなメールの送り方は何通りありますか。

（求め方）

答

(2) メールを受け取るのが 4 人であるようなメールの送り方は何通りありますか。

（求め方）

答

(3)　メールを受け取るのが３人であるようなメールの送り方は何通りありますか。

（求め方）

答	

5 右の表のAからGのそれぞれの欄《らん》に0か1の数を1つずつ次のようにして書きます。

A	B	C	D	E	F	G

A，B，C，Dの欄には，0か1の数を1つずつ書きます。

Eの欄には，A，B，Cの欄にある1の個数が奇数なら1を，偶数なら0を書きます。

Fの欄には，A，B，Dの欄にある1の個数が奇数なら1を，偶数なら0を書きます。

Gの欄には，A，C，Dの欄にある1の個数が奇数なら1を，偶数なら0を書きます。

次の問いに答えなさい。

(1) A，B，C，Dの欄に下のように数を書いたとき，E，F，Gの欄にあてはまる数を答えなさい。

A	B	C	D	E	F	G
0	1	1	0			

(2) 花子さんがこのやり方で数を書いたあと，町子さんがそれを別の表に書き写します。町子さんはすべての欄の数を正しく書き写すか，1つの欄だけ0と1をまちがえて書き写します。2つ以上の欄についてまちがえることはありません。

① 町子さんがまちがいなく書き写したとき，A，B，C，Eの欄にある1は何個ありますか。すべての場合を答えなさい。

② 町子さんがA，B，D，Fの欄のうち1つだけ0と1をまちがえて書き写したとき，A，B，D，Fの欄にある1は何個ありますか。すべての場合を答えなさい。

③ 町子さんが書き写した表を調べると，次のことが分かりました。

A，B，C，Eの欄にある1は1個で，A，B，D，Fの欄にある1は2個で，A，C，D，Gの欄にある1は3個でした。

町子さんが，すべての欄を正しく書き写していた場合は，答の欄に○を書きなさい。0と1をまちがえて書き写した欄がある場合は，その欄のアルファベットを書きなさい。

④ 町子さんが書き写した表が

A，B，C，Eの欄にある1は2個で，A，B，D，Fの欄にある1は3個で，A，C，D，Gの欄にある1は4個だったとします。

このとき，花子さんが書いた表の数を答の欄に書きなさい。

<table>
<tr><td rowspan="5">答</td><td>(1)</td><td><table><tr><td>A</td><td>B</td><td>C</td><td>D</td><td>E</td><td>F</td><td>G</td></tr><tr><td>0</td><td>1</td><td>1</td><td>0</td><td></td><td></td><td></td></tr></table></td></tr>
<tr><td>(2) ①</td><td></td></tr>
<tr><td>(2) ②</td><td></td></tr>
<tr><td>(2) ③</td><td></td></tr>
<tr><td>(2) ④</td><td><table><tr><td>A</td><td>B</td><td>C</td><td>D</td><td>E</td><td>F</td><td>G</td></tr><tr><td></td><td></td><td></td><td></td><td></td><td></td><td></td></tr></table></td></tr>
</table>

ここは余白です。

ここは余白です。

2023年度

社　　会

(30分)

《注意》

1. 問題は１ページから14ページまであります。始まりのチャイムが鳴ったら必ず確認してください。
2. 問題を解く前に、解答用紙に受験番号と氏名を忘れずに記入してください。
3. 答は、すべて解答用紙に書いてください。

ここは余白です。

1 次の文章を読んで、文中の（　ア　）・（　イ　）に適切な語句を入れ、――a～fの問いに答えなさい。

群馬県北部にある日本最大の山地湿原《しつげん》である（　ア　）では、明治時代から戦後にかけて、a ダムを建設する計画がありました。江戸時代から明治時代にかけては、この地を街道が通り、現在の群馬県 b 沼田《ぬまた》からは塩や油が、福島県の会津若松《あいづわかまつ》からは米や酒が運ばれていました。この山地湿原は（　イ　）川の水源の一つで、この川の下流域では、1965年に新潟水俣《にいがたみなまた》病が発生しました。（　ア　）では近年、ミズバショウなどの希少植物が c シカに食べられてしまうという被害（食害）に悩《なや》まされています。

d 鳥取県の境港《さかいみなと》は山陰《さんいん》地方を代表する漁港です。境港の南の米子《よなご》で海にそそぐ日野《ひの》川の中・上流域では、砂鉄と木炭として使うナラなどの木が豊富に得られたため、e「たたら製鉄」とよばれる製鉄法が古代より大正時代まで行われていました。鳥取県西部は平安時代に紙の産地として知られていましたが、f 1950年代には米子市に大きな製紙工場が建設され、現在も紙がさかんに生産されています。

a　①　ダムに期待される役割として、生活・工場用水の確保や発電のほかに、どのようなものがありますか。

②　ダム建設などの大規模な開発を行う際には、それが地域の自然環境《かんきょう》にどのような負担《ふたん》を与えるのかを事前に調査し、地域住民などの意見もとり入れ、必要があれば修正を加えることが法律で定められています。このような一連の手続きのことを何といいますか。

b　次の表は、沼田地方などの群馬県内各地でさかんに栽培《さいばい》されている野菜の一つで、2020年の収穫《しゅうかく》量で上位 4 位までの県を示しています。この野菜の名前をア～エから選びなさい。

	収穫量（単位 トン）	割合（%）
埼玉	22700	10.6
群馬	22400	10.5
千葉	19400	9.1
茨城	16500	7.7
全国	213900	100.0

矢野恒太記念会『日本国勢図会 2022／2023』より作成。

ア　かぼちゃ　　イ　ほうれんそう　　ウ　いちご　　エ　だいこん

c　近年、日本各地でシカによる農作物への食害が多発していますが、シカがこのような高地の湿地帯までエサを取りに現れるようになった主な理由を答えなさい。

d　日本の漁業や水産加工業では日本人労働者が集まりにくくなり、外国人労働者が支えとなっています。これらの産業が行われている地域で日本人労働者が集まりにくくなった原因を、少子高齢化以外に一つ挙げなさい。

e　次の表は、世界の粗鋼《そこう》生産量、粗鋼消費量、鋼材および半鋼材の輸入量で上位 5 位 (2020年) までの国を示しています。表中のA～Cに入る国名の正しい組み合わせを、次のア～エから選びなさい。

順位	国名	粗鋼生産量 (単位 千トン)
1	A	1064732
2	インド	100256
3	B	83186
4	C	72732
5	ロシア	71621
	世界計	1880410

国名	粗鋼消費量 (単位 千トン)
A	995040
インド	89333
C	80043
B	52630
韓国	48964
世界計	1773844

国名	鋼材・半鋼材輸入量 (単位 千トン)
A	37905
C	19880
ドイツ	18239
イタリア	15461
ベトナム	13634
世界計	386328

矢野恒太記念会『日本国勢図会 2022／2023』より作成。

ア　A　中国　B　アメリカ　C　日本

イ　A　アメリカ　B　日本　C　中国

ウ　A　アメリカ　B　中国　C　日本

エ　A　中国　B　日本　C　アメリカ

f　次の表は、日本における紙の種類別の生産量を示しています。表中のア～ウは、本などに用いられる「印刷用紙」、コピー機やプリンターなどで用いられる紙などの「情報用紙」、「段ボール原紙」の生産量のいずれかです。印刷用紙を示しているものを、ア～ウから選びなさい。

(単位 千トン)

紙の種類	2000年	2010年	2021年
ア	10004	8069	5154
イ	1737	1478	1160
ウ	9676	8647	10131

矢野恒太記念会『日本国勢図会 2022／2023』より作成。

2　次の文章を読んで、――a～gについての問いに答えなさい。

　米は主食として食べられるため、a国別の生産量をみるとアジアの人口の多い国で生産量が多くなっています。一方、日本では、1960年代以降、米離《ばな》れが進行してきました。b1人当たりの米の年間消費量は、1962年度の118.3kgをピークに減少し、2020年度は50.8kgとなり、家計の支出でみても、米よりもcパンへの支出が増えています。米が余っていることに対応して、1970年代から2010年代後半までd（　　　）政策が実施《じっし》されました。

e農業に従事する人が減り、f米の生産も減少するなか、ブランド米の開発競争が活発に行われています。産地どうしの競争がはげしくなったのは、g1995年から米をめぐる流通の仕組みが変化したことと関係があります。

a　①　次の表は、世界の米に関する統計を示しています。Aの国名を答えなさい。

米の生産	順位	米の輸出
中国	1	A
A	2	ベトナム
バングラデシュ	3	タイ
インドネシア	4	パキスタン
ベトナム	5	アメリカ

（2020年）

矢野恒太記念会『世界国勢図会2022／23年版』より作成。

　②　アジアの島国では、平地だけでなく、山地の斜面《しゃめん》を階段状にして稲作をしてきました。この斜面を利用した水田を何といいますか。

b　減少してきた理由としてまちがっているものをア～エから一つ選びなさい。

　ア　一人世帯の増加　　　　イ　共働き世帯の増加

　ウ　食生活の多様化　　　　エ　米の輸入自由化

c　日本は、パンの原料である小麦の多くを輸入に頼《たよ》っています。小麦の世界的な生産国であるウクライナを2022年２月にロシアが侵攻《しんこう》したことにより、小麦の国際価格は上昇《じょうしょう》しました。下の地図をみてウクライナの位置を、ア～エから選びなさい。

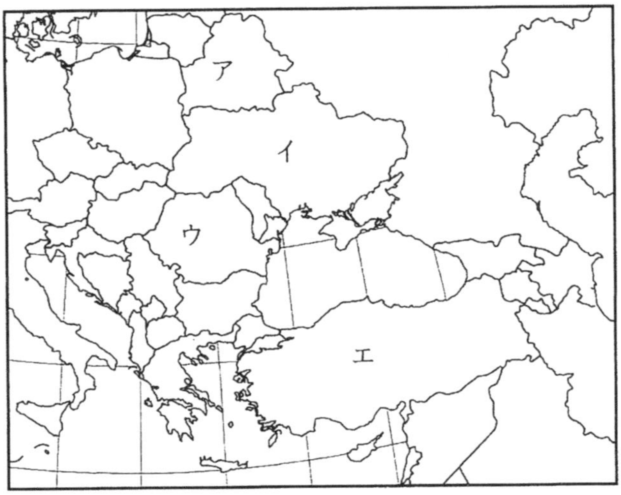

d　(　　　) に入る言葉を答えなさい。

e　下の表は産業別就業者数を表しています。表中のＡ～Ｄは「医療《いりょう》・福祉《ふくし》」、「製造業」、「情報通信業」、「教育・学習支援《しえん》業」のいずれかです。「製造業」－「医療・福祉」の正しい組み合わせを、ア～エから選びなさい。

ア　Ａ－Ｃ　　イ　Ａ－Ｄ　　ウ　Ｃ－Ｂ　　エ　Ｃ－Ｄ

(単位 万人)

	2005年	2010年	2015年	2020年
農業・林業	259	234	208	200
Ａ	1142	1049	1035	1045
Ｂ	175	196	209	240
Ｃ	553	653	784	862
Ｄ	281	288	303	339

「労働力調査結果」(総務省統計局) より作成。

f　米の生産が盛んな新潟県や富山県では、金属製品の伝統工芸が行われてきました。その技術をいかして洋食器づくりで有名な都市を、ア～ウから一つ選びなさい。

ア　燕《つばめ》　　イ　高岡《たかおか》　　ウ　小千谷《おぢや》

g　この変化は1995年に、ある法律が廃止《はいし》されたことによるものです。この法律をア～エから一つ選びなさい。

ア　食糧《しょくりょう》法　　イ　食糧管理法

ウ　農業基本法　　エ　食料・農業・農村基本法

二〇二三年度

国語

番号

氏名

※100点満点
（配点非公表）

〔一〕

問一 A B

問二

問三

問四

問五

問六 ア イ ウ

問七

問八

問九

問十

問十一

問十二

問十三① 日目

問十三②

問十三③

問十三④ 人

〔二〕

問一①

問一②

問一③

問二

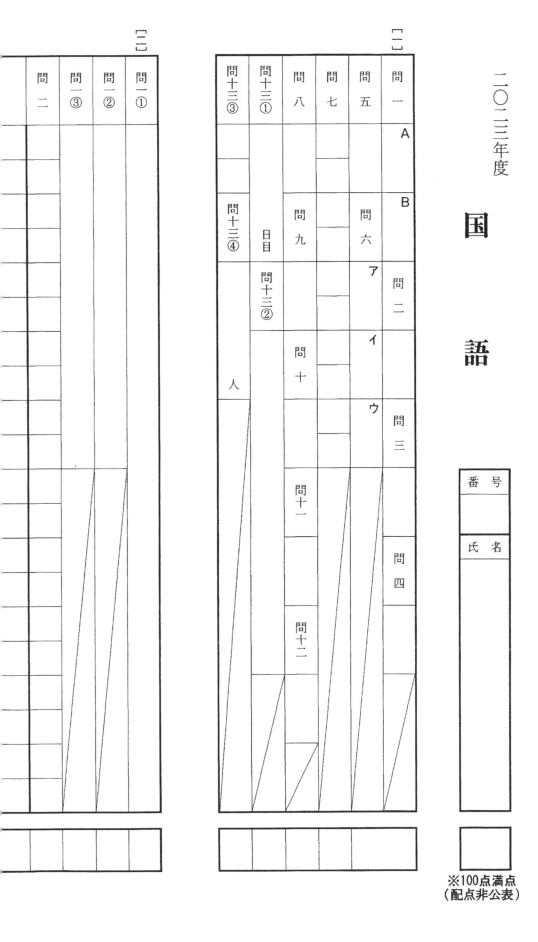

3

1	
2	

3

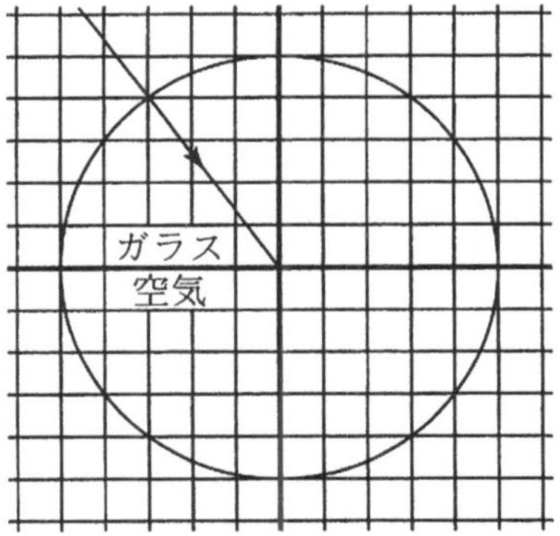

4

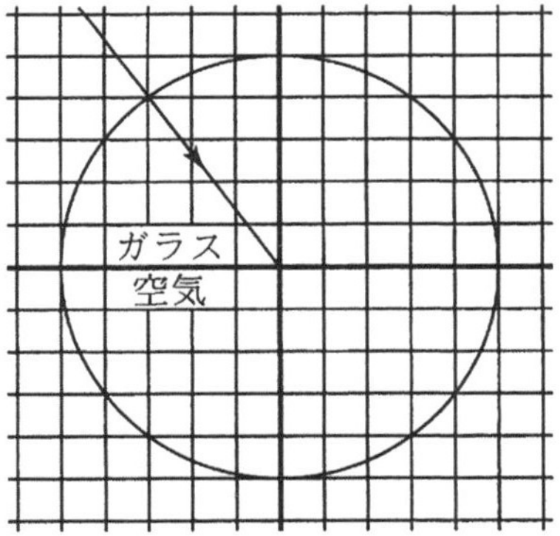

5	①		②		③		④	

4

1		2	(1)		(2)		

3	(1)	組合せ		水の量	千立方キロメートル	(2)	日	4	m

5	(1)		(2)	
	(3)			

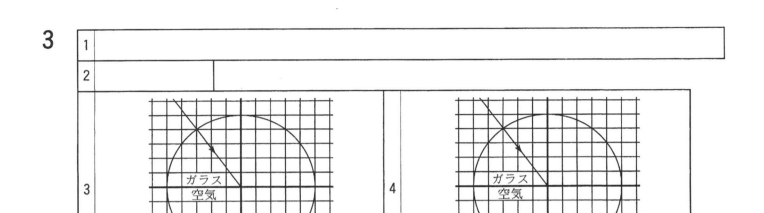

4

A	a		b		c			
B	a	①		②		b		c
C	a							
C	b		c					
D	a	県	b	①		②		c
E	a							
E	b		c					
F	a		b		c			

1	2	3	4	
				※60点満点（配点非公表）

2023年度　社　会

番号		氏名	

1

ア		イ	川	
a	①			
	②		b	
c				
d				
e		f		

2

a	①	②		b		c	
d		e		f		g	

3

a	
b	

【解答用

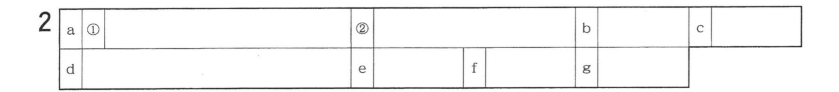

2023年度　理　　科

番号		氏名	

※60点満点
（配点非公表）

1

	実験						水よう液							
組合せ1	①		②		③		A		B		C		D	
組合せ2	①		②		③		A		B		C		D	
組合せ3	①		②		③		A		B		C		D	

2

1	(1)	
1	(2)	
1	(4)	
1	(3)	
2		
3	(1)	
3	(2)	
4	理由1	

【解答

問四

〔三〕

A

B

〔四〕

1 ます

2 する

3

4 む

5

6

7

8 る

3　次の文章を読んで、――a～eについての問いに答えなさい。

人が生活するうえで、ものやサービスを買う消費活動は必要不可欠なことですが、何にお金を使うのかは、自分自身の選択《せんたく》です。

a社会的な問題の解決に貢献《こうけん》しようとする消費活動を「エシカル消費」と呼びます。エシカルとは「倫理的《りんりてき》・道徳的」という意味の英語で、単に自分が欲しいから選ぶというだけでなく、人や社会、地球《ちきゅう》環境などが良くなるように考えて選ぶ消費活動のことです。このような消費は、b日本では2011年からとりわけ意識されるようになったと言われます。

また、自分個人のお金だけでなく、c国や地方自治体に納めた税金の使われ方も知る必要があります。税金はd国会や地方自治体の議会で使い方が話し合われ、定められます。2022年度の国家予算の歳出《さいしゅつ》をみると、日本の国民生活のための支出だけでなく、e開発途上《とじょう》国の経済援助《えんじょ》のためにも支出し、国際社会に貢献していることが分かります。

このように、私たちはお金を通じて社会とつながっており、そのお金の使い方を考えたり変えたりすることで、より良い社会を作っていくことができます。

a　エシカル消費としてあてはまらない事例を、ア～オから二つ選びなさい。

ア　地元で生産された野菜を積極的に購入《こうにゅう》する。

イ　生産者と公正な取引をしていることを示すフェアトレード商品を購入する。

ウ　戦争で難民になっている人たちを支援する団体に寄付をする。

エ　化学肥料や農薬を減らして作ったオーガニック・コットンの服を選ぶ。

オ　アレルギー成分の表示に気をつけて購入する。

b　この年に起きたできごとが、日本におけるエシカル消費の普及《ふきゅう》に影響を与えたと言われます。何がきっかけで、どのような消費活動が増えるようになったかを具体的に説明しなさい。

c　下のグラフは2013年度と2020年度の日本の財政を示したものです。グラフを参考に、日本の財政状況の説明として正しいものをア～エから一つ選びなさい。

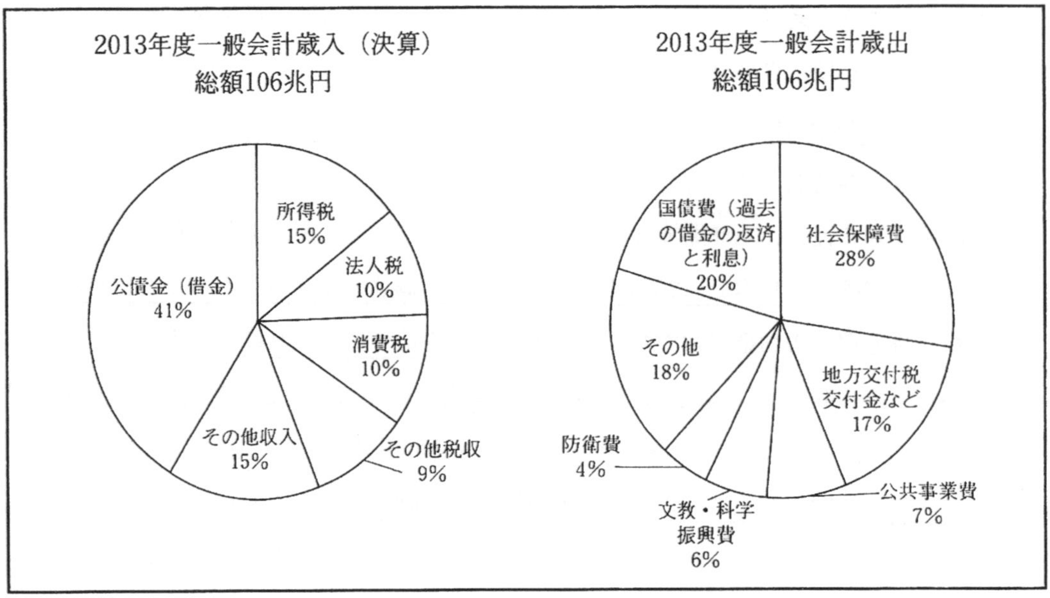

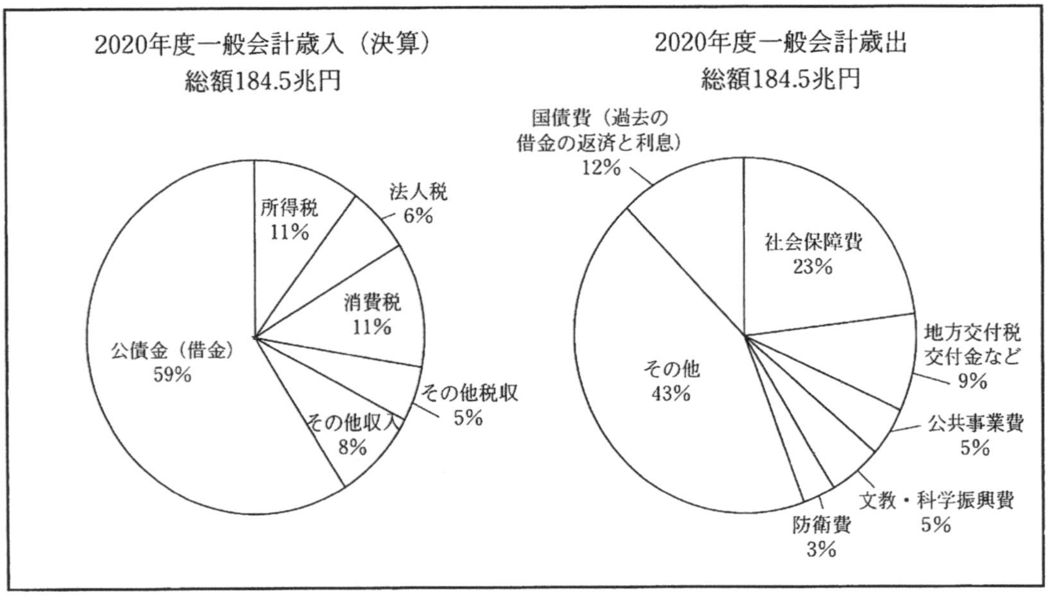

財務省資料より作成。

ア　消費税率が引き上げられたが、消費税の総額は大きく変化していない。

イ　歳入総額から公債金を引いた金額と、歳出総額から国債《こくさい》費を引いた金額を比べると、後者の方が大きいことが、日本の財政の特徴《とくちょう》といえる。

ウ　個人の所得にかかる税金による収入が、新型コロナウイルスの流行によって大幅に減ったことが読み取れる。

エ　2020年度は2013年度より国債費の額が減っており、日本の財政が黒字になりつつあることが読み取れる。

d　国会と地方自治体の議会には共通する点と異なる点がありますが、地方自治体の議会のみにあてはまる説明文を、ア～オから二つ選びなさい。

ア　首長と議会はそれぞれ別々の選挙で、住民（国民）によって選出される。

イ　二つの議会が設置されており、それぞれで審議《しんぎ》される。

ウ　住民（国民）の一定数の署名が集まれば、議員は解職させられることがある。

エ　議員定数が憲法によって定められている。

オ　議会は首長（首相）の権限に基づいて、解散させられることがある。

e　日本政府が資金を提供している国際団体に関する説明としてまちがっているものを、ア～エから一つ選びなさい。

ア　UNHCRは、紛争や迫害《はくがい》によって故郷を追われた人々の支援をしている。

イ　ユネスコは、貧困や紛争が原因で学校へ通えなかった人に対して、教育を受ける機会を提供する活動をしている。

ウ　赤十字国際委員会は、中立的な立場で紛争《ふんそう》犠牲《ぎせい》者の救援《きゅうえん》など人道的な活動をおこなっている。

エ　国際連合に対する日本の費用負担は、現在アメリカに次いで世界で 2 番目に多い。

4 次のＡ～Ｆの文は、各時代に海をわたり外国へ行った日本人について述べたものです。読んであとの問いに答えなさい。

Ａ

> 朝廷《ちょうてい》は a中国の進んだ制度や文化を取り入れるため、使節とともに留学生や僧を送りました。留学生であった阿倍仲麻呂《あべのなかまろ》は、中国で皇帝《こうてい》に仕える役人となりました。また彼は b詩歌を得意とし、中国の有名な詩人とも交流しました。30年あまり過ごした後、帰国しようとしましたが、船が難破するなどし、ついに帰国はかないませんでした。このような使節は300年ほど続きましたが、 c菅原道真《すがわらのみちざね》の意見によって廃止されました。

ａ　中国の土地制度をまねて、日本でも税を取り立てるために人々に田を分け与え、その人が死ぬと田を国に返させました。この制度は何と呼ばれましたか。

ｂ　阿倍仲麻呂は、帰国しようとしたときに「天《あま》の原　ふりさけ見れば春日《かすが》なる　三笠《みかさ》の山に　出《い》でし月かも」という歌をよみました。これはどこの風景を思い浮かべてよんだものですか。次のア～エから一つ選びなさい。

　　ア　平城京　　　イ　藤原京　　　ウ　長安《ちょうあん》の都　　　エ　平安京

ｃ　このできごとと最も近い時期のことがらを、ア～エから一つ選びなさい。

　　ア　藤原氏によって平等院鳳凰堂《ほうおうどう》が建てられた。

　　イ　かな文字で書かれた最初の歌集である古今《こきん》和歌集が編さんされた。

　　ウ　最澄《さいちょう》と空海が帰国し、新たな仏教の教えがもたらされた。

　　エ　平氏によって瀬戸内航路や大輪田泊《おおわだのとまり》が整備された。

Ｂ

> a僧の（　１　）と道元《どうげん》は、それぞれ（　２　）に渡って禅宗《ぜんしゅう》を学び、日本に伝えました。禅宗は修行《しゅぎょう》によって精神をきたえることを重視したため、武士たちに好まれました。特に（　１　）が伝えた教えは、 b以後長く幕府の将軍や有力家臣たちから信仰《しんこう》され、勢力を伸ばしていきました。また（　１　）が茶を飲む習慣を伝えたことから、のちに茶の湯が確立されました。このほか書院造《づくり》・水墨《すいぼく》画《が》・ c庭づくりの文化なども、禅宗の影響を受けて発展したものです。

a　①　（　１　）・（　２　）にあてはまる語の組み合わせとして、正しいものを次のア～エから選びなさい。

ア　１＝法然《ほうねん》　２＝明《みん》　　イ　１＝法然　２＝宋《そう》

ウ　１＝栄西《えいさい》　２＝明　　エ　１＝栄西　２＝宋

②　この時代のできごととして正しいものを、次のア～エから一つ選びなさい。

ア　村人が話し合いをして、村のきまりをつくるようになった。

イ　楽市楽座《らくいちらくざ》の命令が出され、商業がさかんになった。

ウ　牛馬を使った農耕や二毛作が行われるようになった。

エ　土一揆《つちいっき》や国一揆が、しきりに起こるようになった。

b　室町幕府の将軍を補佐《ほさ》した役職は、何と呼ばれましたか。

c　石や砂を用いて自然の風景を表現した庭のことを何と呼びますか。石庭《せきてい》以外の呼び方を答えなさい。

C

> a キリスト教を信仰する九州の３人の大名は、宣教師のすすめで少年４人を使節として b ローマへ派遣《はけん》しました。彼らは宣教師が帰国する際、ともにポルトガル船に乗り、２年半かけてヨーロッパに到着《とうちゃく》しました。現地では東洋からの使節として大歓迎を受け、c ８年後に帰国しました。この４人は、ヨーロッパに渡って帰ってきた初めての日本人といわれています。

a　大名たちがキリスト教の信者となったのは、単にその教えを信じただけでなく、ほかの理由もあったと考えられます。それはどのような理由ですか。

b　派遣地がローマであったのは、なぜですか。

c　４人が帰国した時期の政治状況として、正しいものを次のア～エから一つ選びなさい。

ア　豊臣秀吉によって宣教師が追放されたり、キリスト教の信仰が制限されていた。

イ　徳川秀忠《ひでただ》によって禁教令が出され、キリスト教信者への弾圧《だんあつ》が行われていた。

ウ　織田信長によって宣教師が保護され、布教活動がさかんに行われていた。

エ　徳川家光《いえみつ》によって鎖国《さこく》令が出され、海外から帰国することが制限されていた。

D

a 伊勢国《いせのくに》の船乗りだった大黒屋光太夫《だいこくやこうだゆう》は、b 1782年に江戸への航海中に嵐《あらし》にあって遭難《そうなん》し、7か月の漂流《ひょうりゅう》の末、北太平洋のアリューシャン列島に漂着しました。流木《りゅうぼく》で船をつくってカムチャツカ半島にたどり着き、ロシアの首都で皇帝に会って帰国を許され、c 1792年、（　　）とともに帰国しました。光太夫は幕府によって取り調べを受け、生涯《しょうがい》江戸に留め置かれました。

a　伊勢国は今の何県ですか。

b　光太夫がロシアに滞在していた時、日本では①ある人物が政治改革を行っていました。白河藩主《しらかわはんしゅ》から老中になったこの人物の改革は、やがて②人々の不満を招き、皮肉をこめた次のような歌が生まれました。

　白河の　清《きよ》きに魚《うお》の　すみかねて　もとのにごりの　田沼恋《たぬまこい》しき

① ある人物とは誰ですか。

② 人々の不満はどのような点にあったのですか。適当なものをア～ウから一つ選びなさい。

　ア　倹約《けんやく》を強制されたり、出版物が厳しく取りしまられたこと

　イ　米の値段が上がり、人々が米を買えなくなったこと

　ウ　商人の力が強くなる一方で、わいろが広がったこと

c　（　　）に入る人物は、日本との通商を求めて根室《ねむろ》に来航しました。このロシア人の名を答えなさい。

E

a 廃藩置県という重要な仕事を成し遂《と》げると、岩倉具視《ともみ》を大使とする使節団は、アメリカに向けて横浜を出発しました。彼らは、アメリカやヨーロッパの国々を訪れ、b 各国の政治制度や産業、文化などを視察して、c 2年後の1873年に帰国しました。帰国後は、海外で見てきたことなどをもとに、日本の近代化に取り組みました。

a　廃藩置県によって中央集権国家の形が整いましたが、具体的にはどのようなことが行われましたか。中央集権となったことがわかるように説明しなさい。

b　出発した時点では、この使節団にはもう一つ別の目的がありました。アメリカでその目的の達成が不可能なことを知り、視察を主な目的としました。途中であきらめた最初の目的とは何ですか。

c　使節団が外国に滞在している間、日本に残っていた政府の人々が、さまざまな政策を実行していました。この間に行われたことを、次のア～エから二つ選びなさい。

ア　沖縄県を設置した　　　　イ　徴兵令を出した

ウ　内閣制度をつくった　　　エ　地租《ちそ》改正を実施した

F

> 新渡戸稲造《にとべいなぞう》は、a札幌《さっぽろ》農学校でクラークらに学び、キリスト教の洗礼を受けました。大学入学のときに「太平洋の橋になりたい」と言った彼は、アメリカやドイツに長く留学し、外国と日本を行き来して教育につとめました。彼が日本人の思想を紹介《しょうかい》するために英語で著した『武士道』という本は、b日露《ろ》戦争の講和会議を仲立ちしたセオドア・ルーズベルト大統領にも影響を与えたといわれています。c第一次世界大戦が終わって国際連盟がつくられると、新渡戸は事務局次長になり、国際平和の実現をめざしました。

a　明治時代前半、政府は西洋の文明をすばやく取り入れるため、クラークのような学者や技師などを欧米《おうべい》からたくさん招き入れました。彼らのことを何といいますか。

b　この講和会議について正しく述べている文を、次のア～ウから一つ選びなさい。

ア　日本政府は、戦争に反対する民衆の声が大きくなったため、戦争の続行は困難と考え、アメリカに講和の仲立ちを依頼《いらい》した。

イ　ロシアは、旅順《りょじゅん》を攻《せ》め落とされ、日本海海戦でも敗れたが、降伏《こうふく》はしていなかったため、日本に賠償《ばいしょう》金を支払うことは認めなかった。

ウ　日本は、満州を支配する権利をロシアに認めさせ、満州国をつくって政治の実権をにぎった。

c　第一次世界大戦について正しく述べているものを、ア〜エから二つ選びなさい。

ア　この戦争は 4 年間にわたる大きな戦いになったが、そのころ日本は大正時代であった。

イ　この戦争では、ドイツ・ロシア・フランスなどの国々と、イギリス・アメリカなどの国々が戦い、ドイツ側が敗れた。

ウ　この戦争中、日本はヨーロッパやアメリカ、アジアへの輸出をのばし、それまでにない好景気になった。

エ　この戦争中に日本ではラジオ放送が始まり、戦争の状況《じょうきょう》に関心をよせる大衆の間にラジオが広まった。

二〇二二年度

国語

（50分）

《注意》

一、問題は一から二十ページにあります。始まりのチャイムが鳴ったら必ず確認してください。

二、問題を解く前に、解答用紙に受験番号と氏名を忘れずに記入してください。

三、答は、すべて解答用紙に書いてください。句読点や記号などは字数にふくめます。

フェリス女学院中学校

［一］ 次の文章を読んで後の問に答えなさい。

　私は町の自転車屋というものがいまだに一軒《けん》として店をたたまず、それどころか大いにはんじょうしているらしいのが不思議でならなかった。色とりどりの正札のついた最新型の自転車が彼《かれ》らのショーウィンドウにずらりと並んでいるのを横目で見ながら、私はあんな物を売りつけられないでも済む方法をみつけたつもりでいた。問四その方法によれば、私の家では向こう十年でも二十年でも一台の自転車も購《こう》入せずに済ませられるはずであった。というのも――よその土地のことは知らず――私が住んでいるこの海辺の町では、いまだ十分使用にたえる自転車を道ばたに遺棄《き》することがはやりだしていたからである。

　この地区の「粗《そ》大ゴミ」集合所に指定されている近所の原っぱに行くと、自転車ならスクラップ並みの古いのからほとんど新品同様のまで、大人《おとな》用から小児《に》用まで、あらゆるタイプとサイズの自転車が何台も捨ててあった。同じ土地の住民である私はその果かんな捨てっぷりに一驚《きょう》し、このように急激に、集団的に自転車が不用になる場合について思いめぐらさざるを得なかった。念願の自家用車《マイ・カー》に取って代わられたのか、引っこしの荷やっかいになるので処分して行ったのか、それとも新しい自転車に買いかえたのか。それにしてはまだろくに乗った形せきもない新品がまじっているのはどういうわけか。〈注1〉贓《ぞう》品のたぐいであろうか。しかもこの町のバイスィクル・ライダーの数は、年々増えこそすれ少しも減っているようには見受けられない。どうやらこの界わいには、私などの見当もつかぬ金持が多いのか、それとも物を粗末にする人間がかたまって住んでいるとしか思えなかった。

　自転車だけではなかった。ふつう一ぱんの家庭で日常使われる家具調度の品目はすべてそこに数え上げることができそうだった。なべかまからはじまって冷蔵庫にガスレンジに流し台、風呂おけにたらいに洗たく機、食堂用のいすとテーブル、応接間のソファのセット、さらには柱時計、テレビ、鏡台、スーツケースの類まで一通りそろっていた。吸入器、かつら、仏だん、ワニのはく製といったようなものさえあった。つまり、大ざっぱに言って、グランドピアノ以外の物は何であれそこで——手に入れたければ——手に入れることができるのであった。なるほどそれらの品物は、元来人間どもが問五いわゆる人間らしい文化生活を営むために必要にせまられてやむにやまれず発明したものにはちがいなかった。だがこうやって用済みになって一個ずつむざんに白日の下にさらされているのを目にすると、問六そのグロテスクさは思いの外で、まるで自分の腹からぞうもつをつかみ出して見せつけられたようなぐあいだった。なんとまあ、われわれはたくさんの汚《お》物を自分の体内に後生大事にかかえこんでいることか！

　しかし、その程度の光景にいちいちびっくりしていたのでは、時代おくれの人間と言われても仕方がなかった。もっと海のほうへ行くと、物品ばかりか、生き物もさかんにすてられていたのである。海沿いの防砂林の松林では、マルチーズやコッカー・スパニエルが何匹《ひき》も寒空にさまよっていた。ぬいぐるみかしら？　そう思って近づくと、正真正めいの生きている犬なのであった。それが飢《う》えこごえて、かれ草をしとね〈注2〉にふるえながらうずくまっているので、遠目にはよく出来たぬいぐるみにも見えるのだった。もっとも、彼らを遺棄したのは土地の人間ではなく——ここの住人ならとなりの県へ、箱根か伊《い》豆《ず》のほうへでも捨てに行くはずだ——東京からはるばる一時間ドライヴしてきた主人の手で、それとも知らずに冬空の下に置き去りにされたわけである。

　どうしてまたそのような問一a憂《う》き目を見ることになったのか。それというのも、近ごろの愛犬家にはおそろしく移り気な連中が多く、一種類の犬をしばらく飼うとたちまちあきがきて別の種類のが欲しくなる。それで何万も出して手に入れた犬をおしげもなく車の窓から捨ててしまうらしかった。あきる理由はいろいろだった。流行につられて飼ってはみたものの、毎日の世話が思いのほか面どうだったり、大きくならないペットのつもりで買ったのにどんどん肥大するので当てが外れたりして、じゃまになる。それにまた、アクセサリーとしての畜《ちく》犬は、そのけものの色がらやムードがマンションのインテリアにマッチしないという率直明快な理由からも処分される。

そんなわけで、この海辺の町ではあわれな野ら犬といえばむしろ血統書付きの高級舶《はく》来犬ばかりで、むさくるしい雑犬のほうがかえって大事にされているくらいなのである。

四つ足でさまよい歩く「粗大ゴミ」のむれ！　この残にんで無表情な呼び名を前にして不吉《きっ》な戦りつをおぼえない者がいるだろうか。まだ使える自転車どころか、生きている犬だっていとも簡単に「粗大ゴミ」にされてしまうのだから、そのうちには人間もなんらかの方法で残留組と「粗大ゴミ」の組とに仕分けされて、定期的に一つ焼きゃく炉《ろ》の中で処理されてしまうようにならないものでもなかった。しかもその風潮たるや、よくよく考えてみれば、なにも今はじまったことではない。おば捨て〈注3〉も、嬰《えい》児殺しも、アウシュヴィッツも、ヒロシマも、悪魔《ま》が人間という名の「粗大ゴミ」の始末に困りぬいて発明した能率的な処理法ではなかったか。

それはともかく、ここ数日また例の原っぱの一角に「粗大ゴミ」が「集合」しつつあった。二《ふ》た月か三月《みつき》に一ぺん市役所から回収日が告示されると、その一週間ぐらい前から日を追って家具調度の山がきずかれて行く。見ていると遠くからわざわざ小型トラックでステレオセットや洋服ダンスを捨てにくる人もいて、ちょっと見ると嫁《よめ》入り支たくでもはじめたのかと思うようだった。面白いことには、大きな品物を捨てにくる連中ほど陽気で活気にあふれていて、この情熱的なすてっぷりを見よと言わんばかりに手あらくがらくたのただ中に投げこむのだった。彼らの気はくにしりごみしながらも散歩がてらにそれとなく近づいてみて、私はいささか気を悪くしてしまうこともあった。それらの「粗大ゴミ」が私の家で珍《ちん》重しているミゼラブル〈注4〉な家具類よりもはるかに立派であることが多いからであった。

とはいえもちろん私はそれらの物に指一本ふれるべきではなかった。問七 私は足元にころがっている銀ピカの真新しそうなトースターをさもばかにしたようにくつのつま先でけったりした。また、ほこりをかぶってはいるが最新型とおぼしいミシンやトランジスタ・ラジオも思いきりけとばしてやった。だがそのくせ頭のすみでは、これならまだ使えるじゃないかとか、この程度ならちょっと修ぜんすればまだ何年も動くだろうにとか、そんなことに未練がましくこだわっているのだった。私は物をすてるという行為《い》に対する自分の〈注5〉小心翼《よく》々たる心理が度しがたいものに思われた。自分自身ふだん特に物を大事にしているわけでもないのに、いざ他人があんまり見事に物品を〈注6〉とうじんするのを目撃《げき》すると、見当外れな反省心をかきたてられる。それは私が戦争中の物資欠ぼうの時代に、いやというほど節倹《けん》貯蓄《ちく》の精神をふきこまれたあわれむべき「昭和一桁《けた》」生まれの人間だからか。それに私はきょうは小さな息《むす》子を連れてもいた。子供の手前も父親が道ばたに落ちている品物を拾い上げて点検したりするのは好もしくなかった。

そんなふうに好奇《き》心をおしかくして、色さいゆたかな「粗大ゴミ」の山を 問八 Ⓐ あおぎ見ながら、私がひそかに探しているものがないでもなかった。それは——子供用の自転車だった。私の家では上の二人に一台ずつ、いずれは下のも仲間に入ることだから都合三台の小型自転車を常時確保しておかなくてはならなかったのである。

小学生の息子たちが欲しがっていたのは、五段変速のややこしい切りかえギアを装備し、ハンドルの前にバスケット、サドルの下にあやしげな弁当箱のような物入れを取り付けた今流行のサイクリング・ツアー車だった。そのバスケットにグローヴを投げ入れて野球の練習にかけつけるのが、この辺の小学生のカッコいいスタイルとされているようだった。ところが私も妻もそのキザな乗り物に好感を持っていなかった。第一に、それは値段が高すぎる。第二に、じきに背たけがのびてサイズが合わなくなるのがわかっているのに、そんなおもちゃめいた自転車はくだらないぜいたく品である。第三に、みんなが乗っているからといって人のまねをすることはない。要するに私は、その種の高価な自転車を息子に買ってやるつもりは毛頭なかったのである。

その代わり、私はまず長男に町の自転車屋で中古の子供用自転車を五千円で買いあたえて、しばらくはそれでがまんさせることにした。今なら私は大分目が肥えているからだまされないが、当時はいい買い物をしたぐらいに思っていた。中古とはいえ、とにかく全身銀色に美しく光っていたからである――早い話が、それは例の「粗大ゴミ」の一種に銀ペンキをぬりたくり、ところどころに油をさすなどして一時的に走行するようにしただけのしろものであったのだが。それが証こには、その自転車はある日とつ然音もなくこわれてしまっていた。というより、あるしゅん間からの前の車輪がてこでも動かなくなったのだった。しかし今度は私はもう自転車屋に相談に行く気はなかった――こうしてまっすぐ原っぱへやってきたほうがよほど手っ取り早かった。

問九 見わたしたところ、きょうは空き地の道路側には何台かのさびた大人の自転車しか見当たらなかった。私はわきへ回って鉄条もうをくぐりぬけ、廃《はい》品の山の裏手へとふみこんだ。子供は道のはしに立って心配顔に私に呼びかけ、そんなところへ行かないほうがいいという意味のことをさけんでいた。冬でもヘビが出ると思っているのだ。夏、私はこの草はらでめずらしく青いトウセミトンボを見かけて教えてやったりしたが、子供はその時もたえずヘビの不意の出現を警かいしている風だった。私は、ヘビはいまごろはねむっているからだいじょうぶだと言いながら、あたりを物色していた。そしてそこの冬がれた草むらの中に、私はヘビではなしに、まだかなり新しい子供用の――白いバスケットまで付いた――自転車が一台ひっくり返っているのを発見していた。だが私はべつにあわてもさわぎもしなかった。手をふれようともしなかった。真っ昼間、人通りも少なくないこんなところでわが子の自転車を調達しているのを近所の口うるさい主婦たちに見とがめられては面白くない――日が落ちてから取りにきたほうがいい。私は足元に横だおしになって冷たく光っている品物をしきりに値ぶみして、それがいつか五千円で売りつけられた「粗大ゴミ」よりはるかに上等なものだと判断せざるを得なかった。私はその場は遠目に問b目星をつけるだけでおとなしく引きかえした。問十

三歳《さい》の息子の手を引いて通りを歩きながら、私はこの子にも当分の間はあの自転車で練習させて、じょうずになったら新しいのを買ってやればいいと言い訳がましく考えていた。どこのだれかわからない――ひょっとした

らすぐ近くに住んでいるのかもしれない——よその子供のお古《ふる》をわが子に使わせるのは、父親としてはなはだ心痛むことだが、ぬすんだ品物ではないのだからはじる必要もなかった。にもかかわらず私はどこからともなく、自転車泥棒《どろぼう》！　という声が聞こえてくるように思うのだった。なぜそんなことがいまごろ急に気になりだしたかというと、それにはたわいのない理由があった——二十年以上も昔に私はそんな題名の忘れがたいイタリア映画を見たことがあったのである。

もっとも、問十一Aあの映画の自転車は問十一B今日私がうるさくせがまれているような子供の自転車ではなかった。まだ自転車が「粗大ゴミ」に成り下がっていなかった戦争直後の混乱の時代に、一台の古自転車をぬすまれたがために父と子が悲しい一日を過ごす破目になる話だった。すてるどころか、古自転車が立派に質に入った時代の話だった。長いこと失業していた父親がやっとビラはりの仕事にありついて、妻のシーツと入れかえに自転車を質屋から出す。そして幼い息子をつれて勇躍《やく》ビラはりに出かける——そんなふうに映画は始まっていたようである。だが主人公はビラをはっているすきにその自転車をぬすまれてしまう。警察に届けるが相手にされない。古自転車の市場にも行ってみる。血眼になって探しているうちに自分の自転車に乗った男をみつけるが、にげられてしまう。父親はいらいらして子供に当たりちらすが、子供はつかれと空腹でしゃがんだきり動かない。（情けないことに、あれほど感動した私ももはや断片的なシーンのいくつかしか覚えていない。白状すると私はこの筋書きも古い映画事典をたよりにたどっているのである。）父親はすねる子供を放って歩いて行くが、そのうちに背後で子供が河に落ちたというさわぎを耳にしてあわててかけつける。だが息子ではなかった！　父は子がいとおしくなり、レストランに入ってわずかの金で料理を食わせ、自分も一杯《ぱい》の酒にいい気持になる。だがとなりのテーブルではわが子と同じ位の年れいの金持の子供が両親に囲まれてごうかな食事を楽しんでいる。軽いさい布、家で待っている妻のこと、明日からの仕事のこと——たちまち父親の酔《よ》いはさめてしまう。そうしてこの父親は、苦しい一日の終わりにフットボール競技場でとうとう人の自転車をかっぱらい、子供の見ている前でとらえられる。ラストシーンは、情状しゃく量のすえしゃく放された父親が子供の手を引いて男泣きに泣きながら夕暮れの人ごみに消えて行くところで終わっていたように思う。

　私はなんだかひどく問二ア身につまされて、見終わったあとその主人公の父親のように泣きぬれていた。すべてがついこないだまでの私の身の上のようであった。戦争から帰ってきた私の父は、ビラはりこそしなかったが、自転車こそぬすまなかったが、食べる苦労にやせおとろえていたのは似たようなものだった。それにひきかえ今の私は――あの映画のうらぶれた父親に遠くおよばない。問十二［　Ⓑ　］において、死んだ自分の父親にすらおよばない。私はせいぜい子供の自転車を調達すべく「粗大ゴミ」の山におそるおそる分け入ったりするぐらいが関の山だった。私の子供らもまたしかりだった。彼らはあの映画の少年のように、かつての私のように、ボロをまとっているわけでも腹をすかしているわけでもなかった。幼い息子は、目の前を消防自動車が通り過ぎると、大きくなったらあれを買ってほしいなどと言うのだった。また市役所のし尿《にょう》〈注7〉処理車が通りかかると、あれもいつか買ってほしいなどとせがむのだった。食いふくれて満足を知らない子供たち！

　そんなわけで同じ自転車に寄せる感懐《かい》も、私の場合は子供たちとちがって骨身にしむ貧ぼうとこ独のにおいのするものばかりだった。そして自転車をすてるといえば、その昔やはり二十年近くも前にたった一度だけ私は自分の愛車を遺棄したことがあった。私は大学生で、冬の夜おそく家庭教師のアルバイト先から帰ってくる途《と》中だった。毎晩々々そんな日がつづき、金もなく楽しい事もないので私はなんとはなしに捨てばちな気分におちいっていた。私は真っ暗な中でわざと目をつぶったり両手をハンドルから放したり、寒さしのぎにただもう気ちがいのようにペダルをふんだりしてしっ走していた。と、やにわに自分の身体が宙を五メートルぐらい、ふわあっと飛んだように思った。工事中の路上に置いてあった黒いドラム缶にまともにつっこんだのだった。放り出された私は不思議なことにかすり傷ひとつ負わなかったが、古い自転車はすっかりひしゃげてしまい、完全な円であるべき車輪が不等辺四角形のようになっているのが暗がりでも見分けられた。で、私はその自転車をその場に遺棄して、歩いて家へ帰った。よごれた下着をよその家にぬぎ捨ててきたようないやな気持がしないでもなかったが、とにかくもう見る気がしなかった。いま思うと、あの時の私の自転車こそは百パーセント更《こう》生不能の「粗大ゴミ」の見本ともいうべきものだった。

ところで、昼間私が原っぱでみつけて確保したつもりでいた子供用の自転車がどうなったか？――それについて報告しておかなくてはならない。その晩私が夕食のテーブルでおもむろにその一件を打ち明けると、妻も子供たちも熱心な反応を示したのは言うまでもなかった。とりわけ上の二人の息子は、現在あてがわれているのよりも少しでもましな古自転車を欲しがっていたから、われ勝ちに現場へとかけつけることになった。しかし、私の一家五人が一団となって「粗大ゴミ」の山のふもとにとう着した時には、目あての子供用自転車はもう無くなっていた。それどころか、昼間見かけた大人用の古物さえあらかた姿を消していた。

あんなものはだれも持って行くまいと問二イタカをくくっていた私は軽率であった。おくればせながら私が気づいたことは――どうやら古自転車の回収にかけては私などをうわまわる常連がいるらしいということだった。問十三それはなんともこそばゆいような光景だった。そこにはすでに何組かの――私に似た――親子づれがいたのである。小さな女の子をつれた若い母親もいた。彼らははじめから手ぶらでやってきたのか、それとも何か廃品を出しにきたついでにほり出し物をあさっているのか、闇《やみ》の中でゴミの山をつきくずしては懐中電灯でそこここを照らしていた。それにしても、昼間は人気のないこの原っぱが夜になるとともににぎわいだすというのもゆ快な話であった。

あの子供用自転車もきっと彼らのしわざだった。彼らはおそらくこの私以上に子供に新品の自転車を買いあたえる余ゆうのない父親や母親にちがいなかった。問十四私はそんな親子のいる家庭をひどくなつかしいもののように想像して、安どの微笑《び》を禁じ得なかった。このあたりにはふところの暖かい連中ばかりが住んでいるかのように思いこんでいた私は、まちがっていたようだ。こと自転車に関しては世の中はうまく出来ている。おしげもなく捨てる人もいれば待ちかまえていて拾って行く人もいる。ただ捨てる人間は白昼堂々とやってくるのに、拾うほうは夜陰《いん》に乗じ人目をぬすんでひそかにやってくるというちがいがあるのだった。結局町の古自転車の台数はプラスマイナス・ゼロというよりはかなり不足気味で、い然として自転車業者を利する結果になっているのだろう。それにまた彼らだって、銀ペンキをぬって若干《じゃっかん》手直しを加えるだけで何千円にもなるこの「粗大ゴミ」を見のがすはずはなかった。

　先着の一家の中に同年ぱいの競争者をみつけたために、私の子供たちはひどくし激されたと見えて、負けじとばかりに廃品の山をくずしにかかっていた。『おい兄貴！　来てみろ！　こんなものがあるぜ！』『よーし、いま行くからな！　ちょっと待ってろ！』――兄と弟とが闇の中でけたたましく呼び交わしているその有様は、まるで宝の山でも探しあてたかと思うようだった。自転車さがしのつもりでやってきたのが、いまや当初の目的は見失われて物欲をむきだしにしたゴミあさりが展開されていた。問十五A暗いからいいようなものの、私はさすがにはじで顔が赤くなるのを覚えてしきりに彼らをしかりつけた。『やめろ！　きたならしいことは！』だがだれも耳をかす者はいなかった。彼らの母親までもが、いったい何を探し出そうというのか、いく重にも積み重ねてある家具の山に足をかけてガラガラと引きくずしていた。問十五B私はなおも家族にむかってさけぶのをやめなかった。『やめろ！　いい加減に！　そんなガラクタ、いくら欲ばって持って帰ったって使えやしないのだ！　使えないからこそ捨ててあるのだ！　こじきみたいなまねはよせ！　よせ！』そんなふうに口走る言葉は、私が日ごろひれき〈注8〉している見解とも現に今夜こうしてここにやって来ているその行ないとも明らかにむじゅんしているのだったが、とにかく私は彼らを引きあげさせるのにやっきになっていた。そしてそのくせ問題の子供用自転車については、もう二、三日待てばまた同じような品物が出るかもしれないなどと考えているのだった。

後刻、一家五人が明かりの下に集合してみると、五人のうち三人までは大なり小なりいかがわしい拾《しゅう》得物をたずさえてきていることがわかった。あさましいゴミあさりに加わらなかったと言えるのは、かろうじて三歳の子供だけだった。問十六 彼は最初から他のどんな品物にも目をくれずに、道ばたにころがっていたヤシの実——それも虫の食った古いかざりもののヤシの実を一個、ラグビーのボールのようにしっかりこわきにかかえていた。

（阿《あ》部《べ》昭《あきら》「自転車」）

〈注1〉ぬすみやさぎなどの犯罪行為によって不法に手に入れた品物
〈注2〉すわるときやねるときに下に敷《し》くもの
〈注3〉生まれて間もない赤んぼう
〈注4〉あわれなようす。ひさんなさま
〈注5〉気が小さくてびくびくしているさま
〈注6〉財産などを使い果たすこと
〈注7〉大便と小便
〈注8〉心の中をかくさず打ち明けること

問一 ══部a・bの言葉の文章中の意味としてふさわしいものをそれぞれ選びなさい。

a 憂き目を見る

1 相手にされなくなる

2　悲しい経験をする
3　いやな気持になる
4　意外な体験をする

b　目星をつける
1　見こみを立てる
2　目標を立てる
3　計画を立てる
4　対策を立てる

問二　～～～部ア・イと同じ意味で用いられているものをそれぞれ選びなさい。

ア　身につまされる
1　思いがけない良い知らせを聞き、身につまされて言葉が出なかった
2　これまでの努力がすべてむだになって、身につまされてしまった
3　セミが成虫になるのを最後まで見届け、身につまされる感動を覚えた
4　いたましい事件をニュースで知って、身につまされる思いがした

イ　タカをくくる
1　A君は、勉強しなくてもテストで満点を取れるだろうとタカをくくっていた
2　B君は、楽しみにしていた行事が中止になるかもしれないとタカをくくっていた
3　C君は、今日こそはたん生日のプレゼントが届くはずだとタカをくくっていた
4　D君は、宝くじの一等が万が一当たったら何を買おうかとタカをくくっていた

問三　後の問に答えなさい。

①「私」の家族は、「私」をふくめて何人家族ですか。

②いつの時代の話ですか。元号を漢字二字で書きなさい。

問四　――部「その方法」とありますが、具体的にどのような方法ですか。二十字以内で書きなさい。

問五　――部「いわゆる人間らしい文化生活」とは、どのような生活のことを言うのですか。

1　仕事であくせくするよりも家庭での団らんを大切にする温かみのある生活

2　宗教的な敬けんさや道徳的な正しさに価値を置く精神的に深みのある生活

3　物質的な豊かさを追求したり便利さや機能性を重視したりする快適な生活

4　どんなものでも最新のものやごうかなものばかりを買うぜいたくな生活

問六　――部「そのグロテスクさ」とは、どのようなことに対して言っているのですか。

1　少しでも古びたものは捨ててはばからないという派手ではなやかな生活へのあこがれがうきぼりになっていること

2　文化生活における必じゅ品と言われる多くのものが実生活においては必ずしも必要不可欠ではないという事実があらわになっていること

3　必要なら作り不要になれば容しゃなく捨てるという人間の心の自己中心的なきたならしい部分がむき出しになっていること

4　電化製品から装しょく品までありとあらゆるものを分別することなく投棄してしまう地域住民のマナーの悪さが明るみになっていること

問七 ――部「私は足元にころがっている銀ピカの真新しそうなトースターをさもばかにしたようにくつのつま先でけったりした。また、ほこりをかぶってはいるが最新型とおぼしいミシンやトランジスタ・ラジオも思いきりけとばしてやった」とありますが、このときの「私」の説明としてふさわしいものを選びなさい。

1 十分に使える新品同様のものをあとでこっそり拾いにくるために、他の人に先に見つけられないようにかくそうとしている

2 ゴミとして捨てられる新品などという自分の理解をこえたものを消し去ることで、混乱した気持を落ち着かせようとしている

3 ふだんから物を大事にあつかっている自分としては捨てられた新品を息子に見せたくないので、体《てい》よく片づけようとしている

4 他人が自分の持ち物より立派なものを捨てることがしゃくにさわりながらも、わざとゴミへの関心がないふりをしようとしている

問八 Ⓐに入るふさわしいものを選びなさい。

1 まじまじと

2 さりげなく

3 あからさまに

4 やみくもに

問九　「　」部における「私」の説明としてふさわしいものに○、そうでないものに×を書きなさい。

1　いくらでも自転車が手に入るので自転車屋という商売に対する不信感が強まっている

2　冬なのにヘビをこわがる息子が情けなく、いらだっている

3　意気ようようと捨てられた自転車を拾いに行ったのに、まだ世間体を気にしている

4　見つけた自転車をすでに自分のものにしたような気持でいる

5　ヘビのおかげで子供が危険なゴミの山に入ろうとせず、ほっとしている

6　ゴミの山をくまなく探して手ごろな子供用の自転車を見つけようとしている

問十　――部「私はこの子にも当分の間はあの自転車で練習させて、じょうずになったら新しいのを買ってやればいいと言い訳がましく考えていた」とありますが、どのようなことに対する「言い訳」なのですか。

本文中の言葉を用いて二十字以内で書きなさい。

問十一　「あの映画の自転車」（――部A）、「今日私がうるさくせがまれているような子供の自転車」（――部B）の説明としてふさわしいものをそれぞれ選びなさい。

1　親子の思い出がたくさんつまった思い入れの強いもの

2　機能や装しょく品を備えた娯《ご》楽や道楽のためのもの

3　近所の自転車屋ではめったに売っていない希少価値があるもの

4　いつでも廃品の山からほり出すことのできる不用なもの

5　家族を養っていくのになくてはならないもの

6　父子のきずなを決定的に引きさくいまわしいもの

問十二 [Ⓑ] に入るふさわしいものを選びなさい。

1 どんなことをしてでも必死に子供らを食わせるという真けんさ
2 物を大切に使うことを子供らにしっかり教えこもうとするきまじめさ
3 子供らにはじをかかせまいと自分をぎせいにしてまで働くやさしさ
4 子供らにはぜいたくをさせず拾ってきたものでがまんさせるつつましさ

問十三 ——部「それはなんともこそばゆいような光景だった」と「私」が思ったのはなぜですか。

1 ゴミの中から自転車を拾うという自分のアイデアが、だれもがやっている平ぼんなことに過ぎないと気づかされたから
2 自転車が簡単に手に入ると期待していた子供たちに、世の中はあまくないという現実を教えることができたから
3 ゴミあさりを先にやっている親子づれの姿に、まさに自分たちがこれからやろうとしていることを見てしまったから
4 競争者がいることにも気づかず、得意げに家族をつれて粗大ゴミの山をあさりにきた自分のおろかさを思い知らされたから

問十四 ━━部「私はそんな親子のいる家庭をひどくなつかしいもののように想像して、安どの微笑を禁じ得なかった」とありますが、このときの「私」の気持の説明としてふさわしいものを選びなさい。

1 つつましくも仲良く物を拾う親子を見て、自分もあのようになごやかな家族でありたいとうらやましさを感じている

2 原っぱに物を拾いに来る人々の姿を見て、自分の子供時代と同様に使える物は拾って使うのが当然だと改めて確信している

3 人目をしのんで物を拾う人々の姿に戦後の物のない時代が思い出されたが、現代はもうそこまで悲さんではないのだと気を取り直している

4 この町にも捨てられた物を利用して生活している人々がいるのだと、自身の生まれ育ったかん境が思い合わされ親近感を覚えている

問十五 「暗いからいいようなものの、〜『やめろ！ きたならしいことは！』」（━━部A）「私はなおも家族にむかってさけぶのをやめなかった。〜とにかく私は彼らを引きあげさせるのにやっきになっていた」（━━部B）とありますが、このときの「私」の説明としてふさわしいものを選びなさい。

1 粗大ゴミへの関心をそれなりにおさえてきたのに、自分の心のおくにあるさもしい根性《じょう》が家族のあさましいゴミあさりによって思いがけなくあらわになった気がしてたえられないでいる

2 ゴミあさりは自分が提案したことではあったが、いざ実際に家族一丸となってやってみたところいくら探してもろくなもの一つ見つからず、落たんのあまりやけを起こしている

3 家族がむちゅうでゴミあさりに興じ欲望をむき出しにする光景にあっけにとられ、いつもの平穏《おん》な家族の姿とはあまりにかけはなれた様子をおそろしく思っている

4 ゴミあさりに熱中するあまり家族のだれもが父親である自分の言葉に耳を貸さないことに腹を立て、何としてでも家長としての権いを取りもどそうとあせっている

問十六 ――部「彼は最初から他のどんな品物にも目をくれずに、道ばたにころがっていたヤシの実――それも虫の食った古いかざりもののヤシの実を一個、ラグビーのボールのようにしっかりこわきにかかえていた」とありますが、「私」は「三歳の子供」がかかえている「ヤシの実」をどのようなものとして見ていますか。

1 家族の拾得物の中でいちばんすぐれていると本人が思っているもの

2 虫に食われた粗末なものでも小さい子供が遊ぶのにちょうどよいもの

3 この土地では子供がめったに見ることがないようなめずらしいもの

4 金せん的価値とはまったく関係なく本人が純すいに気に入ったもの

〔二〕 次の文章を読んで後の問に答えなさい。

あなたは、だれかと対話をした経験があるだろうか。会話ではなく、対話である。

よほど特別の事情がない限り、私たちは日常的に会話をしている。駅のキヨスクでチョコレートバーを買い、会社の守衛さんにあいさつし、職場で同りょうと打ち合わせをして、昼食時にショートメールで遠方の友人と近きょうを伝えあい、帰宅して家族と今日のニュースについて話し合う。このどの場面でも、私たちは会話をしている。そのいくつかは軽いやり取りであったり、ただ楽しむためであったりする。他方、仕事の打ち合わせなどはかなり真けんに、ときに厳しいやり取り合いをしなければならない。

だが、このどれもが会話であっても対話ではない。
対話とは、真理を求める会話である。対話とは、何かの問いに答えようとして、あるいは、自分の考えが正しいのかどうかを知ろうとして、だれかと話し合い、真理を探求する会話のことである。ただ情報を検さくすれば得られる単純な事実ではなく、きちんと検討しなければ得られない真理を得たいときに、人は対話をする。それは、自分を変えようとしている人が取り組むコミュニケーションである。

ショッピングや仕事でのやり取りは、自分の要望と相手の要望をすり合わせようとする交しょうである。友人や恋人との会話は、よい関係を保ち、相手を理解し、たがいに話を楽しもうとする交流である。これらの会話は有意義かもしれないが、真理の追求を目的としてはいない。対話は、何かの真理を得ようとしてたがいに意見や思考を検討し合うことである。

私たちは日常生活の中で、ほとんど対話する機会がないのではないだろうか。それは、真理の追求が日常生活で行われなくなっているからである。だが実は、対話をしなければならない場面は、日常生活の中にも、思ったよりもたくさんあるのだ。

仕事場でも、ただ当面のあたえられた業務をこなすだけではなく、仕事全体の方向性や意味が問われる場合、たとえば、「良い製品とは何か」「今はどういう時代で、どのような価値を消費者は求めているのか」「かん境問題に対して、わが社はほおかむりをしていていいのか」など真けんに論じるべきテーマは少なくないだろう。家庭でも、子どもの教育をめぐって、そもそも子どもにとっての良い人生とはなにか、そのために何を学んでほしいのか、親と子どもとはどういう関係なのか、子ばなれするとはどういうことか、これらのことについて家族で話し合う必要はないだろうか。地域でも、どのような地域を目指せばいいのか、住人はどのような価値を重んじているのか、以前からの住人と新しく来た人たちはどう交流すればよいか。本当はこうしたことについてひざをつき合わせて対話する必要があるのではないだろうか。

（河《こう》野哲也《てつや》『人は語り続けるとき、考えていない　対話と思考の哲学』岩波書店）

問一　この文章の内容を八十字以内で要約しなさい。

問二　次の中から、この文章で筆者が言っている「対話」にあたるものを二つ選びなさい。

1　今年の夏休みの旅行にどのような服を持って行くかを家族で話し合った

2　感染《せん》症《しょう》を根絶するためにどのような政策をとるべきかを政府内で議論した

3　地域の清掃《そう》をどのような順番でわりふってゆくかを町内会で討論した

4　新商品を店のたなにどのように並べればよく売れるかをチームで検討した

5　目的地に最も早く着くにはどの電車に乗ればよいかを駅員さんと相談した

6　八百屋《やおや》の店先でトマトがもう少し安くならないかと店主と交しょうした

7　より良いクラスを作るにはどうすればよいかを学級会で意見交かんした

8　久しぶりに故郷から出てくる友だちと食事の場所の打ち合わせをした

問三　あなたがだれかと会話ではなく対話したいと思う関心事と、その関心事についてのあなたの意見を二百字以内で書きなさい。

［三］「せめて」「きっと」という言葉を両方用いて三十字以内の文を一つ作りなさい。

〔四〕次の――部1～5のカタカナの部分を漢字で書きなさい。また――部6～8の漢字の読み方をひらがなで書きなさい。

1 キョクセツの多い山道　　2 城をキズく　　3 家庭サイエン　　4 身のチヂむ思い

5 胸をハる　　6 一糸乱れず行進する　　7 ラストシーンが圧巻だ　　8 歌集を編む

（問題は以上です。）

＊問題文に使用した作品における難しい漢字表記は、現在一ぱん的に使われている漢字またはひらがなに改めるか読みがなをほどこすかしてあります。また、送りがなを加えたりけずったりしたものもあります。なお、今日の人権意識に照らして不当・不適切と思われる語句や表現については、原文の歴史性と文学性とにかんがみ、そのままとしました。

ここは余白です。

2022年度

算　数

（50分）

《注意》

1．問題は１ページから11ページまであります。始まりのチャイムが鳴ったら必ず確認してください。

2．問題を解く前に、受験番号と氏名を忘れずに記入してください。

3．答は、答の欄《らん》にはっきりと書いてください。

4．答を出すのに必要な図や式や計算を、その問題のところにはっきりと書いてください。

5．円周率を使う場合は 3.14 としてください。

受験番号		氏名	

※100点満点
（配点非公表）

得点	

ここは余白です。

1 次の問いに答えなさい。

(1) 次の□にあてはまる数を求めなさい。

$$1\frac{21}{20}-\left\{2.1\div(\square-4.125)-\frac{7}{4}\right\}=\frac{7}{5}$$

答

(2)　容器Aには，濃さが9%の食塩水が210g入っています。

容器Bには，濃さが2%の食塩水が280g入っています。

容器Aから食塩水をくみ出し，容器Bからは容器Aからくみ出した量の2倍の食塩水をくみ出します。続いて，容器Aからくみ出した食塩水を容器Bに入れ，容器Bからくみ出した食塩水を容器Aに入れ，それぞれよくかき混ぜたところ，濃さが等しくなりました。

次の[ア]，[イ]にあてはまる数を求めなさい。

①　容器Aと容器Bの食塩水の濃さは，[ア]%になりました。

答 | ア | |

②　容器Aからくみ出した食塩水は，[イ]gです。

答 | イ | |

(3)　24 を分母とする真分数 23 個と 17 を分母とする真分数 16 個の，あわせて 39 個の数を小さい順に並べた数の列を考えます。[ア]～[ウ]にあてはまる数を求めなさい。

この数の列において，となりどうしの数の差が最も大きくなるとき，その差の値は[ア]で，となりどうしの数の差が最も小さくなるとき，その差の値は[イ]です。

また，となりどうしの数の差をすべて加えた和の値は[ウ]です。

答	ア		イ		ウ	

(4)　図のように三角形 ABC と三角形 BDE があります。

点 B は直線 AD の真ん中の点で，点 E は直線 BC 上の点です。また，直線 BC の長さは 11cm で，直線 AC と直線 DE の長さは等しく，㋐の角と㋑の角の大きさは等しいです。

三角形 ABC の面積が 22cm^2 のとき，直線 BE の長さは[　　]cm です。[　　]にあてはまる数を求めなさい。

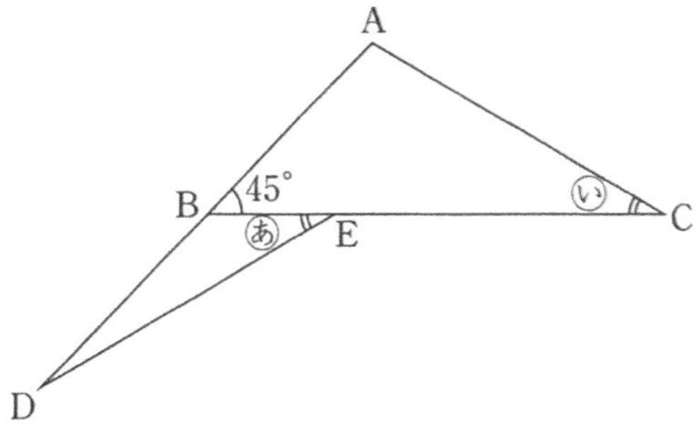

答

(5) 白い碁《ご》石と黒い碁石がたくさんあります。この中の６つの碁石を次のⒶ，Ⓑ，Ⓒの規則にしたがって横一列に並べます。

Ⓐ 白い碁石を３つ以上使う。

Ⓑ 白い碁石を３つ以上連続して並べない。

Ⓒ 黒い碁石を３つ以上連続して並べない。

次の［ア］～［ウ］にあてはまる数を求めなさい。

① 左はしと右はしが黒い碁石になる並べ方は［ア］通りあります。

② 左はしと右はしが白い碁石になる並べ方は［イ］通りあります。

③ 左から３番目が白い碁石になる並べ方は［ウ］通りあります。

答	ア		イ		ウ	

2 1から100までの異なる整数が書かれた100枚のカードがあります。

まず，6の倍数が書かれているカードに赤色のシールをはりました。

次に，4の倍数が書かれているカードに黄色のシールをはりました。このとき，4の倍数が書かれているカードに赤色のシールがはられている場合は，赤色のシールをはがしてから黄色のシールをはりました。

最後に，7の倍数が書かれているカードに緑色のシールをはりました。このとき，7の倍数が書かれているカードに赤色または黄色のシールがはられている場合は，赤色または黄色のシールをはがしてから緑色のシールをはりました。

緑色のシールをはったあとの100枚のカードについて，次の ア ～ カ にあてはまる数を求めなさい。

① 緑色のシールがはられているカードは ア 枚あり，それらのカードに書かれている整数の合計は イ です。

② 黄色のシールがはられているカードは ウ 枚あり，それらのカードに書かれている整数の合計は エ です。

③ 赤色のシールがはられているカードは オ 枚あり，それらのカードに書かれている整数の合計は カ です。

答

①	ア		イ	
②	ウ		エ	
③	オ		カ	

3 Aさんと B さんが，壁《かべ》をぬります。A さんは，壁の半分の面積をぬった後，残り半分をぬるときは，はじめの 8 割のぬる速さになります。B さんは，いつも同じ速さで壁をぬることができます。次の問いに答えなさい。

(1) A さんと B さんが，同じ面積の壁をそれぞれ一人でぬったところ，ぴったり同じ日数でぬり終わりました。A さんがはじめの半分の面積をぬる速さと，B さんがぬる速さの比を，できるだけかんたんな整数の比で表しなさい。

（求め方）

答

(2) (1)でAさんとBさんが壁をぬるのにかかった日数が36日だったとします。ぬりはじめて24日後の，AさんとBさんのぬった壁の面積の比を，できるだけかんたんな整数の比で表しなさい。

（求め方）

答 | |
|---|

4 下の図のような道があります。AからB，およびCからDの道は下り坂で，BからC，およびDからEの道は平らな道で，平らな道の道のりの合計は1kmで，EからFまでは上り坂となっています。太郎さんと花子さんは，坂を上るときは時速3kmで上り，平らな道は時速4kmで進み，坂を下るときは時速5kmで下ります。太郎さんと花子さんはそれぞれAとFから同時に出発し，DとEの真ん中の地点ですれ違いました。太郎さんがFに到着する6分前に花子さんはAに到着しました。次の問いに答えなさい。

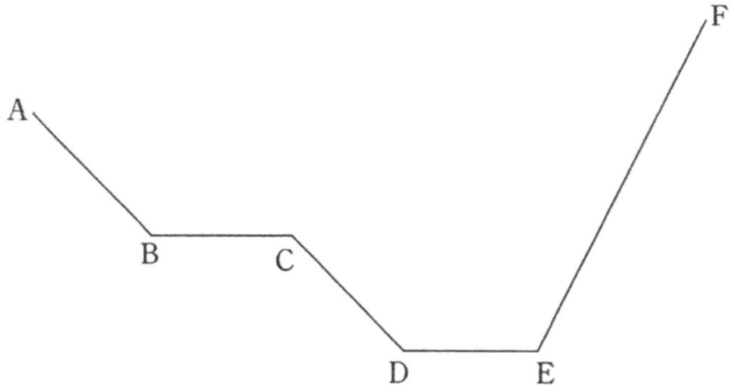

(1) BからCまでの道のりは□kmです。□にあてはまる数を求めなさい。

（求め方）

答

(2) 太郎さんと花子さんが出発してから 54 分後にすれ違ったとするとき，A から F までの道のりは □ km です。□ にあてはまる数を求めなさい。

（求め方）

答 □

5 図のようなすべての辺の長さが 12cm の三角柱があります。直線 EF の真ん中の点を M とします。

円 S は，3 点 D，E，F が含まれる平面上にあって，中心が D，半径が 12cm の円です。

円 T は，3 点 B，E，F が含まれる平面上にあって，中心が M，半径が 6cm の円です。

点 P は，円 S の円周上を動く点で，点 A から見て時計回りに 6 秒で 1 回転するように動きます。

点 Q は，円 T の円周上を動く点で，点 D から見て時計回りに動きます。

点 P，Q はどちらもはじめ点 E の位置にあり，同時に動き始めます。点 P と点 Q の動く速さの比は 10 : 3 です。

次の問いに答えなさい。(1)，(2)は ア ～ エ にあてはまる数を求めなさい。(3)は求め方も書きなさい。

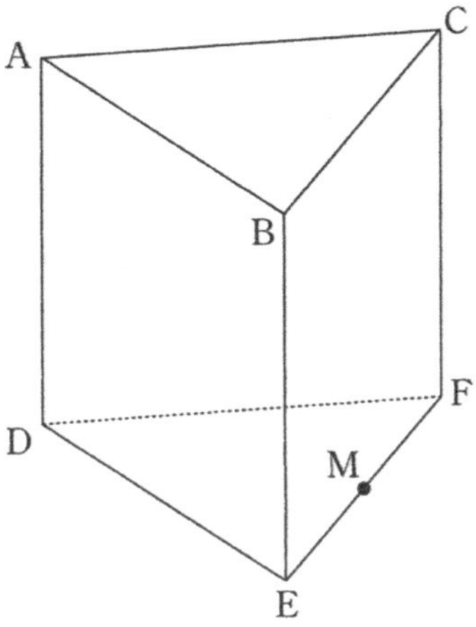

(1) 点 Q は，円 T の円周を 1 周するのに ア 秒かかります。

(2) 点 P，Q が動き始めてからはじめて出会うのは イ 秒後で，2 回目に出会うのは ウ 秒後です。99 回目に出会うのは エ 秒後です。

答	ア		イ		ウ		エ	

(3) 点Pが動き始めてから32.5秒後のとき，円Sを直線PEで2つの図形に分けます。

このうち，小さいほうの図形の面積は [オ] cm^2 です。

（求め方）

答	オ	

ここは余白です。

ここは余白です。

2022(R4) フェリス女学院中
K 教英出版

2022年度

理　　科

（30分）

《注意》

1．問題は1から11ページまであります。始まりのチャイムが鳴ったら必ず確認してください。

2．問題を解く前に、解答用紙に受験番号と氏名を忘れずに記入してください。

3．答は、すべて解答用紙に書いてください。

ここは余白です。

1　以下の３種の生物の組み合わせの中で、ひとつだけちがう性質や特ちょうをもつものを選び、ちがっている点を説明しなさい。

1　アサリ・イルカ・マグロ
2　アサガオ・ヒマワリ・ホウセンカ
3　テントウムシ・チョウ・バッタ
4　シイタケ・タマネギ・ニンジン
5　アブラナ・タンポポ・チューリップ

2　私たちは毎日の生活の中で、都市ガスやプロパンガスといった燃料を燃やして火を起こしています。燃料には様々な種類があり、用とによって使い分けられています。
今、3種類の燃料ア～ウがあります。これらの燃料を用いて、実験を行いました。

実験1　1 g の燃料アを燃やした熱で様々な温度の水を温め、水温を記録した。
実験2　1 g の燃料ア～ウを燃やした熱で0 ℃の氷100 g の入った0 ℃の水100 g を温め、水温を記録した。
実験3　1 g の燃料ア～ウを燃やしたときに発生した気体エの重さを記録した。

表1　実験1の結果

水の重さ（g）	加熱前の水温（℃）	加熱後の水温（℃）
200	0	50
200	20	70
200	40	90

表2　実験2の結果

燃　　料	加熱前の水温（℃）	加熱後の水温（℃）
ア	0	10
イ	0	20
ウ	0	28

表3　実験3の結果

燃　　料	発生した気体エの重さ（g）
ア	3.3
イ	3.0
ウ	2.8

1　ガスバーナーやアルコールランプなどの火を使う実験を行うときに、特に気をつけなければならないことを２つ答えなさい。

2　燃料が燃えると数種類の気体が発生します。その中でも気体エは地球温暖化に大きく影きょうを与えている気体の１つと言われています。気体エの特ちょうについて正しいものを１つ選びなさい。

(1)　鼻をつくようなにおいがする。
(2)　うすい塩酸に鉄を加えると発生する。
(3)　雨水にふくまれ、酸性雨の原因となる。
(4)　ムラサキキャベツの液にふきこむと、よう液の色が赤色になる。

3　燃料が燃えるためには、空気中にふくまれる気体オが必要です。気体オの特ちょうについて正しいものを１つ選びなさい。

(1)　水に全くとけない。
(2)　空気中に三番目に多くふくまれている。
(3)　石灰水に吹き込むと、石灰水が白くにごる。
(4)　オキシドール（過酸化水素水）に大根の小片を加えると発生する。

4　実験２について、燃料ア～ウの中で加熱後に氷が残っているものはどれか。番号で答えなさい。

(1)　ア　　(2)　イ　　(3)　ウ　　(4)　アとイ　　(5)　アとウ
(6)　イとウ　　(7)　アとイとウ　　(8)　どれも残らない

5　1 *g* の燃料アを燃やした熱で０℃の氷50 *g* の入った０℃の水50 *g* を温めました。加熱後の水温は何℃か答えなさい。

6　燃料ア～ウを燃やした熱で０℃の水100 *g* を51℃まで温めました。このとき気体エの発生量が最も少ない燃料をア～ウの中から記号で答えなさい。また、その燃料を燃やしたときに発生した気体エの重さを答えなさい。

3 温度が上がるとものの体積がぼう張するということについて、丸底フラスコとガラス管を用いて、2種類の温度計ア・イを作って実験をしました。

ア　何も入れていない丸底フラスコに、ガラス管のついたゴムせんをつけ、ガラス管の部分には色をつけたゼリーを入れた。

イ　赤インクで色をつけた水を丸底フラスコに満たし、ガラス管のついたゴムせんをした。

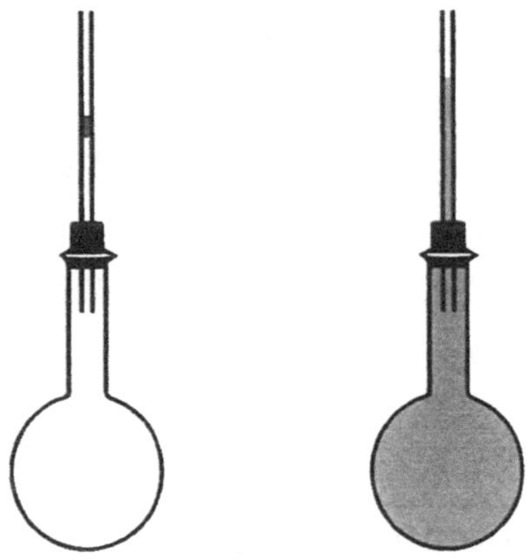

ア　　　　イ

下表はいろいろなもののぼう張率を表したものです。ぼう張率とは、ものの温度が1℃上がったとき、もとの体積を1として、どれだけ体積が増えるかという割合を表す量です。

もの	ぼう張率
水	0.00021
空気	0.0037
ガラス	0.000025

1　わずかな温度変化を調べるとき、ア・イのどちらの温度計を使うとよいですか。またその理由を答えなさい。

2　アの温度計で、水を使わずゼリーを使うのはなぜですか。

3　イの温度計で、ガラス管の断面積が 12 mm^2、フラスコ内に 20 ℃の水が 200 cm^3 入っているとすると、30 ℃のお湯につけたとき、ガラス管内の水面の高さは、およそ何 cm 上がると考えられますか。

4　実際にイの温度計を温かい水につけ、ガラス管内の水面の高さの変化をよく観察すると、はじめ少し下がってから、上がることがわかりました。なぜ少し下がるのか、その理由を答えなさい。

5　イの温度計を、よりわずかな温度変化を測れるようにするには、どのように作りかえればよいですか。

4 1年の中で昼の時間がもっとも長い日は6月21日頃の「夏至（げし）」とよばれる日です。一方、昼の時間がもっとも短い日は12月21日頃の「冬至（とうじ）」とよばれる日です。2020年の「夏至」と「冬至」は6月21日と12月21日でした。それぞれの日の横浜《はま》における日の出・日の入の時刻は下表の時刻でした。

2020年		日の出	日の入
夏至	6月21日	4時26分	19時00分
冬至	12月21日	6時47分	16時32分

1　夏至の日と冬至の日の日の出と日の入の時刻について、昼の時間（日の出の時刻から日の入の時刻まで）の長さから、次のような予想を立てました。下記の文中の｛　　　｝から当てはまるものを1つ選びなさい。

夏至の日の日の出の時刻は1年でもっとも｛① **はやく ・ おそく**｝、また夏至の日の日の入の時刻は1年でもっとも｛② **はやく ・ おそく**｝なる。一方、冬至の日の日の出の時刻は1年でもっとも｛③ **はやく ・ おそく**｝、また冬至の日の日の入の時刻は1年でもっとも｛④ **はやく ・ おそく**｝なる。

2　前問1で立てた予想が正しいかどうか、夏至の日と冬至の日それぞれ前後1か月間の日の出と日の入の時刻を調べてみました。次のページのグラフは2020年の「夏至」と「冬至」の前後1か月間の横浜における日の出と日の入の時刻を示したものです。
下記の文中の［　①　］から［　④　］に当てはまる語句をア～カの中から選び、（　①　）から（　③　）には当てはまる時刻を入れなさい。なお下記文中の｛1①｝から｛1④｝には前問1で選んだものと同じものが入ります。

2020年横浜で、日の出の時刻が1年でもっとも｛1①｝なるのは［　①　］でした。また日の入の時刻が1年でもっとも｛1②｝なるのは［　②　］で、その時刻は（　①　）でした。一方、日の出の時刻が1年でもっとも｛1③｝なるのは［　③　］で、その時刻は（　②　）でした。また、日の入の時刻が1年でもっとも｛1④｝なるのは［　④　］で、その時刻は（　③　）でした。以上のことから前問1で立てた予想は正しくないことがわかりました。

【語句】
ア．夏至の日よりも前から　　　エ．冬至の日よりも前の日
イ．夏至の日の前後10日間　　　オ．冬至の日の前後10日間
ウ．夏至の日よりも後の日　　　カ．冬至の日よりも後の日

「夏至」の前後1か月間

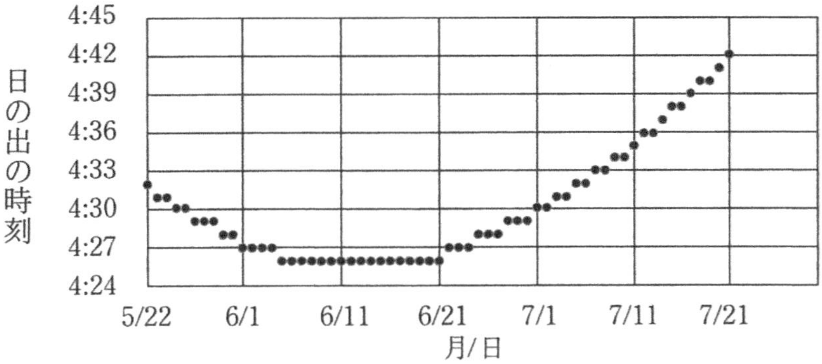

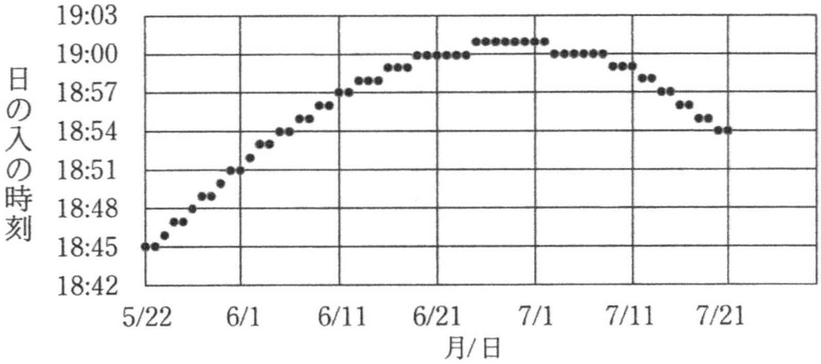

「冬至」の前後1か月間

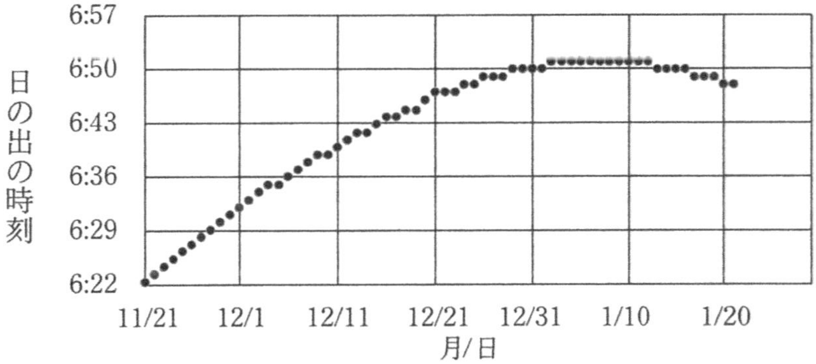

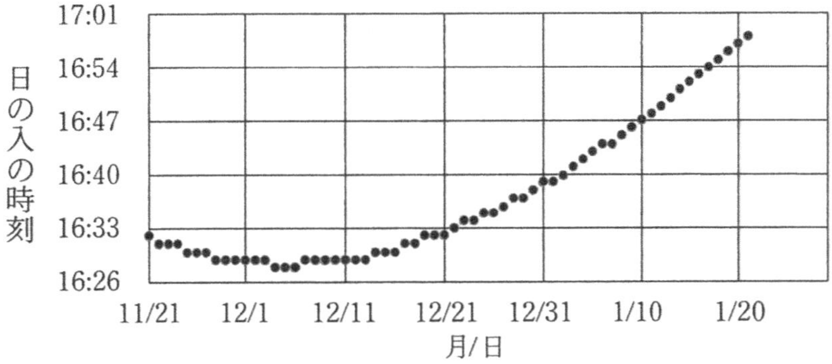

3　地上で太陽の動きを観測すると、日の出と日の入の時刻は変化しますが、太陽は、いつも同じ速さで動いているように見えます。しかし実際は、太陽が動いているのではなく、地球が一日一回転（この動きを「自転」といいます）しながら太陽のまわりを一年かけて一周（この動きを「公転」といいます）しています。その様子を示したものが下図１です。ただし、図中の太陽の大きさは地球の大きさとくらべてはるかに小さく示しています。また、図中の「地じく」とは地球が自転するときに中心となる「じく」のことです。

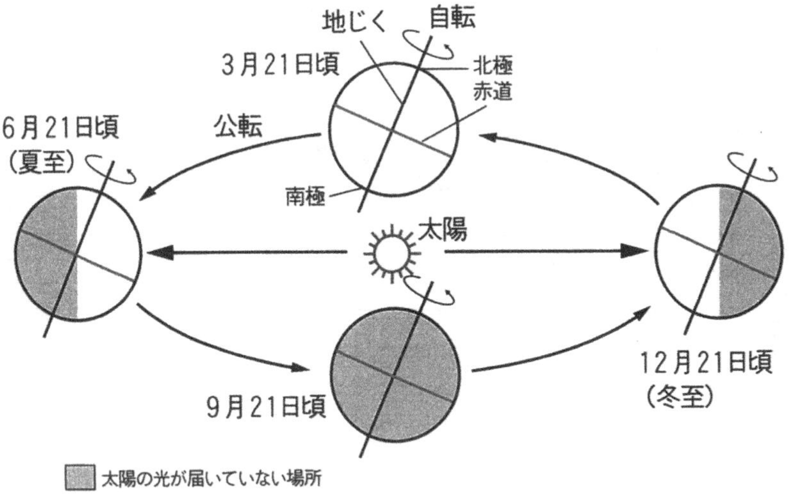

図１

横浜で太陽の動きを見ると、朝、東の方角からのぼり、昼頃、南の空でもっとも高くなります。
これを太陽の南中《なんちゅう》といいます。南中をすぎると太陽はしだいに低くなり、夕方、西の空にしずみます。右図２は、時間とともに変化する太陽の位置を、とう明な半球上に記録したものです。

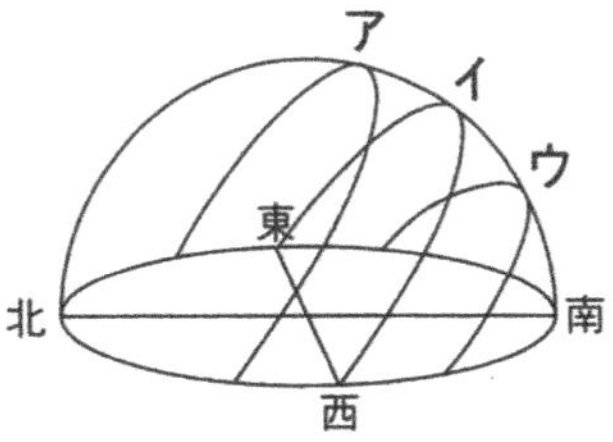

図２

⑴　下記の文中の｛　　　｝から当てはまるものを１つ選び記号で答えなさい。また季節によって太陽の通り道が変化する理由を上図１から考え、文章で説明しなさい。

夏至の日の太陽の通り道を示すものは図中の｛①　**ア・イ・ウ**｝で、日の出の方角は｛②　**ア．真東　・　イ．真東より南　・　ウ．真東より北**｝で、太陽が南中する高さは｛③　**ア．１年で１番高く　・　イ．１年の中で真ん中の高さに　・　ウ．１年で１番低く**｝なる。また、日の入の方角は｛④　**ア．真西　・　イ．真西より南　・　ウ．真西より北**｝になる。

問題は次のページに続きます。

(2) 「日時計」のように太陽の動きで時刻を決めていくと、規則正しく時を刻む「時計」の時刻とずれが起きてきます。「日時計」では太陽が南中する時刻はいつも12時ちょうどになりますが、その時刻が「時計」では12時ちょうどになっているとは限りません。下記の2つのグラフは2020年の「夏至」と「冬至」の前後1か月間の横浜における太陽の南中時刻を示したものです。

「夏至」の前後1か月間

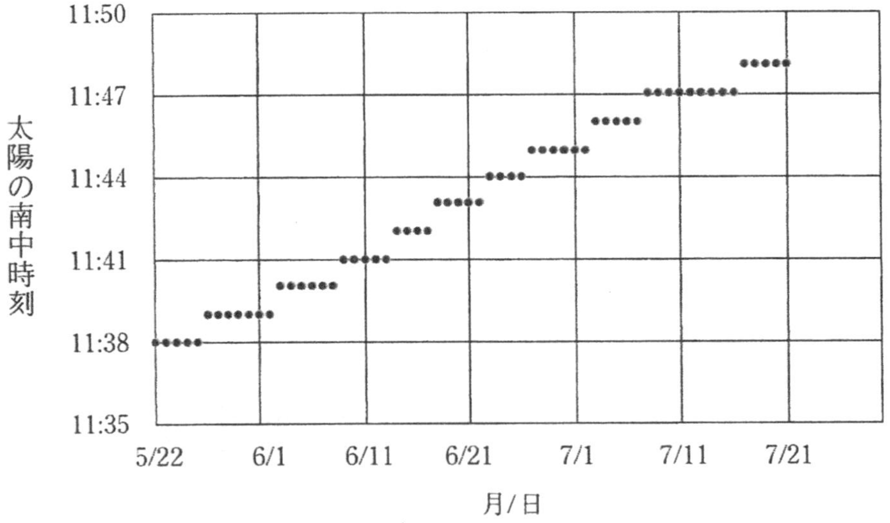

「冬至」の前後1か月間

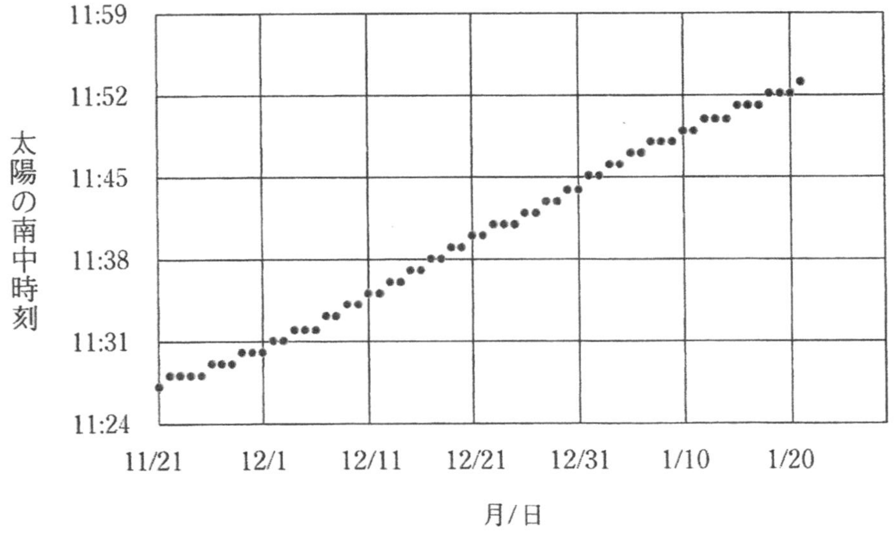

太陽が南中する時刻をいつも12時ちょうどにし、次の日の太陽が南中する時刻までを1日とすると、ある時期の1日は24時間よりも長くなり、またある時期の1日は24時間より短かくなってしまいます。そこで、私たちは実際に見えている太陽とは別にいつでも同じ速さで移動する「仮想の太陽」を考え、実際に見える太陽の速さの変化分をならした平均の長さを「1日の長さ」と定義して使っているのです。このことが、「日時計」の時刻と規則正しく時を刻む「時計」の時刻がずれる原因です。この時刻のずれを「均時差」といいます。下図のグラフは1年間の「均時差」の変化を示したものです。「均時差」が「＋（プラス）」の場合は「日時計」の時刻のほうが進んでいて、「－（マイナス）」の場合は「日時計」の時刻がおくれていることになります。

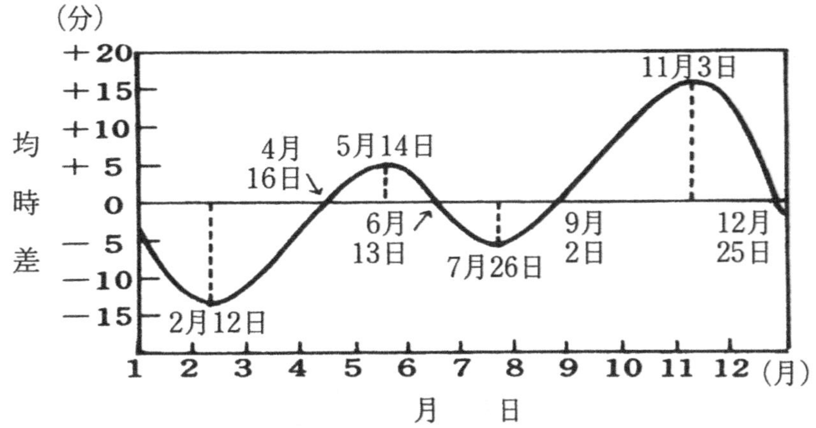

（問1）下記の文中の｛　　｝から当てはまるものを1つ選び、（　　）には当てはまる時刻または月日を入れなさい。

「夏至」と「冬至」の頃の太陽の南中時刻は前ページの2つのグラフからじょじょに｛① **はやく・おそく**｝なってきていることがわかる。また、太陽が南中する時刻に観測する場所によって時差があり、日本では、兵庫県の明石（東経135°）で南中する時刻を基準（12:00）にしているので明石よりも東に位置する横浜（東経139°）では南中時刻が19分｛② **はやく・おそく**｝なる。以上のことから横浜で（**③時刻**　　）に太陽が南中するときには「日時計」とずれがないことになり、前ページの2つのグラフと上記の「均時差」のグラフの（**④月日**　　）と（**⑤月日**　　）の記録からもそのことがわかる（**④⑤早い順に記入しなさい**）。また、前問2の［①］～［④］も上記の「均時差」のグラフにおいて、「夏至」と「冬至」の頃の太陽の南中時刻が｛⑥ **はやく・おそく**｝なってきていることから同じ結果となることがわかる。

（問2）上図のグラフのような1年間の「均時差」がうまれる理由は2つ考えられます。その1つは前問(1)の理由と同じです。もう1つの理由を2ページ前の図1から考え、文章で説明しなさい。

ここは余白です。

K 教英出版

ここは余白です。

2022年度

社　　会

（30分）

《注意》

1．問題は1ページから13ページまであります。始まりのチャイムが鳴ったら必ず確認してください。

2．問題を解く前に、解答用紙に受験番号と氏名を忘れずに記入してください。

3．答は、すべて解答用紙に書いてください。

ここは余白です。

1　次の生徒と先生の会話を読み、――ａ～ｑについての問いに答えなさい。

生徒：日本は昔、ヨーロッパの人たちから「黄金《おうごん》の国」と呼ばれていたという話を聞きましたが、本当ですか。

先生：『東方見聞録《とうほうけんぶんろく》』という、イタリアの旅行家の話をもとにした本のなかに、宮殿《きゅうでん》が黄金でできている「ジパング」という国がでてきて、これが日本のことではないかと言われています。これはその旅行家がａ元《げん》に滞在《たいざい》していた時期に聞いた話のようですが、正確なことはよくわかっていません。

生徒：本当に日本の宮殿が、黄金でつくられていたのですか。

先生：東北地方で８世紀半ばに金が発見され、これが東大寺の大仏に用いられたことは有名ですよね。それ以降もこの地方で砂金がたくさん採れ、ｂ中尊寺の金色堂《こんじきどう》などがつくられたことから、そのようなうわさが伝わったのではないかと言われています。

生徒：日本で金がたくさん採れたというのは意外な感じがします。

先生：金だけではなく銀もたくさん採れました。ｃ16世紀から17世紀にかけて、日本では世界の銀の３分の１が産出されていたそうです。

生徒：銀はそのころなぜ、たくさん採れていたのですか。

先生：ｄ16世紀に各地で鉱山開発が熱心に行われたからです。それだけでなくこのころ銀の新たな精錬《せいれん》法が伝わり、銀を大量に生産できるようになったこともあります。また16世紀末には銅も世界一の生産量となりました。

生徒：これらは輸出もされたのですか。

先生：銀はｅ南蛮《なんばん》貿易やｆ江戸時代初期の貿易、その後のｇ長崎での貿易でさかんに輸出され、輸出先の国では主に貨幣《かへい》の原料として使われました。しかし金銀の産出は17世紀後半になると減り、かわって銅が輸出されるようになります。

生徒：銅と言えば、ｈ弥生時代には青銅器が使われていたと習いましたが、銅は古代から採れていたのですか。

先生：いい質問ですね。弥生時代の青銅器の原料となった銅は、大陸からもたらされたものであったようです。国内では８世紀にｉ武蔵国《むさしのくに》でみつかり、和同開《わどうかい》珎《ちん》《ほう》がつくられたという記録があり、これが銅の産出のほぼ最初の時期とみられています。

生徒：銅も貨幣の原料として使われたのですか。

先生：はい。ただ、ｊ鎌倉時代から室町時代にかけては、中国から輸入した銅銭が使われ、国内で貨幣はつくられませんでした。k 豊臣秀吉の時代に再び貨幣がつくられるようになり、江戸時代には金貨・銀貨・銅貨の３種類が発行されました。

生徒：お金の価値と同じく、l オリンピックのメダルも金・銀・銅の順ですよね。なぜ価値が一番高いものが金なのでしょうか。

先生：金は世界的に産出量がとても少なかったため、古くから権力者だけが手にすることができる貴重な財宝でした。ただ、金に対する銀の価値は、国や時代によって異なることもありました。例えば幕末に日本が開国した時期、日本では金と銀の交換比率が１対５であったのに対し、外国では１対15の割合でした。

生徒：それでどのようなことが起こったのですか。

先生：外国商人たちは日本で銀貨を金貨と交換すると、より多くの金貨を手に入れられたので、日本の金貨がたくさん国外に持ち出されました。m 幕府は金の量を減らして質を悪くした小判を発行して対応しましたが、結果的には社会の混乱をまねきました。

生徒：そうだったのですね。明治時代以降はどうなりますか。

先生：明治政府は鉱業《こうぎょう》生産に力を入れ、西洋の近代技術を積極的に導入しました。なかでも銅山は技術革新《かくしん》により生産量が増え、銅は n 再び輸出品の一つとなりました。

生徒：そのような背景から日本で最初の公害事件といわれる o 足尾《あしお》鉱毒《こうどく》事件も起こったのですね。

先生：さらに p 日中戦争から太平洋戦争の時期になると、金や銀よりも銅の方が、q 武器や兵器などの軍需《ぐんじゅ》品の原料として重視されるようになり、増産のために国の全力が傾《かたむ》けられるようになっていきました。

生徒：そうだったのですね。日本でも金や銀が豊富に採れた時代があったことがよくわかりました。

ａ① 元は鎌倉時代に日本に攻めてきましたが、元と幕府との戦いに関係する文として、正しいものをア～ウからすべて選びなさい。

ア　元は日本を従えようと、前もって使者を何回か送ってきた。

イ　元は亀甲船《きっこうせん》という鉄製の屋根でおおわれた船で攻めてきた。

ウ　元は日本に攻めて来る前に朝鮮半島の高麗《こうらい》を征服《せいふく》していた。

② 元との対戦を指揮した幕府の執権《しっけん》は誰でしたか。漢字で答えなさい。

b　これが建てられた時期に行われていた政治の説明として、正しいものをア～ウから一つ選びなさい。

　ア　幕府がおかれ、武士による政治が行われていた。

　イ　天皇の位をゆずった上皇《じょうこう》が政治を行っていた。

　ウ　天皇が律令《りつりょう》の政治の立て直しをはかっていた。

c　このころ本格的な開発が始まった石見《いわみ》銀山は、輸出される銀の多くを産出しました。この銀山があるのは、現在の何県ですか。

d　どのような人たちが、どのような目的で鉱山開発に力を入れたのですか。16世紀という年代を手がかりに説明しなさい。

e　この貿易の相手国をア～エからすべて選びなさい。

　ア　スペイン　　イ　イギリス　　ウ　オランダ　　エ　フランス

f　この時期に海外に貿易に行くには、幕府の渡航《とこう》許可証が必要でした。この許可証のことを何といいますか。

g　江戸幕府の６代・７代将軍に仕えたある人物は、金や銀が海外に流出するのを防ぐために、長崎での貿易を制限しました。儒《じゅ》学者でもあったこの人物の名前を答えなさい。

h　弥生時代に用いられた青銅器には、どのようなものがありましたか。銅剣・銅たくのほかに、もう一つ答えなさい。

i　武蔵国は現在のどこにあたりますか。ア～エから一つ選びなさい。

　ア　東京都・神奈川県・山梨県の一部　　イ　東京都・埼玉県・千葉県の一部

　ウ　東京都・埼玉県・神奈川県の一部　　エ　東京都・埼玉県・山梨県の一部

j　このころの経済活動について述べた文として、正しいものをア～ウから一つ選びなさい。

　ア　都の東西では、朝廷が管理する市が開かれ、役人や京内の人々が必要な品物を手に入れていた。

　イ　大阪にはたくさんの蔵屋敷《くらやしき》が立ち並び、地方からの産物がここで取り引きされて、各地に流通するようになった。

　ウ　交通のさかんな場所などで、決まった日に多くの人が集まって、さまざまな品物の売買が行われるようになった。

k　次のア〜ウの史料のうち、秀吉の命令ではないものを一つ選びなさい。（史料はやさしく書き直しています。）

ア
一　奉公《ほうこう》人や上級から下級の武士にいたるまで、奥《おう》州出兵以後、新たに町人や百《ひゃく》姓《しょう》になった者があれば、その土地の者が調べ、いっさい身分を変えて住まわせてはならない。もし隠《かく》していたら町や村を処罰《しょばつ》する。
一　村々の百姓たちで田畑の耕作をせず、商売を営んだり賃《ちん》仕事に出る者がいたら、本人は申すまでもなく、村全体を処罰する。

イ
一　諸国の城は、修理をする時でも必ず届け出ること。ましてや新しい城を築くことはかたく禁止する。
一　許可なく結婚してはならない。

ウ
一　日本は神国《しんこく》であるから、キリスト教の国から、邪法《じゃほう》（有害な教え）が広められていることは、まことによくないことである。
一　宣教師は、日本に滞在することを禁止とするので、今日から20日間で準備し帰国すること。

l　1964年には東京オリンピックが開かれましたが、これと同じころのできごとをア〜ウから一つ選びなさい。

ア　経済白書に「もはや戦後ではない」と書かれた。
イ　日本と韓国との国交が正常化した。
ウ　日本が国際連合に加盟《かめい》した。

m　金の量を減らして小判の質を下げたことは、経済にどのような影響《えいきょう》を与えましたか。

n　次のグラフは、1885年の日本の輸出品の品目をあらわしています。アは何ですか。

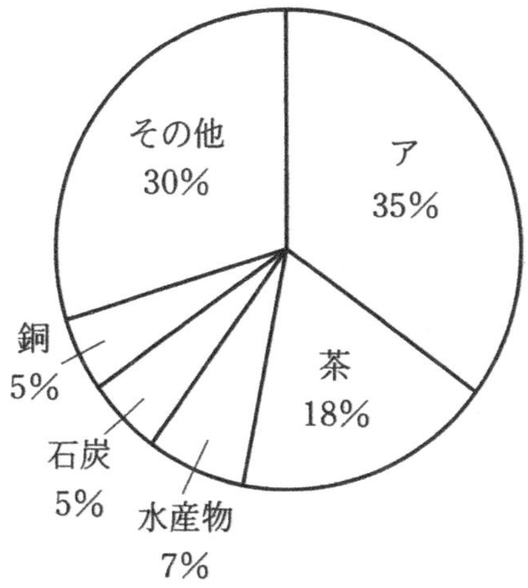

o①　鉱毒の被害をうったえ、鉱山の操業《そうぎょう》停止などを求めた人物の名前を答えなさい。

②　この鉱毒被害が広がったのは1890年頃からでした。1890年代のできごととしてまちがっているものをア～ウから一つ選びなさい。

ア　鹿鳴館《ろくめいかん》が建てられ、舞踏会《ぶとうかい》がひんぱんに開かれた。

イ　条約改正が一部実現し、領事裁判権が廃止《はいし》された。

ウ　初めての衆議院議員選挙が行われ、第１回帝国議会が開かれた。

p　この戦争が始まる前の年に、東京の中心部で大事件が起こり、その結果、軍部の力がとても大きくなりました。この事件の名前を答えなさい。

q　戦時中、物資が軍事に優先的に用いられたため、国民に必要なさまざまな物が不足しました。これに対応するためにとられた方法として、正しいものをア～ウから一つ選びなさい。

ア　砂糖《さとう》・マッチなどは、町内ごとに抽選《ちゅうせん》によって配られるようになった。

イ　政府が品物の価格をすべて高く定め、人々があまり買わないようにした。

ウ　日用品などは、不足する原料を使わず別の材料でつくられるようになった。

2　次の文章は、主に宮城県と鹿児島県について述べたものです。文中の（　1　）～（　3　）に入る言葉を答え、――a～fの問いに答えなさい。

宮城県では（　1　）平野を中心にして、稲作がさかんです。ここで栽培《さいばい》されている米の品種として、「ひとめぼれ」が有名です。この米は、梅雨や夏の時期に a（　　　）の方角から吹いてくる冷たい風がもたらす冷害にとても強い米です。b 青森県八戸《はちのへ》市付近から宮城県牡鹿《おしか》半島にかけて広がる山地で砂鉄が豊富に取れたことから、江戸時代には伊達《だて》氏の（　1　）藩などで鉄は主要産品の一つでした。伝統工芸品としての鉄製品には、さび止めとして漆《うるし》が使われてきました。岩手県二戸《にのへ》市の浄法寺《じょうぼうじ》地域は、c 現在の日本では希少となった漆の産地です。

鹿児島県の霧島《きりしま》市では、d 半導体や半導体の製造装置に使う部品の生産がさかんです。霧島の山々から流れ出る川の周辺では、e コシヒカリに由来する「ヒノヒカリ」などの米が栽培されています。活火山として有名な桜島は、1914年の噴火《ふんか》で、薩摩《さつま》半島の向かいにある（　2　）半島と陸続きになりました。この半島の太平洋側にある志布志《しぶし》港からの木材の輸出量（2018年）は全国1位で、f その多くは杉の丸太の輸出です。九州から台湾まで続く南西諸島に沿って、長さ1350キロメートル、平均深度6000～7000メートルの琉球海溝《りゅうきゅうかいこう》がのびています。この海溝は、陸側の（　3　）の下に海側の（　3　）がもぐりこむ運動によってつくられています。

a（　　　）に入る適切な言葉を、ア～エから選びなさい。

ア　北西　　イ　北東　　ウ　南西　　エ　南東

b　岩手県釜石《かまいし》市では現在も、自動車用部品などに用いられる鉄製品が生産されています。次の表は、世界の自動車生産上位3か国（アメリカ、中国、日本）の自動車生産台数とその内訳を示しています。日本にあたるものを表中のア～ウから選びなさい。

（単位 千台）

国名	生産台数	乗用車	トラック・バス
ア	25225	19994	5231
イ	8822	1927	6896
ウ	8068	6960	1108

（2020年）

矢野恒太記念会『日本国勢図会2021／22年版』より作成。

二〇二二年度

国語

番号

氏名

※100点満点
（配点非公表）

〔一〕

問一 a b
問二 ア イ
問三①
問三②
問四
問五
問六
問七
問八
問九 1 2 3 4 5 6
問十
問十一 A B
問十二
問十三
問十四
問十五
問十六

〔二〕

問一
問二

3

1		理　由	
2			
3	cm		
4			
5			

4

1	①		②		③		④			
2	①		②		③		④			
2	時　刻	①	時　　分	②	時　　分	③	時　　分			
3	(1)	①		②		③		④		
3	(1)	理　由								
3	(2)	問1	①		②		③	時　　分	④	月　　日
3	(2)	問1	⑤	月　　日	⑥					
3	(2)	問2	理　由							

3

a		b		c	
d				e	
f					

4

a					
b					
c		d		e	

※60点満点
（配点非公表）

1	2	3	4	

2022年度　社　会

番号		氏名	

1

a	①		②		b		c	県	
d									
e		f		g					
h		i		j		k		l	
m									
n		o	①		②				
p		q							

2

1		2		3			
a		b		c		d	

【解答

2022年度 理　科

番号		氏名	

※60点満点
（配点非公表）

1

	生物名	ちがい
1		
2		
3		
4		
5		

2

1	・ ・
2	
3	
4	
5	℃

【解答

問三

[三]

[四]

1

2 く

3

4 む

5 る

6

7

8 む

c　次のア～エの4つの県は、伝統工芸品の生産で知られています。これらのうち、伝統工芸品としての漆器《しっき》の生産県にあてはまらないものを一つ選びなさい。

ア　滋賀県　　イ　石川県　　ウ　福島県　　エ　青森県

d　日本は韓国・中国・台湾などと半導体の貿易を行っています。以下の表は、それらのうちの2つについて、日本が輸出入をしている品物の上位3品目（2020年）を示しています。AとBの組み合わせとして正しいものを、ア～エから選びなさい。

A

（輸入合計2兆8398億2900万円）　（輸出合計4兆7665億6000万円）

順位	Aからの輸入品	輸入額全体にしめる割合（%）	Aへの輸出品	輸出額全体にしめる割合（%）
1	機械類	26.2	機械類	39.7
	うち　集積回路	3.7	うち　集積回路	4.6
2	石油製品	10.9	鉄鋼	6.8
3	鉄鋼	9.3	プラスチック	6.2

B

（輸入合計2兆8591億2200万円）　（輸出合計4兆7391億5200万円）

順位	Bからの輸入品	輸入額全体にしめる割合（%）	Bへの輸出品	輸出額全体にしめる割合（%）
1	機械類	58.0	機械類	45.1
	うち　集積回路	40.1	うち　集積回路	15.1
2	プラスチック	3.9	プラスチック	5.7
3	鉄鋼	2.5	自動車	5.7

矢野恒太記念会『日本国勢図会2021／22年版』より作成。

ア　A－中国　　B－台湾

イ　A－台湾　　B－韓国

ウ　A－韓国　　B－台湾

エ　A－台湾　　B－中国

e　鹿児島県の農業産出額（2019年）は全国で第２位でしたが、そのうち米のしめる割合は約４％でした。この県は畜産がさかんですが、それに対して米のしめる割合が少ない理由を答えなさい。

（参照：農林水産省「生産農業所得統計」（2019年）による。）

f　杉は苗木《なえぎ》から50年以上育てると、伐採《ばっさい》に適した木になります。山に苗木を植えてから10年ほどの間、苗木の成長をうながすために毎年夏に、ある作業を行います。この作業をなんといいますか。

3　次の文章を読んで、――a～fについての問いに答えなさい。

日本はa周囲を海に囲まれており、b海流や地形の影響で多くのc魚介《かい》類が集まります。かつて、日本は世界有数の漁獲《ぎょかく》量があり、水産物の輸出が輸入を上回っていました。ところが、世界各国が水産資源やd鉱物資源に対する権利を主張できる排《はい》他《た》的《てき》経済水域を設定したこともあり、e日本の漁獲量は減少してきました。そのため、現在日本はfえびをはじめ多くの水産物を輸入しています。

a　海を利用した発電の例として海上風力発電があります。次の表は、日本の水力・原子力・火力・風力の発電量について、2010年と2018年を比べ、2010年を100とした場合の数値を表しています。風力発電を示しているものをア～エから選びなさい。

	2010年	2018年
ア	100	21.5
イ	100	96.4
ウ	100	106.8
エ	100	161.7

矢野恒太記念会『日本国勢図会2021／22年版』より作成。

b　日本海を流れる暖流の名前を答えなさい。

c　日本の魚種別漁獲量では、いわし類が最も多く獲《と》られていますが、いわしを獲る漁法をア～ウから一つ選びなさい。

　ア　はえなわ　　　イ　まきあみ　　　ウ　底引きあみ

d　日本近海では、さまざまな地下資源が確認されています。そのなかには、本来は気体ですが、海底下で氷状に固まっているものがあります。「燃える氷」ともよばれ、新しいエネルギーとして注目されているこの資源の名前を答えなさい。

e　次の図は日本の沖合《おきあい》漁業・遠洋漁業・沿岸《えんがん》漁業の漁獲量の推移を示したものです。図中のA～Cの漁業の組み合わせとして正しいものをア～エから選びなさい。

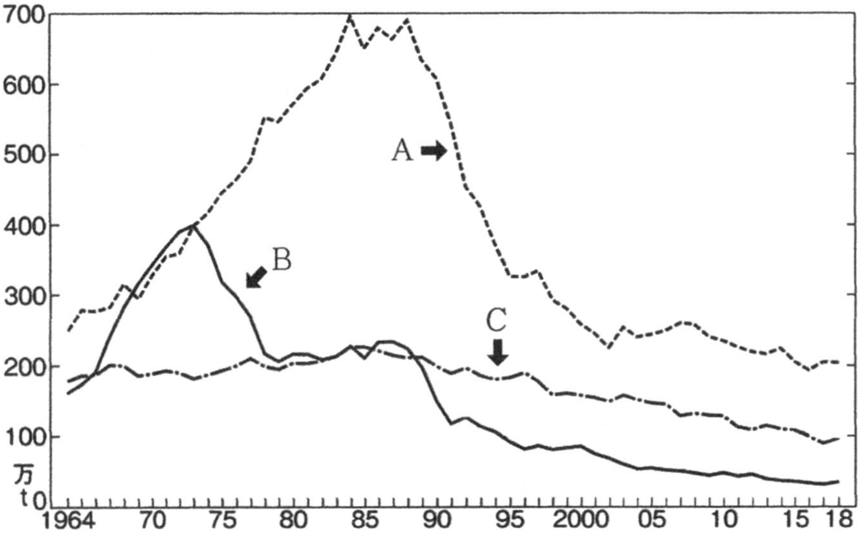

矢野恒太記念会『日本国勢図会2020／21年版』より作成。

	A	B	C
ア	遠洋漁業	沿岸漁業	沖合漁業
イ	遠洋漁業	沖合漁業	沿岸漁業
ウ	沖合漁業	遠洋漁業	沿岸漁業
エ	沖合漁業	沿岸漁業	遠洋漁業

f　日本は東南アジアの国々からえびを多く輸入していますが、養殖《ようしょく》池をつくるためにマングローブの林が破壊《はかい》されることもあります。一方、マングローブがあることで、2004年にインドネシア沖で地震が発生した際には、ある程度被害《ひがい》が抑えられました。このときマングローブはどのような役目を果たしたのか説明しなさい。

4　次の文章を読んで、――a～eについての問いに答えなさい。

日本では2006年に a バリアフリー法が施行《しこう》（2018年および2020年一部改正）され、高《こう》齢者《れいしゃ》や障がい者など、あらゆる人が不自由なく安全に施設を利用できるよう、公共交通機関や建物のバリアフリー化が義務付けられました。これにより、駅にエレベーターが設置されたり、ノンステップバスが導入されたりと、社会は少しずつ変化してきましたが、b さまざまなバリア（障壁《しょうへき》）が今も残っています。例えば、あなたが小さい頃《ころ》に遊んでいた近所の公園も、他の人にとっては危険で、楽しむことができない場所かもしれません。

2020年、東京都議会における提案がきっかけで、東京都世田谷区に c 「インクルーシブ公園」が誕生しました。インクルーシブとは「全てを含《ふく》む」という意味で、この公園には、歩行が難しかったり、体を支える力が弱かったりして、一般的《いっぱんてき》な公園で遊びづらい子どもへの配慮《はいりょ》が施《ほどこ》された遊具などがあり、障がいの有無や年齢、国籍《こくせき》に関係なくみんなで遊ぶことができます。

インクルーシブの取り組みが進んでいるアメリカや d オーストラリアでは、こうした公園の整備が進んでいますが、日本ではまだ国内に数例ほどしかありません。自分の住んでいる地域にもインクルーシブ公園を作ってほしいと望む声が各地で高まっており、市民団体が結成されたり、署名を集めて首長に提出したりと e さまざまな働きかけがなされています。

a　法律が施行されるまでの流れとして、まちがっているものをア～エから一つ選びなさい。

　ア　地方自治体の首長が、その地域の意見をまとめて法律案を提出する。

　イ　立法をつかさどる国会で話し合われ、可決されると法律が成立する。

　ウ　法律が憲法に違反《いはん》していないかどうかの審査《しんさ》は、裁判所が行うことができる。

　エ　法律が成立した後に、天皇が国民に対して公布する。

b　以下のグラフは、横浜市が障がい者を対象に実施したアンケート結果（2020年）の一部です。

「普段《ふだん》の生活で外出する時や、外出したいと思う時に困ることはどのようなことですか」（複数回答可）という質問に対し、さまざまな回答がよせられています。この回答結果を見ると、設備のバリアフリー化だけでは解決しない問題があることがわかります。こうした問題を解決するために、社会はどのようなことをしていくべきか、あなたが考える具体的な案を一つ書きなさい。

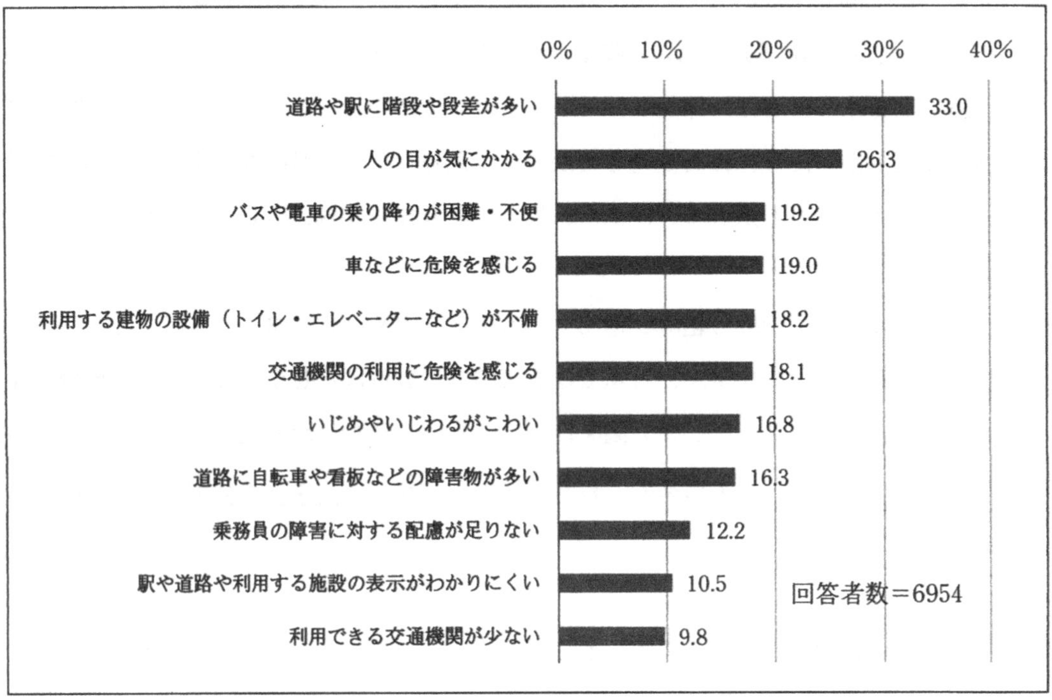

横浜市健康福祉局『第４期横浜市障害者プラン策定に向けたニーズ把握調査　結果報告書』(2020年)より作成。

c　インクルーシブ公園で見られる工夫の例として、ふさわしくないものをア～エから一つ選びなさい。

ア　お年寄りもゆっくりくつろげる広いベンチ

イ　ピクトグラム（絵文字）を使った標識

ウ　コンクリートより柔《やわ》らかいゴムチップ舗装《ほそう》を施した地面

エ　犬連れの人が利用できるドッグラン（犬専用広場）

d　オーストラリアの説明として、正しいものをア～ウから一つ選びなさい。

ア　豊かな鉱山資源があり、石炭と綿花の生産量は世界一位である。

イ　白人、アジア系の人々のほか、アボリジニと呼ばれる先住民が住む。

ウ　世界有数の石油産出国であり、OPEC《オペック》に加盟している。

e　住民が地方自治体に対して働きかける手段の一つに住民投票があります。過去に日本で行われた住民投票の争点として、まちがっているものをア～エから一つ選びなさい。

ア　米軍基地建設のための埋《う》め立《た》ての賛否を問う

イ　市町村合併《がっぺい》の賛否を問う

ウ　選択的《せんたくてき》夫婦別姓《べっせい》制度の賛否を問う

エ　原子力発電所建設の賛否を問う

二〇二一年度

国語

（50分）

《注意》

一、問題は一から十九ページにあります。始まりのチャイムが鳴ったら必ず確認してください。

二、問題を解く前に、解答用紙に受験番号と氏名を忘れずに記入してください。

三、答は、すべて解答用紙に書いてください。句読点や記号などは字数にふくめます。

四、解答用紙の一行のわく内には二行以上書かないようにしてください。

フェリス女学院中学校

［一］ 次の文章を読んで後の問に答えなさい。

校長の簡単なしょうかいが済んで、当の新任柔《じゅう》道〈注1〉師範《はん》河田三段があいさつのために壇《だん》へ登った時、その講堂の中にうやうやしく並《なみ》いた生徒達の眼《め》はみな好奇心にかがやいていた。たいていの眼はいたずら者らしい光を帯びていた。

問四A そしていよいよ河田師範の顔がそれらの眼の矢面に立ったしゅん間、生徒達はみな急にうれしくなった。後の方にすわっているものの中には、わざわざこしをのばしてながめたものもあった。そしてその眼は同じくうれしそうになって生徒達の頭の中へまた割りこんで行った。

河田師範の顔が見られたのは、本当をいえばそれが最初ではなかった。校長に導かれて、羽織はかまで着席した時にも、またその朝体操の先生達のいる部屋の中で豪傑《ごうけつ》笑いをしているときにも、河田師範は生徒の視線に六尺〈注2〉近くの巨躯《きょく》をさらしていたのではあったが、問四B いよいよ公然と生徒の前に現れる段になった時、彼《かれ》らは用意をしていたようにうれしそうな眼付きをしたのである。——

生徒達は腹からうれしさがこみ上げて来るのを感じて、「うううう」とのどをつまらせた。それは何か非常にうまいあだ名か警句がだれかから出されるのを待っているのであった。それはごくわずかなものでよかった、ほんの少しの火花のようなもの、それで結構であった。とにかく生徒達は彼らの笑いを爆《ばく》発させたかったのであった。その笑いといっても——笑わずにはいられないというよりも、むしろ笑わねばならない、全部で笑わねばならないという意識から生じて来たものなのであるが——

津《つ》田三吉《きち》もその中の一人であった。彼はその中学の最上級生の五年級の中の一人であった。

——三吉が河田師範の顔を見た時、彼も急にうれしさがこみ上げて来た。そして講堂にみなぎっている、問五 何かをきっかけに爆発したいという生徒達の意識を感じると彼は一種の圧ぱくめいたものを感じた。「ここで何かいわなければ……。」そんな欲望が彼をおそった。

次のしゅん間、三吉には心の中になにかしらない、しかし変に河田師範というものと離《はな》るべからざるあるものが思い出されて来たような気がした。それは変な気持であった。

問六 次のしゅん間には彼は自分の思い当たったことで独りでに顔が赤くなった。

「にんにくだ、にんにくだ。

　にんにくをつるしたような〈注3〉伍子胥《ごししょ》の眼。

これだ。」

三吉のその時の心の中には、そのどこで覚えたか知らない、しかも何の意味だかりょう解が出来ない川柳《りゅう》の記おくと、またどこで見たのかはっきり覚えない〈注4〉支那《な》の〈注5〉水滸伝《すいこでん》の絵図の記おくとがよみがえって来て、当の河田師範の風ぼうと三つどもえになってもみ合い、やがてこん然とゆう合されたのを感じたのであった。

「ほう見事なものだ。あれは蒙古《もうこ》だよ。水滸伝だ。にんにくを…………。」

このようにやや声高《こわ》に三吉が言った時、その近所にこもっていた、笑いの爆発の用意が堤《つつみ》を切ったように解放せられた。三吉の言葉は、そうなれば全部いってしまうのを要しなかったのである。

「蒙古、はっはははは」

「水滸伝、はっはははは」

このような笑いのうず巻の中心に位して、三吉は我ながら顔が赤くなるのを覚えた。問七a 彼は、皆《みな》と一しょになって笑えなかった、我ながら自分の言葉が効果が強く反きょうしてしまったものだから。——彼の皆を笑わせたい欲望が、我ながら感心するような警句を生み、あまり見事に当たりをとってしまったものだから、彼は一種のきまり悪さを感じたのであった。

問七b 彼は皆と一しょに笑えなかった。ただ「えへへへへへへ。」と笑ったのみだった。

式が済んでしまってからも鳴りどよもしているその笑い。離れ離れにすわっていた生徒達の親しい者同志が顔を見合わせた時、双《そう》方はここでもうれしそうな顔をした。

「変な顔だね。」言葉は省かれても両方の心は一致《ち》していた。

三吉は、やはりそんな一対が出会うやいなや冒《ぼう》頭を省いて「にんにく、はははは。」といって笑い出すのを見て満足の頂点にいた。しかも彼らはだれがそんなうまいことをいったのか知らなかった。

三吉は、五年級の運動家で、日ごろ勢力をふるっている乱暴者が、赤んぼうのように楽しそうにしてそのあだ名の命名者におしげもなく大声で賛仰《ぎょう》の声を放っているのをぼう観した時、「ここでも認められている。」という気がしてうれしさが加わった。

その男はその命名者が三吉であるとは知らない、それを三吉自身が何くわぬ顔をしている——その気持が彼にはゆ快であった。また三吉にはそんな勢力家に面と向かってほめられるよりは、問八 そのようなよろこびの方がはるかに自由なのであった。

　にんにくをつるしたような伍子胥の眼。

〈注6〉この狂《きょう》句か川柳かわからないものが三吉の記おくに留まったのは、問a いつごろかまたどこからかわからなかった。しかしそれは彼の記おくの中にわけのわからないものとして変にわだかまっていたのであった。

彼にはその記おくが、河田師範の顔を見たしゅん間に、問二ア 期せずしてかびの生えているような古い記おくのたい積からうかび上がって、その疑問を氷解したことが何よりうれしかった。それは彼に霊《れい》感——そういうものの存在を肯《こう》定せしめたほどであった。彼にはその解しゃくがもう疑うべからざるものに思えたのであった。――

彼はいい気持になってその解しゃくが成り立った段階を分せきしていた。

それによると、彼が河田師範を見たしゅん間に連想したものは、これもいつ見たか、どこで見たか知れない水滸伝の絵であった。その中に活やくしている豪傑の姿であった。それはことにまなじりがさけてそのはしが上の方へつるし上がっている所で、河田師範の容ぼうと一致していた。――それが彼自身の解しゃくでは蒙古人種の特ちょうなのであった。

そしてその連想にぴったりと合うべく伍子胥なる人物――それはもう水滸伝の豪傑にちがいないと彼には思えた――その伍子胥のにんにくをつるしたような眼が、その不可解のままでしかも変に忘れがたく、意識の底にこびりついていたその狂句の記おくから、ぽっかりとうかび上がって来たのであった。

そしてそれらが三つどもえになってもみ合い、やがてこん然とゆう合されたのであった。

にんにくをつるしたような河田の眼。

彼はこの新しい狂句を得てとほうもなく有頂天になってしまった。

しかし三吉自身はそのにんにくというものすらもさだかには知っていないのであった。

しかしそれが支那人のたしなむ、ねぎのような臭《しゅう》気を多量にもっているもの、らっきょうのような形をしたもの、薬種屋の店先につるされているもの、とばく然と覚えていた。しかしその知識をどこから得たか、また彼が一度でもそれを見、それをかいだか、また一度でも確かに薬種屋の軒《のき》でそれを見たかということにはどれにも確実な記おくを持たなかった。

そうなれば彼の解しゃくもあいまいなものなのであったが、彼はかえってそれが一種の霊感のように思えたのであった。

にんにくをもてはやしている生徒達も、そんなことにはとん着がなかった。
しかしそのにんにくという言葉の音《おん》、そのいやしく舌にこびるような音を彼らが舌の上で味わって見て、次にそれを河田師範の風ぼうの上におっかぶせる時、彼らはとつ然うれしそうに笑い出すのであった。――少なくとも三吉の友達の比野という生徒の意見はそうであった。彼はやはりそのにんにくなる言葉はきいたことがあるが、博物学的の知識を欠いていた一人であった。
三吉が比野からその意見をきいた時、三吉は例の由来の委細を、その根きょのあいまいなのにも気付かずに、得意になって〈注7〉衒《げん》学的な〈注8〉口吻《こうふん》で語ってきかせたのであった。
しかしそれでもにんにくには陰《いん》な力があって人人の口から口へ伝わってゆく。――問b この想像は三吉に気持のいいものであったし、それは事実でもあった。三吉はその証こを新しく目げきするたびに彼がひとかどの諷刺《ふうし》家になりすました気持であった。
群《むら》がっているコイに一片の麩《ふ》を投げあたえた。コイの群《むれ》にたちまち異常な喧轟《センセイション》が起こされる。――彼はそのように想像するのがうれしかった。そして一切が彼に味方しているように感じていた。
しかし彼のその得意にはだんだん暗い陰《かげ》がさしていった。そして彼をあまやかし、彼をおだて、彼に与《くみ》していた一切のものが彼を裏切り、彼に敵意を持っていると思わねばならない時がだんだんやって来た。
ある日彼らの級の柔道の時間が来たとき、その河田師範は、柔道の選手の一人を相手として寝業《ねわざ》の教授をした。師範がいろいろ説明してきかせたなかに生徒には何だかさっぱりわからないことがあった。それはチャンスという言葉なのであったが、師範がその選手の首を片手で〈注9〉扼《やく》して、残りの手で相手のうでの逆をとるという業を示した時師範はその機会という英語を使って、「こうすればチャンスだ。」といって皆の顔をうかがったのである。ある者はそれが耳の聞きちがいだろうとも思わず聞き流していた。またある者は機会《チャンス》がどうしたのだといぶかしんでいた。

しかし中にそれを意地悪く(問二イ)聞きとがめた者がいた。その男が近所の者に、「先生、玉つきとまちがってるぜ。」といった。その男の話によると玉つきでは両天びんの玉をチャンスというので、それは彼の説によるとチャンスの意味を取りちがえた玉つきの通用語なのであった。

「将棋《ぎ》のように王手飛車とでもいえばいいのに生意気に英語を使ったりするからはじをかくんだ。」といってその男はあざけった。

それが口火になって級の者が「ハハハ、チャンスか。」といってうち興じていた時、三吉にはそのチャンスというあだ名がやがて彼の命名したあだ名を圧とうするのではないかというけねんが生じた。(問九)彼はそれが心配であった。

その気持を彼は前から経験していた。それはその柔道師範に他のだれかが新しいあだ名をつけかけた時に感ずる、自分のあだ名の権威《い》に対こうしようとする者に対するにくしみやしっとの感じであった。この時にも彼はそれを感じたのであったが、そのあだ名の由来を説明してきかせた男の、――その男は級の中のしゃれ者であったが――それをいう時の柔道師範に対する悪意であった。「知らないくせに、生意気に英語を使うからはじをかくんだ」その言葉がもたらす河田師範に対する毒毒しいぶじょくを感じた。それは彼があだ名の対こう者と彼をにくむ感情と共に起こって来たのかも知れなかったが、彼は明らかにその男をにくむべき男だと思ったのであった。

(問十)しかし次のしゅん間には、それと同様のこうげきが彼自身に加えられなければならなかった。

彼は自分の顔が独りでにあかくなるのを覚えた。

ことに彼は彼の無意識に働いていた意志というものが、河田師範の容ぼうを露《ろ》骨に〈注10〉揶揄《やゆ》したものであると思った時、自分がいかに非紳《しん》士的な男であったかと思った。

次にはその報いが、――自分こそ、河田師範からにくまれねばならない人間なのだ――という考えがうかんだ。彼の心はざんげの気持では止まっていなかった。さらに先生に対する恐怖《きょうふ》に移って行ったのであった。

さらにまたそのざんげの気持は〔問十一　　〕の状態に――なぜ自分はこんなに軽はくな男なのであるか。なぜ軽はくにも、あの時、自分に、我こそそのあだ名の命名者にならなければならないという気持になったのであるか。

――

彼はその考えに責められた。ことに最も身ぶるいするほどたまらなかったのは、その時の自分の衒学的な態度、――ことに救われないように思えたのは、それが衒学でも何でもない自分の軽率な早合点ではあるまいかという考えが彼をさす時であった。

しかし一方では彼の気持とは、まるっきり無関心に彼のあだ名がひろがってゆきつつあった。――と彼には思えた。彼はその考えをひがみだと思いたかったのであったが、それが事実である証こが意地悪く彼の目にふれた。

ある日の正午の休けい時間であった。

冬の寒さにもめげず、運動場には活気がみなぎっていた。蹴《しゅう》球に使われる、まるいボールやゆがんだボールがつぎつぎにけり上げられた。そして生徒達は、運動場にはびこっているゴムマリの野球の陣《じん》をぬいながら争ってそれを取ろうとひしめいていた。また一方には〈注11〉鉄弾《ショット》を投げている一群があった。

三吉は運動が出来ない少年であったが、やはりそんな生徒は一団を造って毎日申し合わせたように風のふかないかげにより合って雑談にふけるのであった。――

その日も三吉はその群の中にいた。そして話に耳を傾《かたむ》けながらも、運動場にもみ合っている生徒達をながめていた。

その時彼は柔道のけいこ着をつけた偉《い》大な体格の男が、鉄弾《ショット》を投げる生徒の中にまざっているのを見つけた。それは疑いもなく河田師範であった。その近所には河田師範が投げるのを見るために人だかりがしていた。雑談をしていた仲間もそれを見つけると、それを見るためにかけ出して行った。

そしてそこには三吉と、平田と、も一人絵のうまい比野という生徒の三人が残っていた。しかし彼にはそこでその三人がいるということに何か気まずい思いがあった。しかし彼はそこにいた。

三吉は、だんだん師範にあだ名をつけたことが苦い悔《く》いとなっていた。そして多少のはばかりが師範に感ぜられていたものであるから、そこへかけてゆく気にはなれなかった。——

鉄弾《ショット》が、その近くに見物している生徒らの頭より高くあがって、おちるとその一群からははく手や、感たんの声がきこえた。三吉らが話を止めてその方に目をやった時、何を思ったか、その絵の得意な比野という男が、大きな声で、「にんにく」とどなった。

三吉は面食らわざるを得なかった。真顔になって「おいよせよ。」と言ったが、比野はそれをどなると、三吉のかげへ身をかくして、また、「にんにく。」とどなった。

鉄弾《ショット》の方の一群の中の数人が三吉らの方をながめた。それを見ると三吉は、はらはらした。近所にいたものも、両方を見くらべて笑っていた。その視線が三吉には、彼自身の困きゃくしているのをおもしろがって見ているように思われた。

ことにそんなに無鉄ぽうにどなった比野に対しては、「ここに、先生のあだ名をつけた男がいますよ。」と河田師範に知らせる悪意さえ感じた。

三吉は先生に知られるのをおそれていた。またそれをおそれていることが人人にわかるのをおそれていた。それを知ったら人人は思いやりなく、いくじなしだというにきまっていると思われた。彼は人人にいくじなしのように思われるのがいやであったので、ことに、その比野という男がそれを知ったら、何の容しゃもなくそれを種に三吉をおどすだろうと三吉は思っていた。そして比野はそういう方では評判の悪らつ性を持った男であった。

三吉はその比野が悪魔《ま》のような眼で、ちゃんと自分のその恐怖を見ぬいて、こんなことをするのじゃないかと邪《じゃ》推する気持もあった。

問十二 三吉には「よせよ」という言葉さえ、もう自由には出なかった。彼はそれとなく師範のいる方へ背を向けた。

比野ももう満足したらしくどならなかった。しかし彼はさらに手痛い手術を三吉に試みた。

「津田もなかなか傑《けっ》作を作るね。にんにく、とはうまくつけたな。」

彼が以前の彼なら、その賛辞を快く受け入れたであろうが彼にはもうそれが彼の傷口へあらあらしくふれるのであった。

（梶井《かじい》基《もと》次郎《ろう》「大蒜《にんにく》」）

〈注1〉学問や技芸を教える人

〈注2〉長さの単位。一尺は約三十センチメートル

〈注3〉中国、春秋時代の呉《ご》の名臣

〈注4〉中国の旧称《しょう》。今は使わない

〈注5〉中国の長編小説

〈注6〉こっけいさをねらった句

〈注7〉学問・知識があることをひけらかすさま

〈注8〉口ぶり、話しぶり
〈注9〉にぎりしめ、おさえつける
〈注10〉からかう
〈注11〉砲丸《ほうがん》投げの弾

問一 ＝＝＝部a・bの意味として正しいものを選びなさい。

a　わだかまる

1　落ちて広がる　　2　散らばってしずむ
3　たまってとどまる　　4　うかんでただよう

b　ひとかど

1　大人びていること　　2　一人前であること
3　専門的であること　　4　人気があること

問二 〰〰部ア・イの使い方として正しいものをそれぞれ選びなさい。

ア　期せずして

1　学級会では私とAさんが期せずして同じ意見を発表した
2　Bさんは自分で注文した本がやっと届いて期せずしてよろこんだ
3　野球大会で最強といわれつづけていたチームが期せずして優勝した
4　つぼみをふくらませていた花が期せずしてさきはじめた

イ　聞きとがめる

1　父は、部屋の片づけが終わったと弟が言ったのを聞きとがめて庭のそうじをたのんだ
2　階下にいる兄は、二階で私が聞いている音楽を聞きとがめて曲名を当てた
3　母は、私が勉強の進み具合についていい加減な返事をしたのを聞きとがめてしかった
4　祖父は、表通りの車のそう音をびん感に聞きとがめていつもうんざりしている

問三　「三吉」の年れいが推測できる部分を十五字以内でぬき出しなさい。

問四　「いよいよ河田師範の顔がそれらの眼の矢面に立ったしゅん間、生徒達はみな急にうれしくなった」（――部A）「いよいよ公然と生徒の前に現れる段になった時、彼らは用意をしていたようにうれしそうな眼付きをしたのである」（――部B）とありますが、このときの「生徒達」のうれしさはどのようなことに対するものですか。

1　たくましい河田師範の豪傑笑いを直接聞ける機会がとうとうやってきたこと
2　笑いを爆発させるための材料となる新任教師が今まさに目の前に現れたこと
3　校長のかた苦しいあいさつから解放されてようやく気楽なふん囲気になったこと
4　自分達のいたずらを大目に見てくれそうな新任教師がやっと着任したこと

問五　――部「何かをきっかけに爆発したい」とありますが、「何か」とは具体的にどのようなことですか。十五字以内でぬき出しなさい。

問六　――部「次のしゅん間には彼は自分の思い当たったことで独りでに顔が赤くなった」とありますが、このときの「三吉」の状態を表すものとしてふさわしいものを選びなさい。

1　気をもんでいる　　2　気がせいている
3　気持がゆれている　　4　気持が高ぶっている

問七　「彼は、皆と一しょになって笑えなかった」（――部a）「彼は皆と一しょに笑えなかった」（――部b）とありますが、同じ内容をくり返すことでどのような効果をあげていますか。

1　河田師範に「にんにく」というあだ名をつけたことが、あとで三吉の心に暗いかげを落とすことを暗示する効果

2　発言者自身の笑い声で場をしらけさせないように、三吉が無理に笑いをこらえていることを明らかにする効果

3　河田師範があだ名の命名者に報復するのではないかという心配が、三吉の心に芽生え始めていることを強調する効果

4　自分の言葉がさえぎられ最後まで言い切ることができなかったことに、三吉が不満を覚えていることを印象づける効果

問八　「三吉」にとって「そのようなよろこびの方がはるかに自由なのであった」（――部）のはなぜですか。

1　自分の知識や才能をかくすことなく表に出すことができて、大きな満足感にひたれるから

2　命名者としての責任にしばられることなく、あちこちでわき上がる賞賛を存分に味わえるから

3　あだ名をつけたのが三吉だとは知らずにおもしろがっている勢力家を、こっそりあざわらえるから

4　三吉が命名者であることをかくすことで乱暴者たちに目をつけられるおそれが消え、気楽になれるから

問九　――部「彼はそれが心配であった」とありますが、「それ」とはどのようなことですか。本文中の言葉を用いて四十字以内で書きなさい。

問十 ━━━部「しかし次のしゅん間には、それと同様のこうげきが彼自身に加えられなければならなかった。彼は自分の顔が独りでにあかくなるのを覚えた」について答えなさい。

①「それと同様のこうげき」とありますが、「それ」とはどのようなものですか。

1 自分よりはるかに優れた才能を持つその男に対するねたみ
2 悪意やぶべつに満ちた悪口を言うその男に対するにくしみ
3 年長者に向かって生意気なことを言うその男に対する軽べつ
4 実力もないのにえらそうにふるまうその男に対するいらだち

②「彼は自分の顔が独りでにあかくなるのを覚えた」とありますが、このときの「三吉」の説明としてふさわしいものを選びなさい。

1 その男に敗北してくやしく思っている
2 その男の態度にいきどおりを覚えている
3 自分のライバルがあらわれて興奮している
4 自分の過ちに気づいてはずかしく思っている

問十一 □ に入るものを選びなさい。

1 暗中模索《さく》　2 疑心暗鬼《き》
3 自己嫌《けん》悪《お》　4 自暴自棄《き》

問十二 ━━部「三吉には『よせよ』という言葉さえ、もう自由には出なかった。彼はそれとなく師範のいる方へ背を向けた」とありますが、このときの「三吉」の説明としてふさわしいものを選びなさい。

1 運動場にいる皆からいくじなしだといわんばかりの視線を浴びせられるので、せめて河田師範とだけは目を合わせないようにして、これ以上みじめにならないようにしている

2 比野が腹黒い人間であることを今さらながら思い出し、不本意ながら比野の仲間に組み入れられてしまったことを認め、自分の中に芽生え始めていた河田師範への謝罪の気持を捨てようとしている

3 比野を刺《し》激してさらにあだ名をさけばれたり自分の本心があらわになったりしかねない事態にきわめてきん張し、河田師範や人人の自分への関心をしゃ断して、にげ出したくなっている

4 もとはと言えばすべて自分の発言が原因であることを思うと比野を責めることもできず、ひたすら自分のおろかさや軽率さばかりが思われるので、静かに人人のいかりや非難を受け止めようとしている

問十三 この作品で、「三吉」にとっての「恐怖」とはどのようなものですか。文章全体をふまえて、ふさわしいものには○、そうでないものには×を書きなさい。

1 先生にあだ名をつけたことが明らかになって学校からばつを受けることへの恐怖

2 容ぼうをからかうあだ名をつけるような軽はくなことをして河田師範からにくまれることへの恐怖

3 皆から自分がいくじなしであると言われてしまうことへの恐怖

4 河田師範に新しいあだ名がつくことで自分のつけたあだ名が否定されてしまうことへの恐怖

5 河田師範に悪意を持っていた男が、いつか自分をもぶじょくする日が来ることへの恐怖

6 先生のあだ名をつけたのが自分であることを当の先生に知られてしまうことへの恐怖

[二] **次の文章を読んで後の問に答えなさい。**

世に有名なイギリス、ロンドンはウエストエンドのベーカー通り二二一番地に居を構えるシャーロック・ホームズという私立探偵《てい》はどんな難事件でも解決してしまう変な男です。

「金色の鼻眼鏡《めがね》」という事件では、ある老学者の論文の口述筆記をするためにやとわれた優秀《しゅう》な青年が何者かに殺されてしまいます。首筋をさされ、血まみれになって死ぬのです。手には不思議な眼鏡、女物の金色の鼻眼鏡がしっかりとにぎられていました。しかも、その眼鏡はものすごく度が強く、それがなくてはとても、日常の生活が出来そうにありません。そう査が進むにつれ、青年には恋《こい》人がいて、その恋人と激しいけんかをしていたことがわかります。問一 A 、その恋人は鼻眼鏡をかけています。さっそく警察へ引っ張られますが、その眼鏡はかざりみたいなもので、たいした度ではありませんでした。どうもちがうようです。老学者は病気で、一日ベッドで暮らしています。庭に出ることもありますが、車いすを使わなければならず、それも召使《めしつかい》がかかえ上げて乗せてやらなければなりません。とても、犯罪を起こせる状態ではありません。老学者の部屋に何か犯人がねらうような高価なものがあるのかと、警察もホームズも考えますが何もありそうにはありません。警察は頭をかかえてしまいます。ホームズは考え続けます。ホームズの頭は、それがないと日常生活が出来ないくらい強い近眼、老学者の机の引き出しのかぎ穴のまわりに乱雑につけられたきず、老学者のベッド付近で見つけた婦人のものらしいくつあと、という三つの事実をひとつにまとめようとさかんに回転します。どうも、老学者がくさいのですが、彼のまわりに女性のかげはありません。

ホームズは必然的な結論にたどりつきます。このひどい近眼の殺人者は街へはにげようがない。なぜなら、まわりがよく見えないからたちまちつかまってしまうはずだ。問一 B 、犯人は老教授の家の中のどこかにひそんでいるにちがいない、という結論です。可能性は老教授の部屋しかありません。そして、確かに犯人はそこにかくまわれていたのです。

問二 ミステリーは殺人犯という形でわからない部分をまず教えてくれます。そのわからない部分を、少しずつわかるようにしてくれるのがミステリーです。

ミステリーの面白さは話の中に作者がわざとちりばめた手がかりらしいものの中から、どれが本当の手がかりかを見つけ出すことにあります。その手がかりがあれば話がひとつにまとまってしまう、という手がかりです。「金色の鼻眼鏡」の場合は、登場する人物のだれもが犯人でなく、実は犯人はそれまでは一度も登場しなかった人物という設定です。しかも、その人物の存在は度の強い婦人用眼鏡の持ち主、ということで最初から暗示されていたのです。

このようにミステリーではわからない部分は犯人探しという形で準備されていますが、現実生活ではそうはゆきません。犯人は準備されていないのです。犯人、つまりわからない部分は自分で発見しなければなりません。ですが、わからない問題を発見した後は、その解決方法はミステリーの犯人探しと似ています。問三 自分の手持ちの材料から、犯人探しをやるのです。

学校ではわからないことは試験問題とか、先生からの質問という形であたえられます。ですが、このように受け身の形で人からあたえられた問題（わからないこと）が解けたからといって、知識が自分のものになるわけではありません。本当の意味でのわかる・わからないの区別の能力は人からあたえられるものではありません。自分から自発的にわからないことをはっきりさせ、それを自分で解決してゆかないかぎり、自分の能力にはならないのです。

筆者の引用はいつも古すぎて申し訳ありませんが、「十で神童、十五で秀才、二十《はたち》過ぎればただの人」という言葉があります（まちがっていたらごめんなさい）。学校で試験が出来たからといっても、それはあたえられたことをこなしているだけで、その人の能力の尺度にはなりません。社会に出た時、なんやあいつ、と無能をさらすことになります。社会で生きてゆくには自分で自分のわからないところをはっきりさせ、自分でそれを解決してゆく力が必要です。

人間は生物です。生物の特ちょうは生きることです。それも自分で生きぬくことです。知識も同じで、よくわかるためには自分でわかる必要があります。自分でわからないところを見つけ、自分でわかるようにならなければなりません。自発性という色がつかないと、わかっているように見えても、借り物にすぎません。実地の役には立たないことが多いのです。」

（山鳥重《あつし》『「わかる」とはどういうことか——認識の脳科学』ちくま新書）

問一　□部A・Bにあてはまるものをそれぞれ選びなさい。

1　だから　2　あるいは　3　ところが　4　しかも　5　ところで

問二　——部「ミステリーは殺人犯という形でわからない部分をまず教えてくれます」とありますが、現実生活においてまずやらなければならないことは何ですか。文章中の言葉を用いて二十字以内で書きなさい。

問三　——部「自分の手持ちの材料から、犯人探しをやる」とはどのようなことですか。文章中の言葉を用いて三十字以内で書きなさい。

問四　「」部の内容を、六十字以内で要約しなさい。

問五　「わからないこと」があってそれがおもしろいと感じたあなたの体験を、どのようにおもしろかったかがわかるように百八十字以内で書きなさい。

〔三〕 次の各文は、どれも表現が適切ではありません。適切でない理由をそれぞれ後から選びなさい。

ア　私の実力ではとうていＡに負けるだろう。

イ　今日はすごい寒いからぶ厚いコートが必要だ。

ウ　その店員はそっと近づいてきた人に声をかけた。

エ　私の夢は建築家になって立派な家を建てたいと思っている。

（理由）

1　主語と述語が正しく対応していない

2　修飾《しょく》語の形が修飾される語に正しく対応していない

3　修飾語がどこにかかっているかがはっきりしない

4　うち消しの表現を必要とする修飾語がうち消しがないのに用いられている

［四］　次の――部1～5のカタカナの部分を漢字で書きなさい。また――部6～8の漢字の読み方をひらがなで書きなさい。

1ジョレツをさだめる　　運動会の2ショウシュウ係　　3リャクレキを書く　　王に4ツカえる

ほめられて5テれる　　茶わんに6盛る　　7刻む　　8潮流

（問題は以上です。）

＊問題文に使用した作品における難しい漢字表記は、現在一ぱん的に使われている漢字またはひらがなに改めるか、読みがなをほどこすかしてあります。また、送りがなを加えたり取ったりしたものもあります。

ここは余白です。

ここは余白です。

2021年度

算　　数

（50分）

《注意》

1．問題は１ページから11ページまであります。始まりのチャイムが鳴ったら必ず確認してください。

2．問題を解く前に、受験番号と氏名を忘れずに記入してください。

3．答は、答の欄《らん》にはっきりと書いてください。

4．答を出すのに必要な図や式や計算を、その問題のところにはっきりと書いてください。

5．円周率を使う場合は 3.14 としてください。

受験番号		氏名	

得点	

※100点満点
（配点非公表）

ここは余白です。

1 次の問いに答えなさい。

(1) 次の計算をしなさい。

$$1\frac{5}{8} \div \frac{13}{14} - \left(0.8 \div \frac{4}{3} - \frac{4}{15}\right)$$

答

(2) 図の２つの円は半径が等しく，それぞれの中心は点 A，B です。C は円周上の点で，D は直線 AC ともう一方の円が交わってできた点です。㋐の角の大きさを求めなさい。

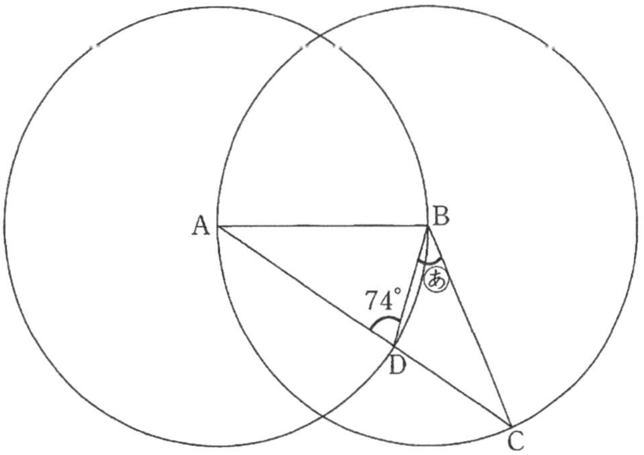

答

(3) 分数 $\frac{4}{180}$, $\frac{5}{180}$, $\frac{6}{180}$, $\frac{7}{180}$, …, $\frac{179}{180}$ の中で，約分すると分子が3になるものは $\frac{\square}{180}$ です。□にあてはまる数をすべて求めなさい。

答

(4) 3つの容器A，B，Cのそれぞれに水が入っています。容器Aと容器Bに入っている水の重さの比は5：3です。次の［ア］，［イ］にあてはまる数を求めなさい。

① 容器Aから容器Bへ水を260g移すと，容器Aと容器Bに入っている水の重さの比は4：5となりました。水を移したあと容器Bに入っている水の重さは［ア］gです。

答 ア [ ]

② ①に続けて，容器Bから容器Cへ水を何gか移すと，3つの容器の水の重さが等しくなりました。はじめに容器Cに入っていた水の重さは［イ］gです。

答 イ [ ]

(5) 次の ア , イ にあてはまる数をそれぞれ求めなさい。

1～400 までの整数が 1 つずつ書かれたカードを重ねます。上から 1 枚目には 1, 2 枚目には 2, …, 400 枚目には 400 と書いてあります。はじめに, 上から数えて 3 の倍数枚目のカードを取りのぞきます。このとき, 残ったカードの上から ア 枚目には 286 と書かれています。
続けて, 残ったカードについても, 同じように上から数えて 3 の倍数枚目のカードを取りのぞきます。最後に残ったカードの上から 47 枚目に書かれている整数は イ です。

答	ア		イ	

2 図のように，1辺の長さが6cmの立方体ABCD-EFGHがあります。直線AFとBEが交わってできる点をP，直線BGとCFが交わってできる点をQとします。
次の［ア］，［イ］にあてはまる数をそれぞれ求めなさい。
三角すいDEGHの表面積は，三角すいBFPQの表面積の2倍より［ア］cm^2大きいです。
また，三角すいDEGHの体積は，三角すいBFPQの体積の［イ］倍です。

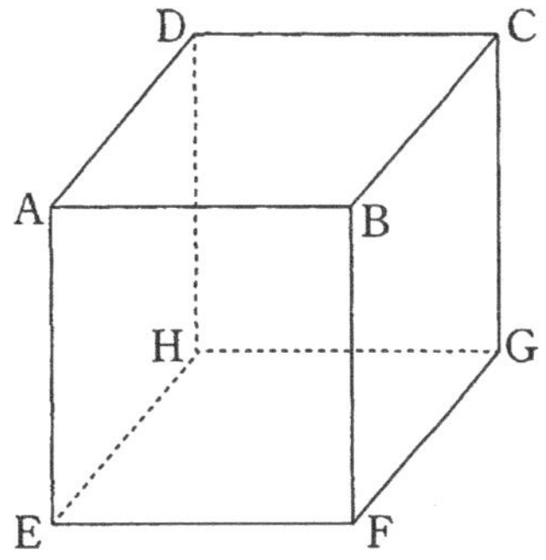

答	ア		イ	

3 川の上流のA地点と下流のB地点の間を往復する遊覧船があります。川はA地点からB地点に向かい一定の速さで流れています。また，遊覧船の静水時での速さは一定とします。この遊覧船でAB間を一往復したところ，AからBへ行くのに6分，BからAに戻るのに24分かかりました。次の問いに答えなさい。

(1) 川の流れる速さと，遊覧船の静水時での速さの比を，最も簡単な整数の比で求めなさい。

（求め方）

答

(2) AB 間には，パトロール船も往復しています。静水時では，パトロール船の速さは遊覧船の速さの 2 倍です。遊覧船とパトロール船が A を同時に出発し，遊覧船がはじめて B に着いたとき，パトロール船は B から A に向かって 420m のところにいました。AB 間の距離は何 m ですか。

（求め方）

答

4 図のように，２つの円が重なっています。

２つの点 A，B は２つの円が交わってできる点です。大きいほうの円は，中心が点 O，半径が 6cm です。小さいほうの円は，直線 AB が直径です。次の問いに答えなさい。

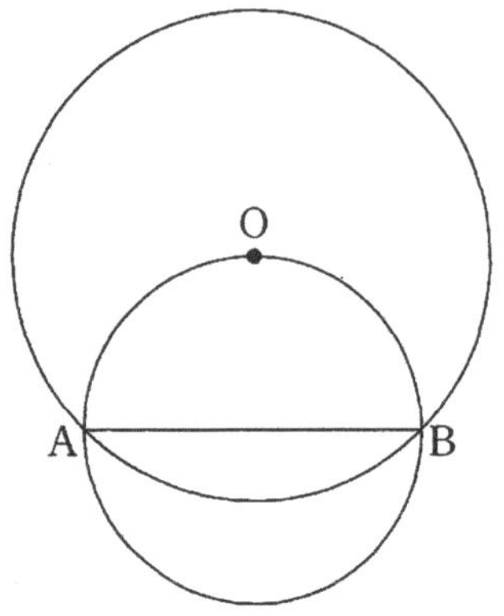

(1) 図の　　部分の面積を求めなさい。

（求め方）

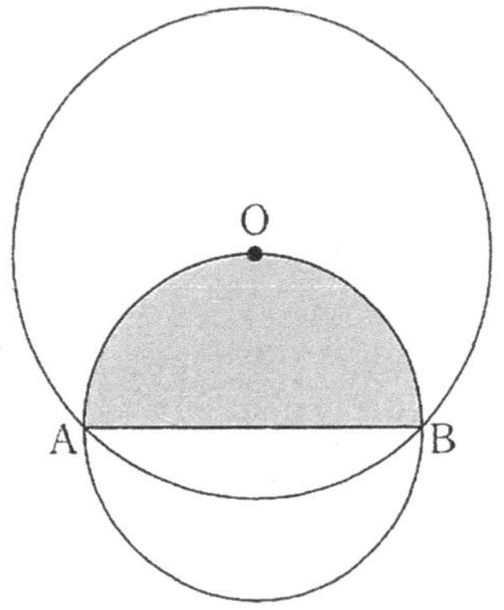

答

(2) 図の　部分の面積を求めなさい。

（求め方）

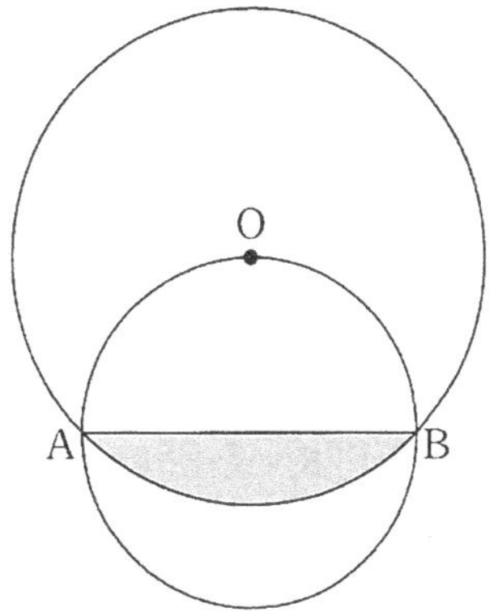

答

(3) 下の図を，点Oを中心として時計回りに150°回転させるとき，図の　部分が通ってできる図形の面積を求めなさい。

（求め方）

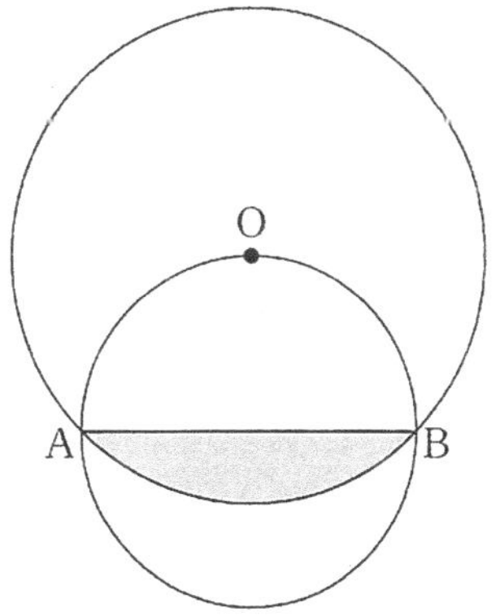

答

5　1以上の整数 y と，y より大きい整数 x に対して，

$[x,\ y]=(x-1)\times y-x\times(y-1)$

と約束します。例えば $[7,\ 4]=6\times4-7\times3=3$ です。

また，3以上の整数に対して，記号〈 〉を次のように約束します。

〈3〉$=[2,\ 1]$

〈4〉$=[3,\ 1]$

〈5〉$=[4,\ 1]+[3,\ 2]$

〈6〉$=[5,\ 1]+[4,\ 2]$

〈7〉$=[6,\ 1]+[5,\ 2]+[4,\ 3]$

⋮

以下の ア ～ ク にあてはまる数をそれぞれ求めなさい。

(1)　〈8〉$=[$ ア $,\ 1]+[6,$ イ $]+[$ ウ $,$ エ $]=$ オ

答

ア		イ		ウ		エ		オ	

(2)　〈2021〉$=$ カ

（求め方）

答

カ	

(3) 〈 キ 〉=289

（求め方）

答	キ	

(4) 〈 ク 〉=2450

（求め方）

答	ク	

ここは余白です。

ここは余白です。

2021年度

理　　科

(30分)

《注意》

1．問題は１から９ページまであります。始まりのチャイムが鳴ったら必ず確認してください。

2．問題を解く前に、解答用紙に受験番号と氏名を忘れずに記入してください。

3．答は、すべて解答用紙に書いてください。

1

1 私たちの体にはたくさんの骨や筋肉があり、これらが働いて体を動かしたり、支えたりしています。
骨どうしは、密着して結合しているものもあれば、わずかなすき間をあけながら結合しているものもあります。
図1は、つま先を上に持ち上げたときのヒトの足の骨（白）と筋肉（灰色）をあらわしています。

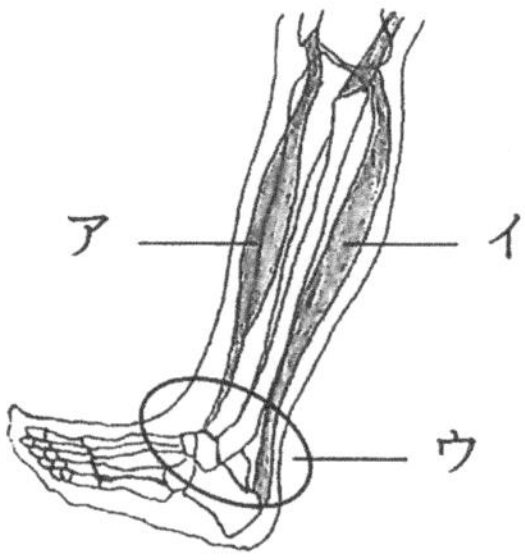

図1

(1) 図1のア、イは筋肉をさしています。つま先を上に持ち上げたときにちぢむ筋肉をア、イから1つ選びなさい。

(2) 図1のウの部分を何というか答えなさい。

2 ニワトリの体にも、たくさんの骨や筋肉があります。ニワトリの手羽先と手羽元を用いて、つばさの部分を観察しました。図2は骨（白）と筋肉（灰色）の一部分のスケッチです。図3は筋肉をすべて取り、骨だけにしたもののスケッチです。
またニワトリのつばさとヒトのうでは、骨のつき方や数がとてもよく似ています。図4はヒトのうでの骨のスケッチです。

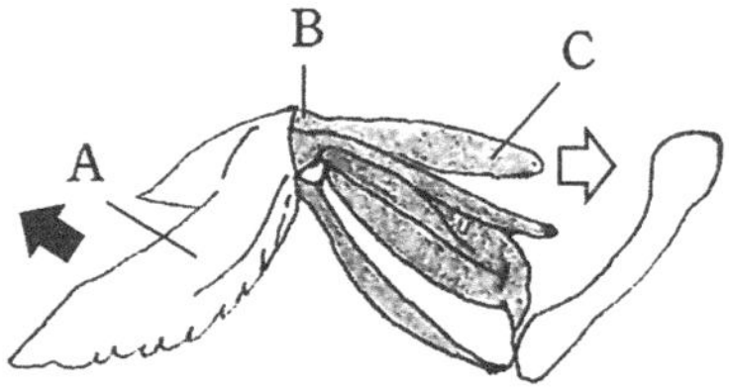

図2

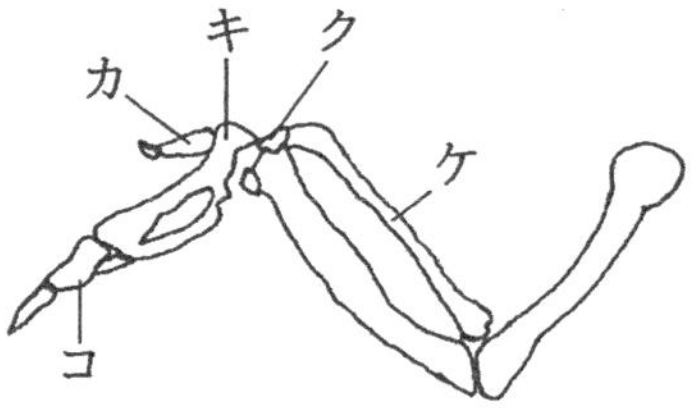

図3

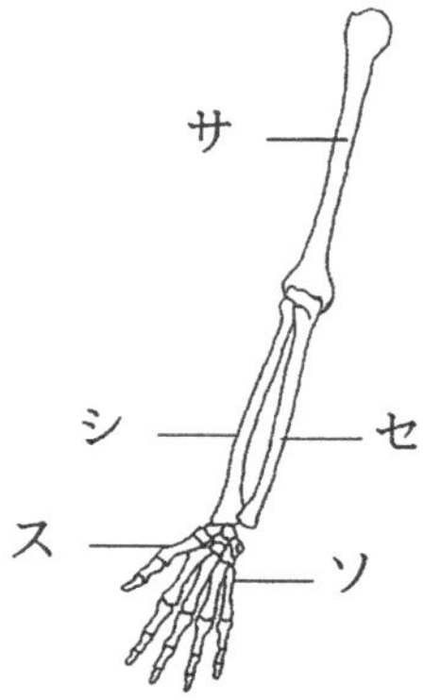

図4

(1) 図2のCの筋肉を白い矢印の方向に引っ張ると、つばさの先たんAが黒い矢印の方向に動きました。このことからCの筋肉の先たんBは、どの骨についていると考えられますか。図3のカ〜コから1つ選びなさい。

(2) 図3のケの骨に対応していると考えられるヒトのうでの骨を、図4のサ〜ソから1つ選びなさい。

3 ヒトは背骨を持つ動物です。次のア～ウから、ヒトの背骨の説明として適当なものを1つ選びなさい。

ア　ヒトの背骨は、1本の長い骨でできている。

イ　ヒトの背骨は、短い骨どうしが密着して結合してできている。

ウ　ヒトの背骨は、短い骨どうしがすき間をあけて結合してできている。骨どうしのすき間には、クッションのようなやわらかい構造が存在する。

4 私たちは地球で生活しており、絶えず重力（引力）のえいきょうを受けています。
重力（引力）は、ものを地球の中心に向かって引っ張る力です。ただし、宇宙空間では重力（引力）のえいきょうが小さくなります。

（問）　宇宙飛行士が宇宙空間にいる時は、地上にいる時とくらべて、身長が約1～2cm高くなると報告されています。その理由を説明しなさい。

5 私たちの体の中では、心臓のはたらきによって血液がじゅんかんしています。図5は体の正面から見たヒトの心臓をあらわしており、タ～テは心臓の4つの部分をさしています。

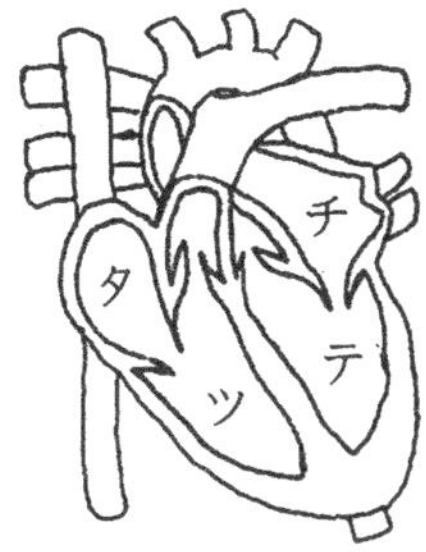

図5

(1)　図5のタ～テから、小腸から流れてくる血液が最初に流れこむ部分を1つ答えなさい。

(2)　図5のタ～テから、肺へむかって血液を送り出す部分を1つ答えなさい。

6 私たちは地球で生活しているため、重力（引力）のえいきょうを受けて血液は下向きに引っ張られています。しかしヒトの体は、重力（引力）に逆らって血液を上向きに流れさせる仕組みを持っています。そのため心臓から顔に血液は流れていくことができますし、下半身へと届いた血液も心臓までもどってくることもできます。

（問）　宇宙飛行士は宇宙空間に行って最初の2～3日は、地球にいるときよりも顔が丸く見えます。まるで満月のように顔が丸くなることから、この現象を「ムーンフェイス」といいます。ムーンフェイスは血液が関係しておこる現象です。ムーンフェイスが起こる仕組みを「血液」という言葉を使って説明しなさい。

2 下の図1のように、しゃ面上に小球を置き、静かに手をはなして転がす実験をしました。図1の直線部分を転がるようすを連続写真にさつえいして、小球が1秒あたりに進むきょり（これを「速さ」といいます）を調べました。
小球の重さと手をはなす高さを変えて実験をした結果をまとめると、表1のようになりました。小球としゃ面の間にまさつはなく、空気のていこうは考えません。

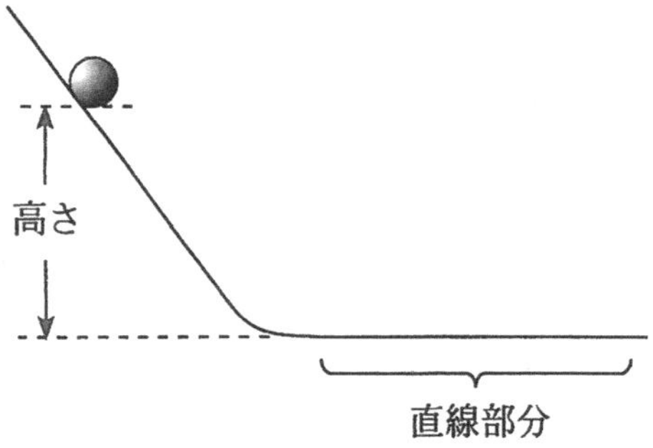

図1

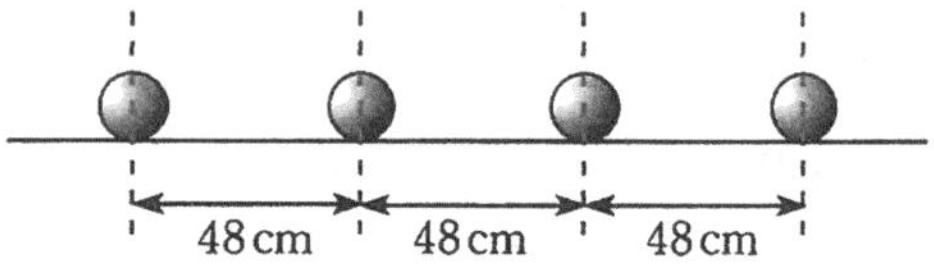

図2

1 100 g の小球を 30 cm の高さから転がした場合（表1の〈あ〉）、直線部分を転がる様子を連続写真でさつえいしたところ、図2のようになりました。図2は 0.2 秒ごとに写真をさつえいしたものです。図2の小球は、1秒あたり何 m 進んでいますか。

2 表1の結果から、しゃ面を下りきった時の小球の速さを決める条件について、どのようなことがわかりますか。2つ答えなさい。

表1

小球の重さ	手をはなす高さ	直線部分を1秒あたりに進むきょり（速さ）
100 g	15 cm	1.7 m
100 g	30 cm	〈あ〉
100 g	45 cm	3.0 m
100 g	60 cm	3.4 m
200 g	15 cm	1.7 m
200 g	30 cm	〈あ〉
200 g	45 cm	3.0 m
200 g	60 cm	3.4 m

図3のように、直線部分の先にばねの片側を固定して置いておくと、しゃ面を転がってきた小球はばねにぶつかり、ばねは縮みます。このとき、ばねが最も縮んだ長さを測りました。

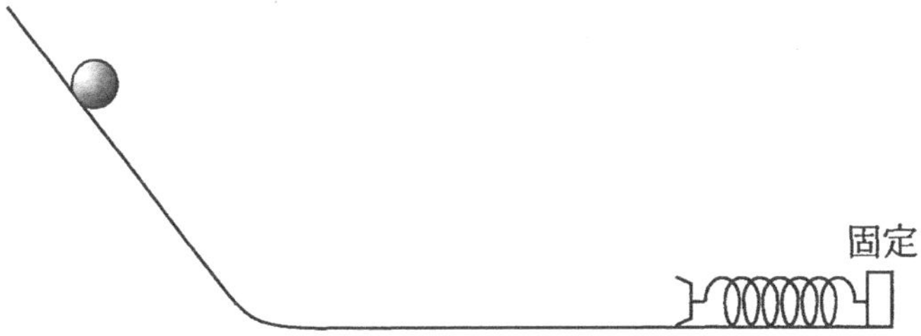

図3

小球の重さ、直線部分の速さと、ばねが最も縮んだ長さの関係をまとめたところ、表2、表3のようになりました。

表2　100 g の小球を用いた場合

直線部分を1秒あたりに進むきょり（速さ）	ばねが最も縮んだ長さ
1.7 m	1.0 cm
〈あ〉	1.4 cm
3.0 m	1.7 cm
3.4 m	2.0 cm

表3　直線部分の速さが1秒あたり1.7 m の場合

小球の重さ	ばねが最も縮んだ長さ
100 g	1.0 cm
200 g	1.4 cm
300 g	1.7 cm
400 g	2.0 cm

3　この実験から、小球の速さとばねが最も縮んだ長さとの間に、どのような関係がありますか。

4　この実験から、小球の重さとばねが最も縮んだ長さとの間に、どのような関係がありますか。

5　200 g の小球を用いてばねを 4.2 cm 縮めるには、何 cm の高さで手をはなせばよいですか。

3 鉄と塩酸を用いて次のような実験を行いました。

実験1　塩酸50 cm^3 をビーカーに注ぎ、そこに鉄を加えた。このとき発生した気体の体積を測定すると表1のような結果が得られた。

実験2　実験1と同じこさの塩酸500 cm^3 をビーカーに注ぎ、そこに鉄を加えた。このとき発生した気体の体積を測定すると表2のような結果が得られた。

実験3　鉄0.8 *g* をビーカーに加え、そこに実験1と同じこさの塩酸を注いだ。このとき発生した気体の体積を測定した。

表1　実験1で発生した気体の体積

加えた鉄（*g*）	0.2	0.4	0.6	0.8	1.0
発生した気体（cm^3）	80	160	200	200	200

表2　実験2で発生した気体の体積

加えた鉄（*g*）	0.2	0.4	0.6	0.8	1.0
発生した気体（cm^3）	80	160	240	320	400

1　塩酸と鉄が反応したときに発生した気体は何か答えなさい。

2　発生した気体の性質として正しいものを次のア～オからすべて選びなさい。

ア　空気よりも軽い。
イ　ものを燃やすのを助ける。
ウ　火をつけると音をたてて燃える。
エ　水にとけやすい。
オ　し激しゅうがある。

3　実験1と実験2の結果から、200 cm^3 の気体が発生したときに反応した鉄は何 *g* か答えなさい。

4　実験1で鉄1.2 *g* をすべて反応させる場合、何 cm^3 の塩酸が必要か答えなさい。

5　塩酸を２倍のこさにして実験１と同じ操作を行いました。結果として正しいものを次のア～エからすべて選びなさい。

ア　鉄を 0.2 g 加えたとき、発生した気体の体積は 160 cm^3 であった。

イ　鉄を 0.6 g 加えたとき、発生した気体の体積は 200 cm^3 より多かった。

ウ　鉄を 0.8 g 加えたときと、1.0 g 加えたときの発生した気体の体積は同じになった。

エ　実験１とすべて同じ結果になった。

6　実験３で塩酸を表３のように注いだ場合、どのような結果が得られますか。発生した気体の体積を計算し、解答用紙にグラフを書きなさい。

表３　実験３で注いだ塩酸の体積

注いだ塩酸（cm^3）	20	40	60	80	100
発生した気体（cm^3）					

4 図1は、西から東へ1000 mの広さがあり、高さが300 mある丘《おか》の等高線の様子を示した図です。また図2は、図1のA～Cの地点でボーリング調査を行い、地下の地層の重なりを示したものです。

図1

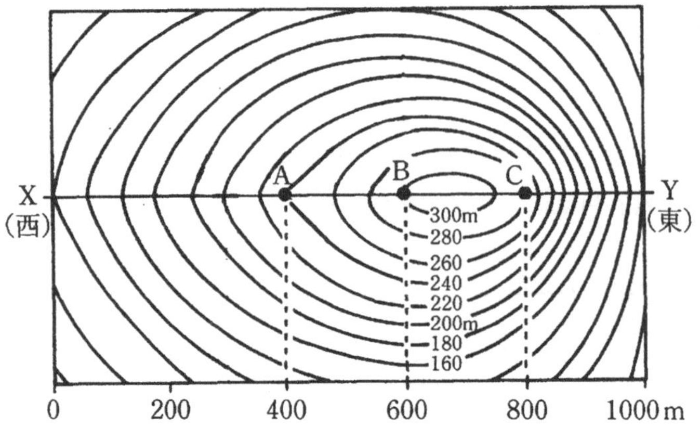

図2

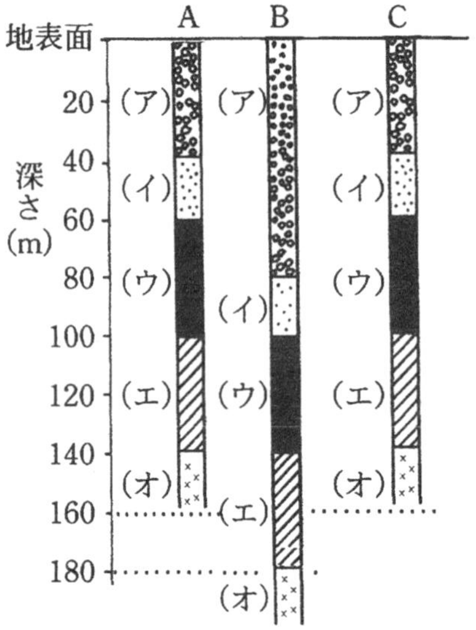

次の①～⑥の説明文は上図の地層ができた順に説明したものです。

① 大昔、この土地は海岸に近い浅せの海底であった。

② 気候が温暖化し、サンゴがたくさん生息した。

③ 土地がしずみ、海底が海岸から遠くなった。

④ 火山がふん火した。

⑤ 土地がおし上げられ、河口付近の海底になった。

⑥ 土地がさらにおし上げられ、海底が陸地になった。

1　図2の地層（ア）～（オ）に関する次の問に答えなさい。ただし、（ア）～（オ）の地層はすべてちがう岩石でできています。

(1)　地層（ア）は2mm以上のつぶでできていました。何岩でしょうか。

(2)　地層（イ）は火山がふん火したとき出たものが海底に積もってできた「ぎょうかい岩」です。「ぎょうかい岩」にふくまれる2mm以下のつぶは何でしょうか。

(3)　地層（ウ）は海岸から遠くおき合《あい》の海底まで運ばれ積もったもので、一番つぶの細かい「ねん板岩」とよばれるものです。ねん板岩は、何岩がさらにおし固まってできたものでしょうか。

(4)　地層（エ）をつくっている「せっかい岩」に塩酸をかけるとあわが出ました。このあわは何でしょうか。

(5)　地層（エ）で多く発見されたものは何でしょうか。

(6)　地層（オ）をつくっている岩石は何岩でしょうか。

2　図1の丘《おか》を西（X）から東（Y）へ垂直に切ったときに、地層（エ）の断面はどのように見られるか、解答用紙の図中にボーリングした地点(図1のA～C)のはん囲で表しなさい。なお、図2のすべての地層は、ずれや曲りはなく、たい積しています。

3 図3は今から99年前（1922年）の横浜《よこはま》市にある海岸線の様子を示した地図です。また図4は今から82年前（1939年）の図3と同じ場所の様子を示した地図です。図3の時点から17年たって、海がうめたてられ公園ができたことがわかります。

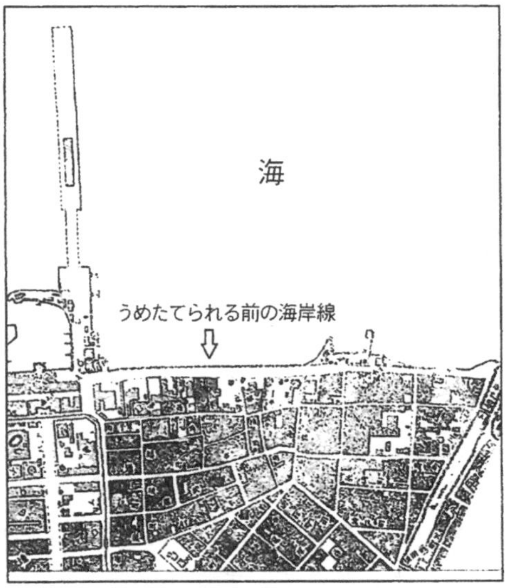

図3＊

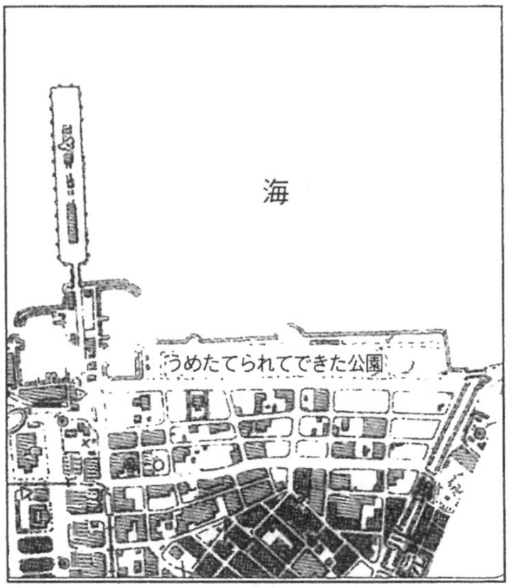

図4＊

＊図3は旧日本陸軍陸地測量部、図4は同左部と横浜市が作成した地図を一部改変したものです。
（原図の出典：『横浜タイムトリップガイド』同左制作委員会編）

今から8年前（2013年）に、その公園でボーリング調査が行われました。公園の地下6mの深さまでボーリングした結果、下表のような地層の重なりができていることがわかりました。

地表からの深さ	地層の様子
0m ～ 0.5m	最近、公園を整備するために入れられた土
0.5m ～ 1.8m	海がうめたてられたときに市内の他の場所の河川から運ばれた土砂
1.8m ～ 4.5m	赤レンガの破片・熱で変形したガラス片・かわら・とう器の破片
4.5m ～ 6m	海がうめたてられる前の海岸の砂や小石

（問）　地表から1.8m～4.5mまでの深さの地層にあるものは、いつごろ、何が原因でできたものか、考えられることを説明しなさい。

ここは余白です。

2021年度

社　　会

（30分）

《注意》

1．問題は１ページから14ページまであります。始まりのチャイムが鳴ったら必ず確認してください。

2．問題を解く前に、解答用紙に受験番号と氏名を忘れずに記入してください。

3．答は、すべて解答用紙に書いてください。

ここは余白です。

1 次の文を読んで、文中の（　1　）～（　4　）に入る言葉を入れ、――a～cについての問いに答えなさい。

瀬戸内海は、江戸時代に西廻《まわ》り航路が通るなど、昔から重要な海上交通路でした。日本海側から a 北九州市と本州にはさまれた海峡《かいきょう》を通り抜けると、瀬戸内海に入ります。

広島県尾道《おのみち》市と愛媛県今治《いまばり》市の間に浮かぶ島々は、いくつもの橋でつながれています。この海道の今治市側にある来島《くるしま》海峡は潮の流れが速く、徳島県と兵庫県の間にある（　1　）海峡と同様に、渦潮《うずしお》がよく見られる海上交通の難所です。今治は江戸時代からせんい産業がさかんで、現在では（　2　）の生産で全国1位を誇《ほこ》っています。来島海峡を抜けて南下すると、海の汚《よご》れで消えてしまったカブトガニの保護活動が行われている b 西条《さいじょう》市があります。

岡山県と香川県の間の瀬戸内海は、本州と四国が最も近接している海域です。瀬戸内海で2番目に大きい（　3　）島は、日本で初めてオリーブ生産を始めた地として知られ、この島を持つ香川県は、日本で生産されるオリーブの大半を産出しています。気候が小麦栽培《さいばい》に適していたことから、この県ではうどんの生産もさかんになりました。しかし、c 日本の小麦生産は、価格の面で海外産の小麦に苦戦しています。また、香川県では稲作も行われていますが、この地域の気候の特性から、1万か所以上の（　4　）が各地につくられています。

a　①　次の表は、北九州、京浜、阪神、中京の各工業地帯における製造品出荷額等（2017年）の構成を示したものです。この中で、阪神工業地帯はどれですか、ア～エから選びなさい。

	金属（%）	機械（%）	化学（%）	食料品（%）	せんい（%）	その他（%）	製造品出荷額等（億円）
ア	16.3	46.6	5.6	16.9	0.5	14.1	98,040
イ	20.7	36.9	17.0	11.0	1.3	13.1	331,478
ウ	9.4	69.4	6.2	4.7	0.8	9.5	577,854
エ	8.9	49.4	17.7	11.0	0.4	12.6	259,961

矢野恒太記念会『日本国勢図会2020／21年版』より作成。

② この市は、都道府県の仕事の一部を任されている市の一つです。このような市は全国に20ありますが、これらの市のことを何といいますか。

b 次の地形図は、この市内を流れる川の一部を示しています。

① 地図中に多く見られる「　」は何を表していますか。

② 「　」が、この地図の中で多く見られる理由を説明しなさい。

国土地理院発行２万５千分の１地形図「伊予小松」より（約1.5倍に拡大）。

c　日本の小麦の輸入先(2019年)上位３か国の正しい組み合わせを、ア〜エから選びなさい。

	ア	イ	ウ	エ
1位	カナダ	アメリカ	カナダ	アメリカ
2位	アメリカ	カナダ	アメリカ	カナダ
3位	中国	オーストラリア	オーストラリア	中国

矢野恒太記念会『日本国勢図会2020／21年版』より。

2 次の文を読んで、――a～gについての問いに答えなさい。

島国である日本は、a港（空港も含む）を利用して外国との貿易を行っています。日本では、エネルギー資源やb工業原料を海外から輸入して、それらをもとに製品をつくり輸出するというc（　　　）貿易がさかんに行われてきました。

貿易で発展してきた日本経済ですが、1980年代後半のd円とドルの交換比率の変化や貿易まさつを背景に、e産業の空洞《くうどう》化が問題になりました。また、日本はf食料自給率が低く、g多くの農産物を輸入しています。

a　次の表は、2019年の輸出額が最も多かった港の、輸出および輸入の上位３品目を示したものです。この港がある都道府県を答えなさい。

輸出品		輸入品
自動車	１位	液化ガス
自動車部品	２位	石油
内燃機関（エンジンなど）	３位	衣類

矢野恒太記念会『日本国勢図会2020／21年版』より作成。

b　セメント工業で利用される資源で、国内で自給できている原料は何ですか。

c　（　　　）に入る言葉を答えなさい。

d　例えば、１ドルが100円から200円になった場合、日本の貿易に与える影響を正しく説明しているものを、ア～エから一つ選びなさい。

ア　輸出品の価格は、円では変わらないが、ドルでは２倍になるので、輸出が増加する。

イ　輸出品の価格は、円では変わらないが、ドルでは半分になるので、輸出が減少する。

ウ　輸入品の価格は、ドルでは変わらないが、円では２倍になるので、輸入が減少する。

エ　輸入品の価格は、ドルでは変わらないが、円では半分になるので、輸入が増加する。

e　これにより国内ではどのような問題が起こりましたか。説明しなさい。

f　次の表は、日本の米、小麦、野菜類、果実類の自給率を示しています。野菜類を示しているものを、表中のア～エから選びなさい。

（単位：％）

	ア	イ	ウ	エ
1960年	102	100	100	39
1980年	100	97	81	10
2000年	95	81	44	11
2017年	96	79	39	14

二宮書店『データブック オブ・ザ・ワールド2020年版』より作成。

g　次の表は、日本が輸入しているある農作物の輸入先上位４か国（2019年）を示しています。その農作物をア～ウから一つ選びなさい。

順位	国名
1位	ブラジル
2位	ベトナム
3位	コロンビア
4位	エチオピア

矢野恒太記念会『日本国勢図会2020／21年版』より作成。

ア　大豆　　　イ　カカオ豆　　　ウ　コ　ヒ　豆

3　次の文を読んで、――a～pについての問いに答えなさい。

馬は、現代の私たちにはあまり身近ではありませんが、歴史的には長い間、人間が利用してきた動物です。日本では馬がどのような役割を果たしてきたのかを少し考えてみましょう。

馬と人との関わりは、日本では a 5世紀には始まっていました。これは馬をかたどったはにわが見つかったことや、b 古墳《こふん》に馬具《ばぐ》がおさめられていたことなどからわかります。また、このころ大陸からやってきた人々によって、馬に乗る風習も伝えられたとみられています。

大宝律令が制定された時代には、馬の飼育《しいく》などを行う場所が各地に定められました。そして、c そこで飼育された馬は、役人が乗るために主要な道路に配置されたり、朝廷の軍備にあてられました。

また馬は、古くから信仰や儀礼《ぎれい》にも関わる動物でした。神が乗る動物として神社にささげられることや、d 朝廷の儀式や行事において重要な役割をつとめることもありました。

10世紀以降、各地で成長してきた武士たちにとって、馬は欠かせないものでした。武士は馬を飼い、戦いにそなえて日ごろから武芸の訓練にはげみました。e 絵巻物には、このような武士たちの戦うようすが多く描かれています。

一方で f 農作業にも馬や牛が使われるようになりました。また、荷物を運ぶ際にも牛馬が使われ、馬の背に荷物をのせて運送する、馬借《ばしゃく》といわれる業者も現れました。この馬借らが、借金の取り消しを求めて立ち上がったことをきっかけに、日本最初の一揆《いっき》といわれる g （　　　）の土一揆が起こりました。

戦国時代になると鉄砲が伝来しましたが、その後も軍事の場面において、馬は重要な役割を果たしていました。戦国大名であった h 武田氏は、当時最強といわれた騎馬隊《きばたい》を組織したことで有名です。

江戸時代には幕府の支配が安定し、大きな戦乱がなくなりました。i そのため馬の軍事的な役割も減りました。一方で、交通や輸送のために、j 馬が街道の宿場《しゅくば》に置かれるようになり、役人や大名行列、武士などの往来に利用されました。将軍徳川綱吉《つなよし》は生類憐《しょうるいあわれ》みの令を定めましたが、そのなかで、牛馬の荷の重さを制限したり、病気の牛馬を捨てることを禁止しました。

幕末には、開港した地に外国人が暮らすようになりましたが、彼らにも乗馬の文化があ

二〇二二年度

国語

※100点満点
(配点非公表)

番号

氏名

〔一〕

問一 a b

問二 ア イ

問三

問四

問五

問六

問七

問八

問九

問十 ① ②

問十一

問十二

問十三 1 2 3 4 5 6

〔二〕

問一 A B

問二

問三

6	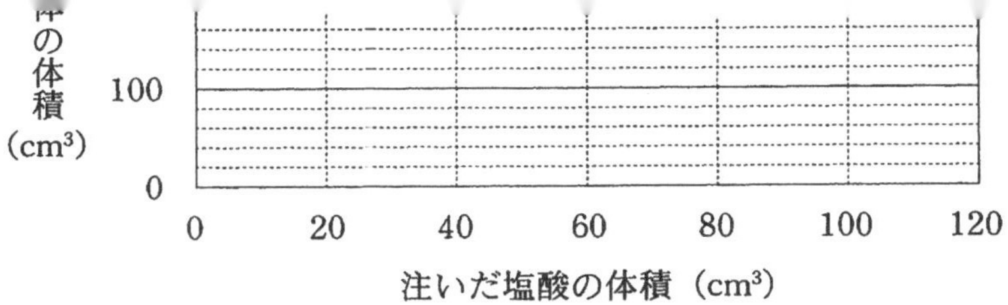

4

1	(1)		(2)		(3)	
	(4)		(5)		(6)	
2	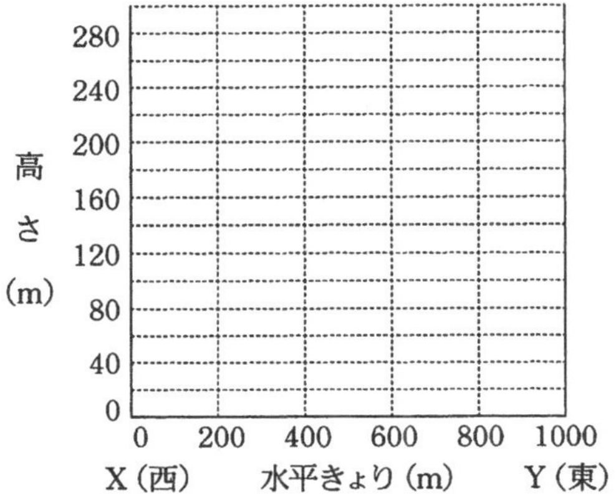					
3						

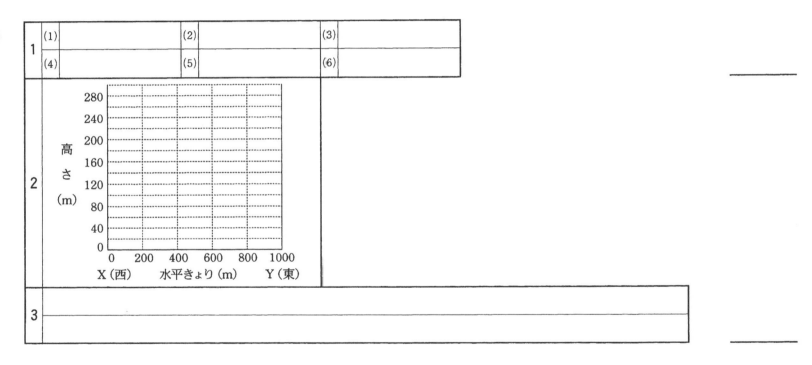

i					
j	①		②		k
l			m		
n		o		p	①
p	②				

4

a		b		c	
d					
e					

1	2	3	4	

※60点満点
(配点非公表)

2021年度　社　会

番号		氏名	

1

1	海峡	2		3	島
4					

a	①		②		b	①	
b	②						
c							

2

a		b		c	貿易
d		e			
f		g			

3

a		b		c		d	

【解答用

※60点満点
（配点非公表）

2021年度　理　　科

番号		氏名	

1

1	(1)		(2)		2	(1)		(2)		3	

4	
5	(1)　　(2)
6	

2

1	m
2	・ ・
3	
4	
5	cm

3

1		2		3	g	4	cm³

5	

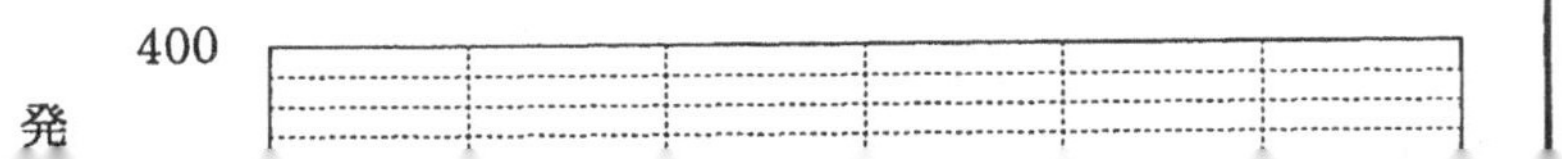

【解答

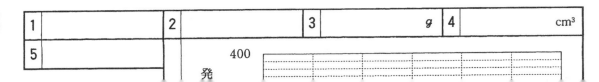

問四

問五

〔三〕

ア

イ

ウ

エ

〔四〕

1

2

3

4 える

5 れる

6 る

7 む

8

りました。k 馬に乗っていたイギリスの商人が、神奈川の生麦《なまむぎ》というところで薩摩藩《さつまはん》の大名行列に出くわし、無礼《ぶれい》であるとして斬《き》りつけられる事件も起こりました。

明治時代になると、l 銀座などの都会では、馬車や鉄道馬車が走るようになりました。農耕にも馬が用いられ、m 北海道の開拓《かいたく》には、積極的に導入されました。

また、馬は近代の戦争にも利用され、特に太平洋戦争では多くの馬が必要となりました。n そのため農村から馬が集められ、戦地に連れて行かれて、兵士と同様に多く犠牲になりました。また、o 石油などの不足から、国内の輸送も牛馬に多くをたよるようになりました。こうしたなかで、空襲で焼死する馬もたくさんいました。

戦後になると、p 飼育される馬の数は急速に減りました。そして、馬と人との関係は大きく変わり、現在はあまり身近ではない動物となってしまったのです。

a　次のア～エのうち、5世紀のできごとを一つ選びなさい。

　ア　ワカタケルが自分の勢力を示す手紙を中国に送った。

　イ　奴国《なこく》の王が中国から金印を授かった。

　ウ　対等な外交を求めて遣隋使《けんずいし》が送られた。

　エ　卑弥呼《ひみこ》が中国から倭王《わおう》の称号と銅鏡を授かった。

b　古墳が現れはじめた地域として、正しいものをア～エから一つ選びなさい。

　ア　九州・瀬戸内　　　イ　瀬戸内・近畿

　ウ　九州・近畿　　　　エ　近畿・関東

c　この馬などを利用し、都から地方に赴任《ふにん》した役人は何と呼ばれますか。

d　儀式や年中行事が、朝廷の政治の重要な部分を占めるようになった時代のことがらとして、適当なものを次のア～エから一つ選びなさい。

　ア　書院造の建築様式が広まり、生け花が床《とこ》の間《ま》に飾《かざ》られるようになった。

　イ　各地の自然や人々の生活のようすなどを記した「風土記《ふどき》」がつくられた。

　ウ　狂言《きょうげん》が演じられたり、御伽草子《おとぎぞうし》などの話が楽しまれるようになった。

　エ　阿弥陀仏《あみだぶつ》を信じ、死後に極楽浄土《ごくらくじょうど》へ行くことを願う教えが広まった。

e　次の絵は、『蒙《もう》古《こ》襲来《しゅうらい》絵《え》詞《ことば》』という絵巻物の一部です。竹崎季長《たけざきすえなが》（右の人物）が、元と戦った後に、幕府を訪れた場面が描かれています。彼が幕府を訪れたのはなぜですか。ア～エから正しいものを一つ選びなさい。

ア　幕府に忠誠をつくして戦ったのに、先祖伝来の土地の支配を保証されなかったため。

イ　幕府の命令で戦ったのに、地方の武士であったことから御家人として認めてもらえなかったため。

ウ　九州地方の御家人を率いて元軍に立ち向かったのに、守護に任命されなかったため。

エ　先頭に立って戦い、手がらをたてたのに、恩賞として新しい領地をもらえなかったため。

f　次のア～エのうち、牛馬による農耕が広まった時代とは、異なる時代のものを一つ選びなさい。

ア　備中《びっちゅう》ぐわなどの新しい農具が発明される。

イ　農民たちで村のおきてや用水の使用法を定めるようになる。

ウ　稲の品種改良や二毛作が広まる。

エ　農具を作る職人が現れ、鉄製の農具が広く使われるようになる。

g（　　　）に入る言葉を答えなさい。

h　次のア〜ウは、織田信長が武田軍と戦った長篠《ながしの》の戦いについて述べた文です。内容が正しいものをすべて選びなさい。

ア　この戦いに勝利したことで、それまで無名の大名であった織田信長の名が全国に広まった。

イ　織田信長は、オランダから輸入した鉄砲を大量に活用して鉄砲隊を組織し、武田軍を破った。

ウ　織田信長軍には、当時連合していた徳川家康と、信長の家臣であった豊臣秀吉が一緒に加わって戦った。

i　同様に大名たちも、軍事的なつとめ以外に、新たな仕事を負担させられるようになりました。どのような仕事を負担させられるようになりましたか。一つ答えなさい。

j　①　この時代、街道を通って江戸との間を往来する大規模な行列は、将軍や大名の行列のほかにどのようなものがありましたか。一つ答えなさい。

②　大名行列の人数は、その大名の石高《こくだか》によって定められていました。石高とはどのようなものですか。ア〜ウから正しい説明を一つ選びなさい。

ア　その大名が幕府から支給される年間の給与額を、米の量で表したもの。

イ　その大名の領地から一年間でとれると予想される、計算上の米の収穫高。

ウ　その大名が自分の領地から集める、年間の年貢の量の合計。

k　この事件をきっかけにして、翌年の1863年には、イギリスと薩摩藩との間で戦争になりました。この戦争が薩摩藩にもたらした変化として、正しいものをア〜エから一つ選びなさい。

ア　開国に反対するのをやめ、幕府を倒《たお》して新しい政府をつくる運動を始めた。

イ　外国への敵対感情が高まり、薩摩藩士による外国人襲撃《しゅうげき》が各地で起こった。

ウ　外国に対抗できる強い国にするために、幕府と協力するようになった。

エ　開国への反対が高まり、開国を認めた幕府を倒そうとする動きが、藩内で生まれた。

l　次の絵は、明治時代初期のもので、鉄道馬車やレンガ造りの建物が描かれ、また、軍服など洋服を着ている人たちの姿も見られます。そのほかに、このころに登場したものを絵の中から二つ探して答えなさい。

『東京名所之内銀座通煉瓦《れんが》造《づくり》鉄道馬車往復図』より

m　開拓と北方の警備を目的に、北海道に送られた人々を何といいますか。

n　太平洋戦争の時期に、馬以外にも戦争に必要とされて家庭などから回収されたものがありますが、それは何ですか。

o　アメリカが日本に対して石油の輸出を禁止したことは、日本にとって大きな痛手となりました。このできごとより前に起きたことを、ア～エからすべて選びなさい。

ア　ハワイの真珠湾《しんじゅわん》を日本軍が攻撃した。

イ　日本とドイツとイタリアが、軍事同盟を結んだ。

ウ　日本が、東南アジアや太平洋の島々を占領した。

エ　ヨーロッパで第二次世界大戦が始まった。

p　下のグラフは日本における馬の総飼育数の移り変わりを表したものです。

①　Aの期間は、日本の社会が何と呼ばれる時期にあたりますか。

②　Aの時期に馬の総飼育数が減少したのはなぜですか。輸送・交通手段の変化もあげられますが、それ以上に大きな理由があります。馬がおもに何に使われていたかを考え、その理由を説明しなさい。

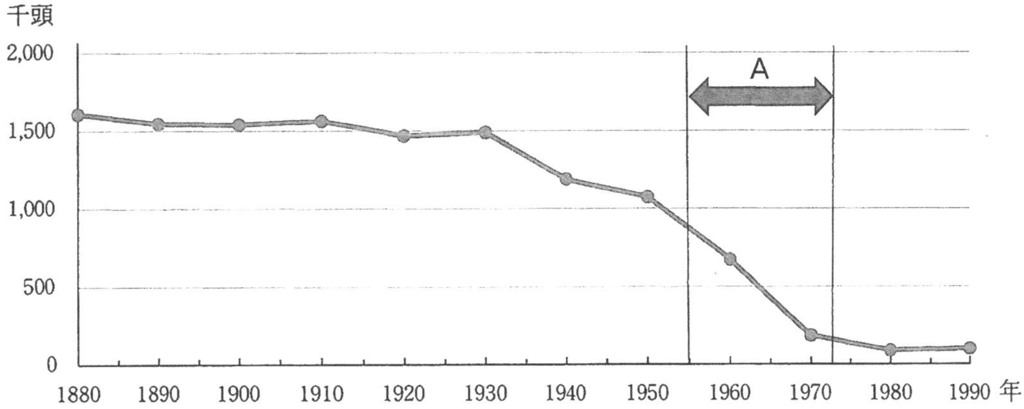

『馬政統計』馬政局、『畜《ちく》産年鑑《かん》』農林省畜産局、『馬関係資料』農林水産省生産局より作成。

4 次の文を読んで、――a～eについての問いに答えなさい。

国連は世界が抱《かか》えている問題に向き合い、$_a$<u>SDGs</u>《エスディージーズ》として17分野の目標を掲《かか》げています。その一つに性（ジェンダー）による差別や困難をなくすジェンダー平等があります。世界経済フォーラムが毎年発表している$_b$<u>ジェンダーギャップ（男女格差）指数《しすう》</u>を見ると、日本では特に女性の政治分野への進出が進んでいないことがわかります。現在の$_c$<u>衆議院</u>における女性議員の割合は9.9%にとどまり、世界の女性議員比率ランキングでは190か国中167位と、とても低い順位になっています。

このような状況を改善するために、候補者男女均等法が2018年に制定されました。この法律により、国会や$_d$<u>地方議会</u>の選挙で、各政党は候補者数を男女同数にする努力が求められます。これはあくまで目標であり、義務ではないため限界もありますが、より多様な声を政治に反映する第一歩と言えるでしょう。政治だけではなく、あらゆる分野において、$_e$<u>女性も男性と同じように参加できる社会</u>をめざしていくことが大切です。

a　SDGsとは、（　　　）な開発目標のことを指します。（　　　）に入る言葉を答えなさい。

b　ジェンダーギャップ指数は、経済・教育・保健・政治の４分野14項目で、男女平等の度合いを数字で表したものです。男女平等の状態であると指数は「１」になり、「０」に近づくほど不平等で男性優位《ゆうい》な状態と評価されます。次の表は、2020年度の日本に関するジェンダーギャップ指数および世界における順位を示したものです。この表から読み取れることとして、<u>まちがっているもの</u>を<u>すべて</u>選びなさい。

　ア　日本では、９割以上の女性が大学などの高等教育機関に進学する。

　イ　日本では、女性の方が男性より健康寿命《じゅみょう》が長い。

　ウ　日本の国家代表は過去50年間、全員男性であった。

　エ　日本の女性は、世界的にみて管理職になる割合が高い。

分野	項目	日本の順位（153カ国中）	指数（日本）	指数（世界平均）
経済	労働参加率	79	0.814	0.661
	同一労働での男女賃金格差	67	0.672	0.613
	収入における男女格差	108	0.541	0.499
	管理職[*1]につく男女比	131	0.174	0.356
	専門職・技術職につく男女比	110	0.680	0.756
教育	識字率	1	1.000	0.899
	初等教育（小学校）在学率	1	1.000	0.757
	中等教育（中学校・高校）在学率	128	0.953	0.954
	高等教育（大学など）在学率	108	0.952	0.931
保健	男女の出生数	1	0.944	0.925
	健康寿命[*2]の男女比	59	1.059	1.034
政治	国会議員の男女比	135	0.112	0.298
	大臣の男女比	139	0.056	0.255
	過去50年間の国家代表の在任年数の男女比	73	0.000	0.190

＊１：管理職とは、職場で責任を持って指揮をとる役職のこと
＊２：健康寿命とは、健康上の不安がなく日常生活が送れる期間のこと

世界経済フォーラム Global Gender Gap Report 2020 より作成。
（一部わかりやすく言いかえています。）

c　衆議院について述べた次の文のうち、まちがっているものを一つ選びなさい。

ア　内閣が提出した法律案は、常に参議院よりも先に衆議院で審議《しんぎ》される。

イ　議員の任期は４年間で、立候補できるのは25歳以上である。

ウ　内閣の政治に反対する場合、衆議院だけが内閣不信任決議案を出すことができる。

d　地方議会が制定する、その地域のみに適用《てきよう》する決まりのことを何といいますか。漢字で答えなさい。

e　次のグラフは、女性で仕事についている人の割合（2018）を、国ごとに年齢《ねんれい》別に表したものです。日本は、スウェーデンなどと比べ、20代後半から30代にかけて一時的に下がることが特徴です。こうした特徴は日本社会のどのようなところに原因があって出てくるものでしょうか。あなたの考えを説明しなさい。

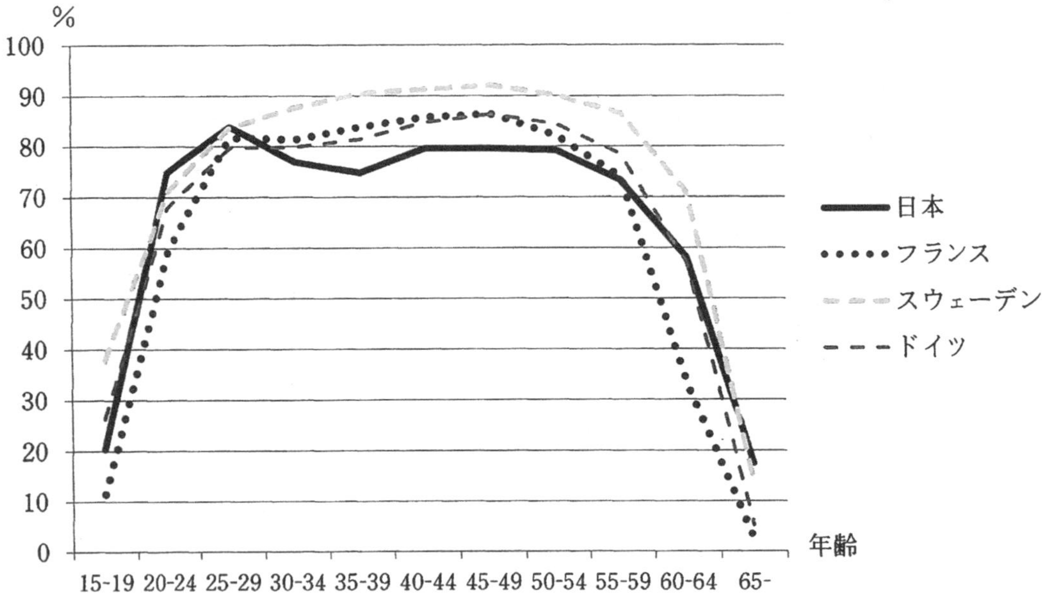

独立行政法人労働政策研究・研修機構『データブック国際労働比較2019』より作成。

二〇二〇年度

国語

（50分）

《注意》

一、問題は一から二十二ページにあります。始まりのチャイムが鳴ったら必ず確認してください。

二、問題を解く前に、解答用紙に受験番号と氏名を忘れずに記入してください。

三、答は、すべて解答用紙に書いてください。句読点や記号などは字数にふくめます。

四、解答用紙の一行のわく内には二行以上書かないようにしてください。

フェリス女学院中学校

2020(R2) フェリス女学院中
教英出版

【一】次の文章を読んで後の問に答えなさい。なお、一部本文の省略があります。

問三 多田新蔵の捕《と》らわれの姿は、どう見ても余りかっこうのいいものではなかった。〈注1〉六尺近いみごとな体は、いたるところにこぶをつけたように筋肉が盛り上がっていたが、なんと言っても、赤いふんどし一本の裸《はだか》姿である。

両手は体ごとあらなわでぐるぐる巻きにしばられていたが、右手の第二関節から手首へかけてだけが自由にされていた。新蔵はそのわずかに自由を許された手で、肩《かた》に担いだ抜《ぬき》身の大刀の柄《つか》をにぎっていた。要するに彼《かれ》は赤ふんどし一本の姿で、大きな抜身の刀を肩に担いで、引き立てられて行ったのである。

彼が連れられて行く原野の風はまだ生ぐさかった。いたるところに討死した武田方の将士の死体が横たわっていて、問四 そこに弱い夏の夕陽《ひ》が斜《ななめ》に落ちていた。

べらぼうな話だ！　問五 こんな合戦ってあるか！

新蔵は一日中彼の心を去来した思いを、いまも胸にいだいていた。敗戦の悲しみもなかったし、捕らわれの恥《はじ》も恐怖《きょうふ》もなかった。あるものは、奇妙《きみょう》な戦とうが行われ、奇妙な結果になり、みんな死んだ中に、自分一人が生き残っているという変てこな感がいだけであった。

彼が歩いて行く原野に横たわっている武士たちの死体は、今まで彼が見て来たいかなるものともちがっていた。斬《き》って斬って、斬りまくった果てに、力つきて斬《ざん》死したといった納得の行く姿ではなかった。みんな不得要領のうちに、相果てたといった奇妙な死様をしていた。どれもこれも、みんな銃弾《じゅうだん》に射抜《ぬ》かれている。中には刀さえ抜いていないやつがある。死顔はみんなみにくかった。

べらぼうな話だ！　こんな合戦ってあるか！

だから、多田新蔵は自分が奇妙なかっこうで捕《ほ》りょになっても、いっこうに気にかからなかった。恥ずかしくもなければ、怖《こわ》くもくやしくもなかった。

彼はふてくさったように、大きな体をずしんずしんと横へいに運んで行きながら、時時周囲を見まわして、

「水！」

とどなった。

「ぜいたくを言やあがる！」

織田兵は取り合わなかった。

「捕りょのくせに神妙に歩け！」

「ばからしくて、神妙に歩けるか！」

新蔵は、時時、周囲の織田兵たちがぎょっとする程大きな声で笑った。無性に腹の底からこみ上げて来る笑いだった。

「狂《くる》ったのか」

だれかが言うと、新蔵はその声の方へ顔をまわして、

「狂った？　ばか者めが！　ばからしくて狂えるか、一体、なんだ、この合戦は！」

新蔵は路上に横たわっている味方の武士たちの死体をふみこえたり、それにつまずいたりしながら歩いた。

しかし、今日の合戦で、武田の騎《き》馬隊を食い止め、そこに銃火を集中し、文字通りしかばねの山を築いた織田、徳川連合軍の陣《じん》地の馬防柵《さく》の近くまで来ると、とつ然新蔵は大声を上げてわめくように泣き出した。彼のほこりにまみれた顔を、なみだがうす黒いしずくとなっていくすじも流れ落ちた。

死体は一歩一歩柵に近付くごとに多くなった。武田の武士ばかりだった。新蔵の胸に、合戦時に自分をいく度となくおそった無念だった思いが、火となってふき上げて来た。

新蔵自身、いく度、この柵にせまったことか！　馬をおどらせた。柵は高かった。馬から降りて柵を抜こうと

した。新蔵ばかりでなく、武田の何千の将士が同じことをした。すると天地をとどろかして銃火が、あたりにさくれつした。何回も何回も同じことをくり返して、武田の騎馬隊は、そのほとんどが全くこの馬防柵のところでついえたのである。

柵の前まで来た時、新蔵はついに動かなくなった。大地にしゃがみこんだ。問七 裸の捕りょは、織田の武士たちに手取り足取り担がれて、三重に張りめぐらされてある柵の設けられてある地帯をこえた。

（中略）

おびただしい〈注2〉篝火《かがりび》のたかれている地帯のまん中を、新蔵は五人の武士たちにまもられて引き立てられて行った。原野の何十という酒宴《えん》場では、武士たちがよっぱらってさわいでいた。折れた槍《やり》の柄が飛んで来たり、大きな酒盃《はい》が肩をかすめたりした。と言っても、それらは必ずしも新蔵をめがけて投げられたものではなかった。大殺りくの行われた日の夜の興奮が、酒のよいであおり立てられ、彼らを狂《きょう》人にしているのであった。

新蔵が〈注3〉小《こ》半刻《はんとき》歩かされて連れて行かれたのは、極楽寺山のふもとの信《のぶ》長〈注4〉の本営であった。ここでも、あかあかと篝火はたかれ、酒宴は開かれていた。

そこは寺の境内のようなところであった。〈注5〉丁度桟敷《さじき》のように一段と高く造られた板敷の席には、何十人かの武将たちがずらりと居並んで、たがいに酒盃を交わしていた。

新蔵は庭先に引きすえられた。一人の中年の武士が庭へ降りて来ると、〈注6〉篝火を新蔵の近くに移すように命じた。問八 やがて新蔵の裸身はほのおの光で赤く光った。顔も体もさながら赤不動のように見えた。

こんどは別の一人の、身分のありそうな若い武士が降りて来た。

「多田淡路守《あわじのかみ》〈注7〉のせがれと言ったのは本当か」

「うそを言って何とする？」

「上様はご存じだぞ」
「上様とはだれだ」
「言葉をつつしめ」
槍の石づきで背中をひとつ小づかれた。この時、新蔵は初めて自分が信長の面前に引き出されていることを知った。が、桟敷の上のどこに信長が居るかわからなかった。大勢の武将の居ることだけはわかったが、新蔵の居るところからでは、一人一人の顔を判別することはできなかった。
若い武士はいったん去って行ったが、また現れた。
「捕らわれの身になっても、いっこうに恥じることはないという有難い〈注8〉御諚《じょう》だぞ」
それには構わず、
「早く斬れ！」
と、新蔵はさけんだ。
「斬られたいのか？」
「早く斬れ！　殺せ！」
「ばかなやつだな。恥じるにはおよばぬと上様はおっしゃっておられる」
「斬れ！」
問九
「恥じるには――」
武士が言いかけた時、初めて「恥」という言葉が、それの持つ正当な意味をもって、新蔵の耳にはいって来た。
「恥？」
「恥じるにはおよばぬと言うのだ」

「恥じる？　だれが恥じるか！　ばか！」
新蔵はどなった。実際に彼は自分が捕らわれたことを少しも恥じていなかった。恥じるようなまともな合戦ではなかった。
どこか一点正常でない狂ったところがあった。高阪昌澄《さかまさずみ》も、内藤《とう》昌豊《とよ》も、みんなあっけなく一しゅんにして相果てたのだ。信ずべからざることが起こったのだ。土屋昌次も、原昌胤《たね》も死んだ。馬場信春も死んだ。その他大勢の優れた武将たちがみんな銃火の中に息を引き取ったのだ。主君勝頼《より》でさえどうなったかわかったものではない。
新蔵はばからしいといった気持しか持っていなかった。死んだ者がみなこっけいに見えた。昼間、彼は馬防柵のところで号泣したが、味方一万五千の将士の死を悲しんだのではない。
それとは少しちがっていた。柵をこえることのできなかった無念さが、ただ火のように胸をつき上げて来たのだ。柵さえこえることができたら、おそらく武田勢は織田、徳川の連合軍を馬蹄《てい》〈注9〉の下にふみにじっていたことであろう。この合戦では討死しても恥でないと同様に、捕らわれようが、にげようが、いっこうに恥ではないのだ。
「俺がなぜ裸になったか、貴様は知っているか」
新蔵はどなった。逆に彼は若い武士に質問したのだ。
「そんなことを知るか」
「わからんだろう、お前には」
新蔵は大きな裸身をふるわすようにして笑った。そして、ぷっつりと笑いをとめると、
「ばからしいのだ。こんな合戦は裸でたくさんなのだ。裸で、赤ふんどし一本でたくさんなのだ」
実際に、よろいを着たり、馬に乗ったり、槍を持ったりしたことが、今思えばこっけいに思える。問十裸でよかっ

たのだ、裸で！

その時、ぷっつりとなわは切られた。新蔵はふいに体の自由を得て、前にのめった。

「生命はたすけてやる。仕官〈注10〉しろ」

武士は言った。

「仕官!?」

「上様の有難いお情けを終生忘れるな」

新蔵は地面に前のめりになったままの姿勢でいた。体を起こさなかった。仕官をすすめられようとは、全く思いも寄らなかったからである。

「返事をしろ。——異存はあるまいな」

また若い武士は言った。

新蔵は槍の柄が横から自分の胸に当たったのを感じた。それに支えられるようにして体を起こした。

どうして生命をたすけて、仕官をすすめるのであるか。信長が父多田淡路守を知っているためであるか。あるいは自分が赤ふんどし一本の異様な姿でいるためか、それが勝利者の気まぐれな心をしげきしたのか。

新蔵がなおも返事をしないでいると、若い武士は、

「考えておけ。仕官すればよし、そうでなければ首をはねる。とくと考えておけ」

それから彼は、

「すみへ座らせておけ」

と、他の者に命じた。すぐ暗くなっている樹蔭《いん》から、二、三人の武士が現れると、新蔵の両手を取った。

新蔵はそこから三間〈注11〉程はなれた雑木のしげみのそばに移された。そこに移されると、急に蚊《か》の群れが新蔵

の裸身をおそって来た。これはたまらないと思った。
今の場合、新蔵には仕官の問題より蚊のしゅう撃《げき》の方が気にかかった。仕官の方はさして重要な問題ではなかった。仕官を断って首をはねられても、それはもともと予定していたことである。捕まった時、すでにそうした運命が自分にやって来ることを覚ごしていた。だれも彼もみんな相果てたのだから、自分一人が助かっても仕方のないことであった。
しかし、仕官しろというのなら、仕官してもいいと思う。捕りょになったことに恥を感じなかったように、敵方へ仕えることも、今の場合、そこにたいした意味があろうとは思われない。こんどの合戦では、何か重大なものが一本抜けているのだ。今まで通用していたものが、全部通用しなくなっている感じである。
新蔵はうでをやたらに左右にふりまわしていた。問十一そして、首をはねられようと、仕官しようと、どちらでも構わないが、どちらかに早く決めてもらわなければならぬと思った。こうして蚊にせめ立てられていてはやり切れない。
ひどくばからしい合戦にふさわしく、その結末も新蔵にはばからしく、こっけいに思えた。
新蔵は暗やみの中で、大きな眼を光らせた。先刻まで自分が座っていた席に、おいぼれ武士が一人現れたかと思うと、何か二言三言言って、丁ねいに頭を下げて立ち去って行ったからである。
すると、こんどは別の武士が現れ、同じように、篝火に半顔を照らされながらそこに座り、また何か言って、桟敷の方に問Bうやうやしく頭を下げて立ち去って行った。
それから次から次へと、武士たちは現れた。若い武士も居れば、年取った武士も居た。堂堂たる武士も居れば、貧相なやつも居る。図体の大きいのも居れば、小さいのも居る。階級も雑多であった。中には、手負うた武士も居た。

新蔵はやがて彼らが、今日の合戦で手がらを立てた武士たちであることを知った。彼らは所属している部隊からわざわざここに出向いて来て、何かひと言かふた言、ここにいる武将たちから労をねぎらう言葉をもらい、それに感激して引きさがって行きつつあるのであった。

そうしているうちに、新蔵はおやと思った。

篝火の光の輪の中に、今までとはちがって、いやにおどおどした一見して下級武士と見える五人の武士が現れたからである。こんどの場合だけ、桟敷から先刻新蔵をきつ問した若い武士が降りて来た。

五人の雑兵たちは、罪人のように、そこに一列に並んで座った。百しょうに武具を着けたような品のない連中だった。二人は若く、三人は中年だった。

「お前たちか、山県昌景を狙撃《そげき》したのは」

若い武士は言った。その言葉ははっきりと新蔵の耳にはいって来た。

「は」

五人の中では、一番ましに見えている二十二、三の若者が答えた。

「命令もないのに、なぜ狙撃した？」

「は」

若者は顔を上げた。

「以後、気を付けます」

「気を付けますでは相すまぬ。全軍の統制を破って、問C みだりに発砲《ぼう》するとは何事だ。不届至極である」

それから、

「お前が他の者に命じたのだな？」

「は」

「なぜ、みだりにそのようなことをした?」

「は」

若者はすっかりおびえ上がって、口もろくにきけないらしく、長いこと口をもぐもぐさせていたが、

「ひ、ひまだったのでございます」

「ひま?」

「あの時、することがなかったのでございます。まことに申しわけございません」

若者は両手を大地についていたが、よほどおびえているらしく、体は大きくふるえていた。

「本来ならきびしくばっするところだが、この度だけは見のがしてやる」

若い武士は言った。

問十二 この時、新蔵はしかられている若者より、もっと大きく自分の体がふるえて来るのを感じていた。ほとんど自分で制ぎょできない程、手もあしもどう体もがくがくと大きくふるえて来た。

新蔵は戦線の左翼《よく》で、山県昌景が飛弾にたおれた時を見ていた。それはぐう然彼の眼にはいった〈注12〉修羅《しゅら》場の一シーンであったが、山県昌景の死の意味は武田軍にとっては、限りなく大きいものであった。合戦の神と言われ、長く武田の至宝と言われた山県昌景の死は、急に武田軍の運命を暗く冷たいものにしたのである。新蔵はその時山県昌景さえたおれてしまったのだからもうこの合戦はだめだと思った。

しかし、それにしても、山県昌景の死は、信じられぬ程あっけないものであった。彼はくずれ立った味方の軍勢に下知するために、馬上に大きく身をうかせた。それはどこから見ていても、山県昌景以外の何人とも見えぬ堂堂たる姿であった。

が、次のしゅん間、彼はいきなり前かがみになったと思うと、たわいなく馬上から転がり落ちたのであった。信じられぬようなあっけない落馬の仕方であった。乱戦の最中だったので、この出来事はたちまちにして戦場の混乱のうずの中に巻きこまれ、あと形もなくなってしまったのである。

ひまだったから狙撃したと言うのか。ひまだったから！　新蔵は自分でも知らぬ間に立ち上がっていた。

新蔵は改めて、そこに居並んでいる五人の雑兵の姿を見つめた。言うまでもなく今日の合戦で、織田方の鉄砲隊に属した武士たちであろうが、武士になってから、そう長い歳《さい》月を送っているものとは見えない。あるいは刀一つ使えないかも知れない。

この雑兵たちは、手持ちぶさたをまぎらわすために、彼らの眼にも目立って見えた一人の武田の武将に照準したのであろう。ばからしいことは百も承知していたが、そのばからしいことの限りが、この時、彼にこの日初めての忿怒《ふんぬ》を点火した。

新蔵はとつ然、大きいうなり声を上げると一しょに、彼らの方へ、篝火の光の輪の中へ身をおどらせた。とっ進した。若い武士はさっと身を背後に退いた。が、その時新蔵の手は、武士の持っている槍にのびていた。

新蔵は槍をうばった次のしゅん間、槍をかかえ直すとみるや、いきなり、立ち上がりかけた若い一人の雑兵のわき腹をつきさしていた。そしてつきさしたまま、二、三間走って行って、立木の根本におし付けるようにして、相手の体から槍を抜いた。

新蔵は叫《きょう》声と怒《ど》声が周囲にわき起こっているのを聞いていた。桟敷から何人かの武士たちがかけ降りた。篝火の光の中を、二、三人の武士たちが入り乱れて横切った。

まっ先にせまって来たのは、槍をうばわれた若い武士だった。ふりかぶった刀の半分が篝火の光の中でひらめいたが、あとはやみの中に消えた。

新蔵は雑木の間をくぐってのがれた。気が付いた時、彼は竹やぶに沿った道路を走っていた。何人かの足音がすぐあとにせまっていた。

新蔵は立ちどまると、槍を小わきにかかえたまま、やみの底をうかがうように、身をおりながら向きを変えた。

一人をついた。太ももらしかった。

「来い！」

また一人をつきさした。十分の手応えを感じている時、新蔵は裸の肩先を横から斬り下げられた。はげしい痛みが全身を走った。問十三刀が欲しかった。槍をすてて、刀が欲しかった。

新蔵は重傷を負いながらまた走った。が、何程も走らぬうちに、彼は再び立ちどまると、槍をつえにして立ち、おそらく自分にとって最後であるにちがいない決とうの相手がせまって来るのを待った。

そこは坂の中途《と》らしかった。はるか下の方で、いくつかのたいまつ〈注13〉が動いている。叫声と喚《かん》声が、次第に高くなって聞こえて来る。

多田新蔵にとって、ひどくばからしい、ほとんど信じられぬくらいの間の抜けた大会戦の一日は、いま終わろうとしていた。問十四この日初めての、合戦場にあるじゅう実感がこの時新蔵のひん死の五体をみたしていた。が、それも長くは続かなかった。多田新蔵は新しい決とうの相手が現れるのを待たないで、ひざを折って、地面にたおれた。

（井上靖《やすし》『真田軍記』所収「篝火」ＫＡＤＯＫＡＷＡ）

〈注1〉長さの単位。一尺は約三十センチメートル

〈注2〉夜、あたりを明るくするために燃やす火

〈注3〉時間の長さ。三十分

〈注4〉軍の大将が陣を構える場所
〈注5〉一段高いところに板をしいて、見物客を座らせるようにしたところ
〈注6〉赤色の不動明王。いきどおりの形相で、右手に剣《けん》、左手になわを持ち、背に火炎《えん》をおう
〈注7〉むすこ
〈注8〉貴人や目上の人などが下したことばや命令
〈注9〉馬のひづめ
〈注10〉武士が主君の家来として仕えること
〈注11〉長さの単位。一間は約一・八メートル
〈注12〉敵味方入りみだれてのはげしい戦いの場
〈注13〉マツなどの木をたばねて、火をつけて明かりとしたもの

問一 ＝＝＝部A・B・Cの意味として正しいものを選びなさい。

A 神妙に

1 おとなしく、すなおに　2 きびきびと、すばやく
3 感情を表に出さないで　4 みじめで情けなく

B うやうやしく

1 おおげさに　2 よそよそしげに
3 おもねって　4 へりくだって

C　みだりに

1　うっかり不注意に　　2　考えもなくむやみに

3　くわだててひそかに　　4　予告なくとつ然に

問二　「多田新蔵」はこの合戦で何軍に属していますか。また、敵は何軍ですか。

問三　――部「多田新蔵の捕らわれの姿は、どう見ても余りかっこうのいいものではなかった」とありますが、どのような姿が「余りかっこうのいいものではなかった」のですか。十五字以内で書きなさい。

問四　――部「弱い夏の夕陽が斜に落ちていた」はこの文章の中でどのような効果をあげていますか。

1　太陽のように光りかがやくかつての武田軍の栄華《が》を読者に明示する効果

2　武田軍があえなく敗戦に終わってしまったことを読者に印象づける効果

3　武田軍にわずかな勝機がいまだ残されていることを読者にほのめかす効果

4　最後まで立派に戦い抜いた武田軍の兵士たちの美しさを読者にうったえる効果

問五　――部「こんな合戦ってあるか！」とありますが、この合戦で敵軍はどのような作戦で圧勝したのですか。文章中の言葉を用いて三十字以内で具体的に説明しなさい。

問六　――部「とつ然新蔵は大声を上げてわめくように泣き出した」のはなぜですか。文章中の言葉を用いて簡潔に答えなさい。

問七 ━━部「裸の捕りょは、織田の武士たちに手取り足取り担がれて、三重に張りめぐらされてある柵の設けられてある地帯をこえた」とありますが、ここでの「裸の捕りょ」という言い方はどのようなことを表していますか。

1 新蔵が捕らわれの身であることを強調することで、敵方に自由をうばわれた新蔵が悲しみにうちひしがれていることを表している

2 新蔵と呼ばないことで、とつ然笑ったり泣いたりする不可解な態度の新蔵を敵方がもうまともに相手にしていないことを表している

3 着物も着ないで平気でいる新蔵のさまを言うことで、新蔵のあらあらしいふるまいを敵方がもてあましあきれていることを表している

4 新蔵という名前を出さないことによって、ぬけがらのようになってしまった新蔵を敵方が物のようにあつかっていることを表している

問八 ━━部「やがて新蔵の裸身はほのおの光で赤く光った」という一文は、どのような様子を表していますか。

1 先程まで激しい合戦の中にいた新蔵がまだ興奮しており、すぐにでも戦いを再開しようとしている様子

2 いつ殺されてもおかしくない状況《きょう》に置かれてしまった新蔵が、周囲の者を警かいして身構えている様子

3 新蔵が敵の前であっても少しもひるまず、かえって大きないかりを内に秘めていることがわかる様子

4 捕りょとして無様な姿をさらすことを新蔵が強く恥じていることが、だれの目にも明らかである様子

問九 ━━部「武士が言いかけた時、初めて『恥』という言葉が、それの持つ正当な意味をもって、新蔵の耳にはいって来た」という一文からはどのようなことがわかりますか。

1　それまで新蔵は裸であることのみを恥だと考えていたので、捕りょになることが恥だと聞かされておどろきをかくせないでいること

2　捕りょとなることが恥であるという戦の常識を忘れさせるほど、新蔵にとって今回の合戦が異常なものであったということ

3　捕らえられたら潔く死ぬしかないと考えてただ殺せとわめき続けていたため、新蔵には武士の言葉が全く聞こえていなかったこと

4　武士の言葉をたんなる気休めとしか思っていなかった新蔵が、敵の大将が本当に恥ではないと言っているのを知って感激していること

問十　━━部「裸でよかったのだ、裸で！」と「新蔵」が考えるのはなぜですか。

1　これまでつちかってきた戦の技術や経験などが何の意味も持たないような合戦には、きちんと武具をつけて臨む価値を見いだせなかったから

2　いとも簡単に敵に敗北して捕りょになってしまう弱い自分は、立派な武具がふさわしいような勇かんな武士ではないと感じられたから

3　ごうかな武具で敵をひるませる従来の戦法が通用しなかったので、武具の威《い》力に頼らず初心に返って武士としてのうでをみがくべきだとさとったから

4　強い武将たちをも一しゅんのうちに殺してしまうような敵に必死にあらがうよりも、武具を捨てていさぎよく降参の意を示すのがよいと気付いたから

問十一 ━━部「そして、首をはねられようと、仕官しようと、どちらでも構わないが、どちらかに早く決めてもらわなければならぬと思った。こうして蚊にせめ立てられていてはやり切れない」とありますが、このときの「新蔵」の説明としてふさわしいものを選びなさい。

1 命を失うことも武士としてのほこりを失うこともどちらも自分にとってはおそろしいことであり、苦しい選択《たく》をせまられていたたまれなくなっている

2 味方でたった一人生き残ってしまった自分の今後を決する重要な局面で、蚊のようなちっぽけな存在にふり回されてはいられないと気がせいている

3 目の前の蚊のようなささいなことがらが気になり、武士としての生きざまや自分の命の行く末という重大事が二の次になるほどなげやりになっている

4 命を失うのか生き延びられるのかという生死のかかった極限状態にあるが、たとえどのような結末になろうとも静かに受け止めようと覚ごを決めている

問十二 ━━部「この時、新蔵はしかられている若者より、もっと大きく自分の体がふるえて来るのを感じていた。ほとんど自分で制ぎょできない程、手もあしもどう体もがくがくと大きくふるえて来た」のはなぜですか。

1 合戦の神とまで呼ばれた山県昌景が、見るからに戦に関して素人《しろうと》同然の下級武士にあまりにもくだらない動機で殺されたことに、強いいきどおりを覚えたから

2 堂堂たる山県昌景を討ち取った者たちがただの雑兵であることにおどろき、雑兵でさえ相当の力量を持つような敵軍に捕らえられていることが急におそろしくなったから

3 自軍の宝と言われた山県昌景が一見して技術も実力もない者たちに簡単に殺されたことで、新たな武器

の力にしょうげきを受け、自軍再興の望みはないことに絶望したから

4　大きな存在であった山県昌景が自分よりうで前も身分もおとる者たちに討たれて、山県を守れなかった自分のふがいなさを痛感し、くやしさがおさえられなかったから

問十三　――部「刀が欲しかった。槍をすてて、刀が欲しかった」とありますが、「新蔵」にとって、「刀」とはどのようなものですか。

1　幼いころから常に手元にあった、思い入れの強いもの
2　槍よりも軽く、けがをしていても簡単にあつかえるもの
3　どの武器よりも殺傷能力が高く、戦では欠かせないもの
4　自分のうで前を示し、武士としてのほこりとなるもの

問十四　――部「この日初めての、合戦場にあるじゅう実感がこの時新蔵のひん死の五体をみたしていた」とありますが、このときの「新蔵」の説明としてふさわしいものを選びなさい。

1　この日はずっと捕らわれの不自由な身の上だったので、ようやく自由の身になり解放感を味わっている
2　生きて捕りょになるのは恥だと考えていたので、やっといさぎよく死ぬ場を見つけられて安どしている
3　敵と直接向かい合い、自分の力の限りをつくして戦うことができたことに満足し、喜びさえ感じている
4　たわいない理由で山県昌景を狙撃した兵たちを討ち取り、うらみを晴らして、達成感をかみしめている

〔二〕 次の文章を読んで後の問に答えなさい。

問二 人間と人間の関係がモノを媒介《ばいかい》として結ばれる関係と、目に見えないきずなによって結ばれるものとの二つの関係からなりたっているというとき、私たちは現代人としての常識でその関係を理解しようとします。しかし、古代、中世の人びとの関係を頭におきながらこの問題を考えようとすると、現在私たちがもっている「常識」をいったん捨てなければならないのです。

つまり、古代、中世の人間と人間との関係のあり方は、現代人のそれとはたいへん異なっているので、それを理解するためには、私たちの常識をいったんたな上げにする必要があるのです。

たとえば、私たちには時間が均質的でまた直線的に流れてゆくと考えるけい向がありますし、空間は三次元の均質的な場であると考えています。これは現代という特しゅな時代に生きている私たちの常識ですが、古代、中世の人びとは時間と空間をそのようにはとらえていなかったのです。問三 では彼らは時間と空間をどのように考えていたのでしょうか。

具体的な例をとってみましょう。

古代、中世の人びとは空間を均質的な場であると理解してはいませんでした。聖なる空間とそうでない空間があって、前者はおそれをもって接しなければならない空間でした。そのような意識は日本人のばあいは今でも残っていて、床《とこ》の間に上がってはならないということはだれでも知っているでしょう。床の間は日本の家では聖なる場所なのです。

古代、中世の社会では、たとえば神殿《でん》は聖なる場所でしたから、そこにはいった者にもその聖性が移ると考えられていたのです。人殺しをしたり、どろぼうをしたりして追いかけられている人が神殿の中ににげこんだばあい、追っ手は神殿をとり巻いて、犯人が出てくるのを待つのです。神殿にはいって捕らえることはできません。

なぜできないのでしょうか。それは神殿が聖なる領域で、いったんそこにはいった者は聖性を帯びますから、その者を捕らえることはできないと考えられていたからです。その聖性は、神殿のなかにいる間だけそこに留まる者に移っているので、いったん神殿を出ると聖性を失い、すぐに捕らえることができるのです。神殿内には水も食料もありませんから、囲んで待っていれば、飢《う》えとかわきのために犯人はいずれは出てこざるをえないのです。

しかしアテネのキロニーデンの神殿では、聖なる像にひもを結んで、そのひものはしをもって神殿から出ている間は、犯人を捕らえることはできないことになっています。ひもを通して聖なるモノが神殿の外にいる犯人にも伝わっていると考えられたためでしょう。

問四 このような空間をアジール（聖域、避《ひ》難所）といいます。現在では大使館や赤十字の建物に、かろうじてのこっているくらいですが、古代、中世の社会では個人の家も聖なる場所に近い性質をもっていましたから、いたるところにアジールがあったことになります。

子どもの遊びのひとつおにごっこに、円をえがいたなかにいる子どもを捕らえることはできないというルールがありますが、それも古代、中世のおとなのアジールのルールが現在まで子どもの遊びのなかにのこっているとみることができます。

アジールにはいろいろな形態があって、渡《わた》し舟《ぶね》もアジールでした。追いかけられている人が渡し場に追っ手より先につき、舟にのったとき、あとから追っ手が近づいたばあい、船頭は追いかけられている人を船首にのせ、追っ手を船尾《び》にのせて、対岸につくと船首の客をまずおろし、そののち舟を一回転させて船尾を陸につけて追っ手をおろすことになっているところもあります。

あるいは、追いかけられている人が農具のひとつである馬《ま》ぐわの下でパンを一片食べている間は、追っ手は近づいてはならないというルールもあります。私たちには子どもの遊びのようにみえるかもしれませんが、このアジールは、古代、中世の人びとの人間関係のなかでは、とても重要な役割をはたしていたのです。「我が家は城なり」という〈注〉法諺《ほうげん》もアジールとしての家を示しているのです。たとえ殺人犯であっても家にのがれ、その家の主人が犯人をかくまっているばあい、警察などの公権力といえども家におし入ることはできないとされていたのです。現在の私たちには理解しにくいこのアジールを説明するためには、中世人の空間、つまり世界についての考え方の輪かくを示しておく必要があるでしょう。

現代に生きている私たちは、世界はひとつだと考えています。たしかに飛行機にのりさえすれば、たいていのところへは十数時間で行けます。どこへ行っても今私たちが使っている時計で時間を計り、円をその国の通貨にかえさえすれば生活できるのです。世界中の人びとの生活の様式がたいへん似てきていますから、あまり抵抗《ていこう》なく外国で暮らせるのです。

このような世界に生きている私たちには、現代の世界の常識を過去にもちこもうとするけい向があります。ところが古代や中世の人びとは、私たちの世界とはひじょうに異なった世界に生きていたのです。

（阿部謹也《あべきんや》「自分のなかに歴史をよむ」ちくま文庫）

〈注〉法律についてのことわざ

問一　この文章の展開のしかたの説明としてふさわしいものを選びなさい。

1　はじめに一ぱん的な意見を示し、それを否定したうえで独自の意見を主張する

2　はじめに具体的なことがらを一つあげ、それを根拠《きょ》として結論を導き出してゆく

3　はじめに主張を述べ、それについての具体例をいくつかあげて、最後に主張を確認する

4　はじめに二つの対照的な意見を並べ、それらを対比させつつ一つの結論にまとめてゆく

問二　――部「人間と人間の関係がモノを媒介として結ばれる関係と、目に見えないきずなによって結ばれるものとの二つの関係からなりたっている」とありますが、次の各文を「モノを媒介として結ばれる」関係と「目に見えないきずなによって結ばれる」関係とに分けた場合、どちらかが一つだけになります。それを選びなさい。

1　XさんはYさんが営む食堂の常連客である
2　XさんとYさんはともに東海道線で通学している
3　XさんはYさんの仕立てたスーツを着ている
4　XさんとYさんは愛し合って結こんした夫婦である

問三　――部「では彼らは時間と空間をどのように考えていたのでしょうか」とありますが、古代、中世の人びとは「空間」をどのように考えていましたか。それがわかる四十字以上四十五字以内の一文をぬき出し、最初の五字を書きなさい。

問四　――部「このような空間をアジール（聖域、避難所）といいます」について答えなさい。

①　「アジール（聖域、避難所）」とはどのような場所ですか。四十字以内で書きなさい。
②　古代、中世の社会におけるアジールの例を本文中から四つぬき出しなさい。

問五　「　」部「現代に生きている私たちは～外国で暮らせるのです」とありますが、ここに示されている現代人の考え方はどのようなものですか。この文章全体の内容をふまえ、本文中の言葉を用いて四十字以内で書きなさい。

問六　あなたが変えたいと思っている現代の常識を一つ挙げ、その常識を捨てたときにどのような変化が起こると思うか、あなたの考えを二百字以内で書きなさい。

[三]　次の各文から、主語と述語の関係になっている部分をぬき出し、主語、述語の順で記号を書きなさい。

1　ア その　イ 本は　ウ 私も　エ 以前に　オ 読みました。

2　ア 富士山の　イ よく　ウ 見える　エ 部屋を　オ 予約した。

[四]　次の――部1～5のカタカナの部分を漢字で書きなさい。また――部6～8の漢字の読み方をひらがなで書きなさい。

敵に1 ホウフクする　　健康を2 タモつ　　花を3 ソナえる　　大臣が4 ジショクする

5 カンパがとう来する　　6 分別のつく大人　　7 枝葉末節　　8 類まれな才能

(問題は以上です。)

＊問題文に使用した作品における難しい漢字表記は、現在一ぱん的に使われている漢字またはひらがなに改めるか、読みがなをほどこすかしてあります。また、送りがなを加えたり取ったりしたものもあります。

2020年度

算　　数

（50分）

《注意》

1．問題は1ページから11ページまであります。始まりのチャイムが鳴ったら必ず確認してください。
2．問題を解く前に、受験番号と氏名を忘れずに記入してください。
3．答は、答の欄《らん》にはっきりと書いてください。
4．答を出すのに必要な図や式や計算を、その問題のところにはっきりと書いてください。
5．円周率を使う場合は3.14としてください。

受験番号		氏名	

得点	※100点満点 （配点非公表）

ここは余白です。

1 次の問いに答えなさい。

(1) 次の□にあてはまる数を求めなさい。

$$\left\{3 \div \left(2\frac{1}{22} - 1.35\right) - \square \div 17\right\} \div 1\frac{2}{3} = 1$$

答

(2) 図において三角形 ABC は正三角形です。㋐の角の大きさを求めなさい。

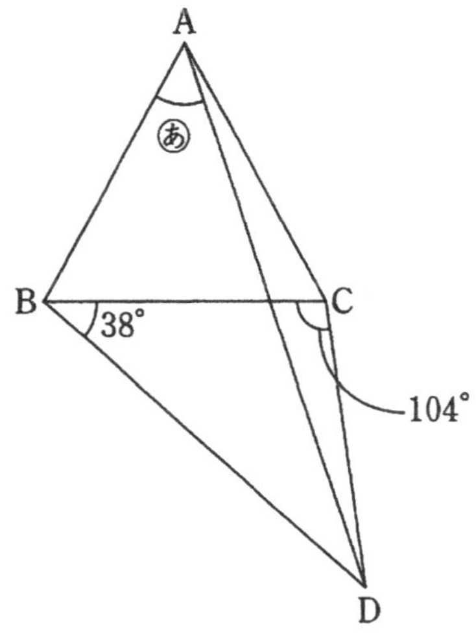

答

(3) 1からAまでのすべての整数を1回ずつかけ合わせた数を《A》と表します。

例えば，《3》＝1×2×3＝6です。

次の$\boxed{\text{B}}$，$\boxed{\text{C}}$には，あてはまる整数はいろいろ考えられますが，$\boxed{\text{B}}$にあてはまる整数のうち，最も小さいものを答えなさい。

$$《2》\times《3》\times《4》\times\cdots\times《10》\times\boxed{\text{B}}=\boxed{\text{C}}\times\boxed{\text{C}}\times\boxed{\text{C}}$$

答

(4) はじめ，容器A，Bに入っている水の量の比は9：7でした。容器A，Bに水をそれぞれ16リットル，12リットル加えると，容器A，Bの水の量の比は17：13になりました。はじめ，容器Aに入っていた水の量は何リットルでしたか。

答

(5)　同じ長さの７本の矢印を横一列に並べます。

例１のように，となり合うどの２本の矢印の組も向き合っていないような７本の矢印の並べ方は ア 通りあります。

例２のように，となり合う２本の矢印の組のうち，１組だけが向き合っているような７本の矢印の並べ方は イ 通りあります。ア，イ にあてはまる数を求めなさい。

例１　←　←　←　→　→　→　→

例２　←　→　→　←　→　→　→

答

ア		イ	

2 図のように，正三角形ACEと正三角形BDFがあります。3つの頂点B，D，Fは，それぞれ辺AC，辺CE，辺EAの真ん中の点です。点Pと点Qは，それぞれ頂点A，頂点Fを同時に出発します。

点PはA→B→C→D→E→F→Aの順に，点QはF→B→D→Fの順に動き続けます。

次の(1)，(2)の ア ～ カ にあてはまる数やアルファベットを求めなさい。

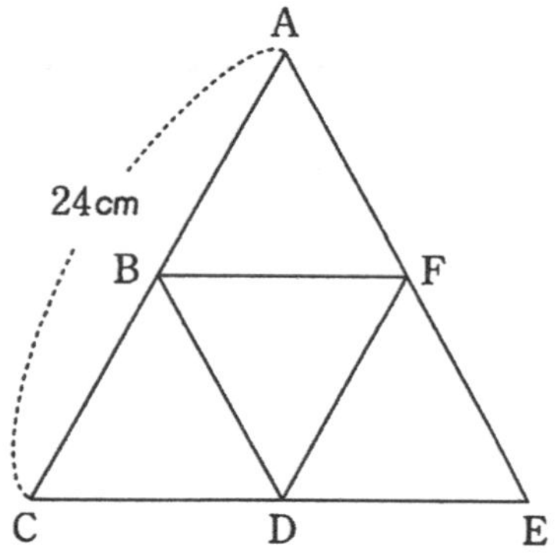

(1) 点Pと点Qの速さはともに秒速12cmとします。このとき，点Pと点Qが初めて出会う場所は頂点 ア で，それは出発してから イ 秒後です。初めて出会った後，ウ 秒ごとに頂点 ア で出会います。

答	ア		イ		ウ	

(2)　点Pの速さは秒速3cm，点Qの速さは秒速4cmとします。このとき，点Pと点Qが初めて出会う場所は頂点[エ]で，それは出発してから[オ]秒後です。初めて出会った後，[カ]秒ごとに頂点[エ]で出会います。

答	エ		オ		カ	

3 次の問いに答えなさい。

(1) 図のように直線ABを直径とする半円があります。　部分の面積を求めなさい。

（求め方）

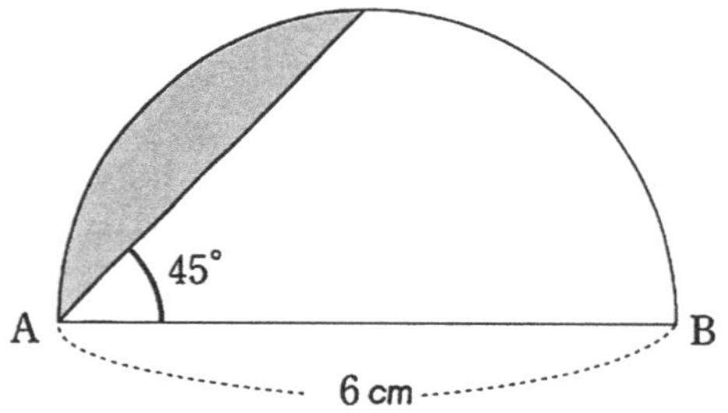

答

(2)　図のように直線 AB を直径とする半円があります。　部分の面積を求めなさい。

（求め方）

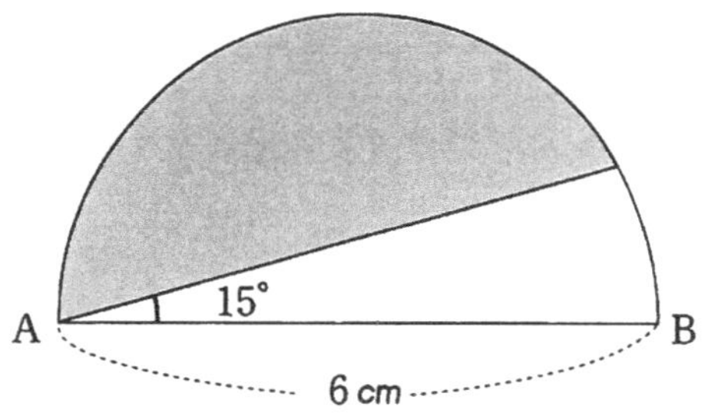

答

4　1番目の数を10とします。

2番目の数は，1番目の数を$\frac{2}{3}$倍して，10を加えた数とします。

3番目の数は，2番目の数を$\frac{2}{3}$倍して，10を加えた数とします。

このようにして，次々と数を作ります。次の問いに答えなさい。

(1)　4番目の数を求めなさい。

答

(2)　これらの数と30との差を次のように考えました。次の ア ～ エ にあてはまる数を求めなさい。

1番目の数と30との差は　　$30-10=(30-10)\times$ ア と表せます。

2番目の数と30との差は　　$(30-10)\times$ イ と表せます。

3番目の数と30との差は　　$(30-10)\times$ ウ と表せます。

このように考えると，6番目の数と30との差は エ です。

答	ア		イ		ウ		エ	

(3) 初めて29より大きくなるのは何番目の数ですか。

（求め方）

答

5 Aさん，Bさん，Cさん，Xさんの所持金はそれぞれ1600円，3000円，4000円，x円です。AさんとXさんの所持金の差はa円，BさんとXさんの所持金の差はb円，CさんとXさんの所持金の差はc円です。a，b，cはすべて異なる数です。

次の問いに答えなさい。(1)，(2)は下のわくの中から選んで答えなさい。

①$a < b < c$	②$a < c < b$	③$b < a < c$
④$b < c < a$	⑤$c < a < b$	⑥$c < b < a$

（注意）例えば①は，bがaよりも大きく，cよりも小さいことを表しています。

(1) a，b，cの大小関係についてありえないものを，上のわくの中の①～⑥からすべて選び，その番号を答えなさい。

答

(2) bとcの和がaの2倍に等しいとき，a，b，cの大小関係として考えられるものを，上のわくの中の①～⑥からすべて選び，その番号を答えなさい。

答

(3) b と c の和が a の2倍に等しいとき，Xさんの所持金 x 円はいくらですか。

（求め方）

答

ここは余白です。

ここは余白です。

2020年度

理　　科

（30分）

《注意》

1．問題は1から10ページまであります。始まりのチャイムが鳴ったら必ず確認してください。

2．問題を解く前に、解答用紙に受験番号と氏名を忘れずに記入してください。

3．答は、すべて解答用紙に書いてください。

1

1　植物は、根から水を吸い上げ、それを葉から水じょう気として空気中に放出しています。この現象を何といいますか。

2　1の現象について調べるため、ホウセンカを育てて実験を行いました。

【実験1】

①　ホウセンカにたくさん葉がついたところで、ホウセンカをまわりの土ごとほり出した。根を傷めないようにしながら、水の中で根についた土を洗い落とした。

②　①のホウセンカを、赤い色水にさした。

③　葉やくきが赤くなったら、図1、2のようにくきを切って、断面を観察した。

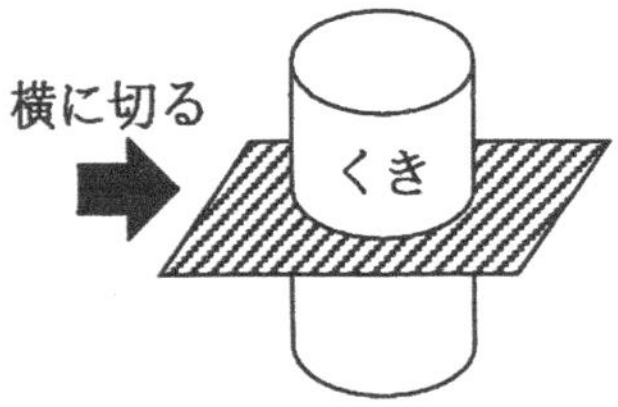

図1

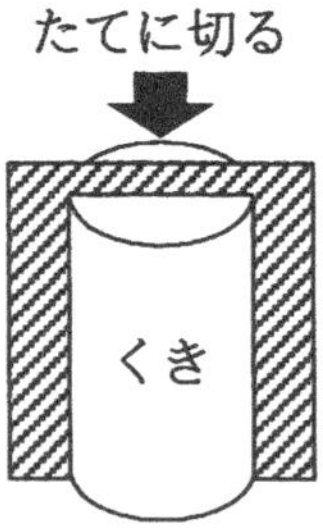

図2

(1)　図1のように、くきを横に切って断面を観察した場合、赤く染まっている部分として最も適したものを下のア～カから1つ選びなさい。図の灰色の部分が、赤く染まっている部分です。

ア

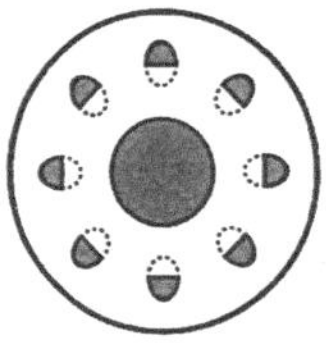

イ

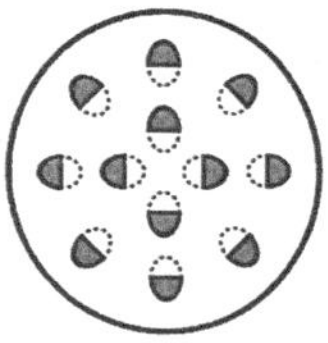

ウ

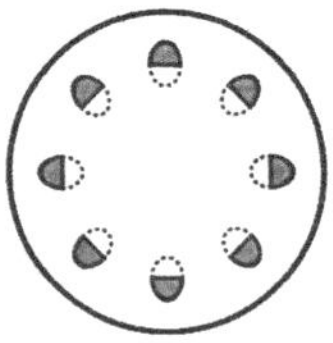

エ

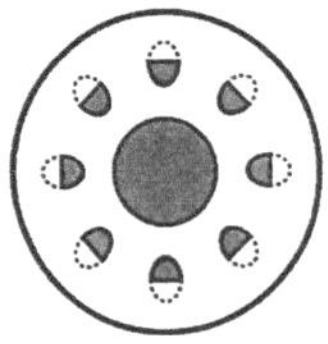

オ

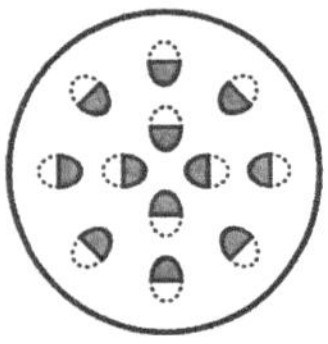

カ

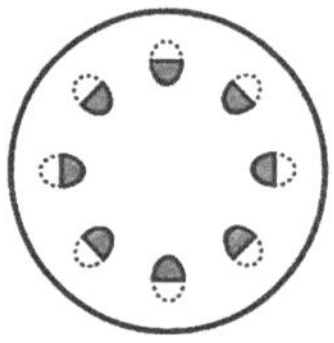

(2)　図2のように、くきをたてに切って断面を観察した場合、赤く染まっている部分を解答用紙の四角形に書きこみなさい。ただし赤く染まっている部分は黒くぬりなさい。なお解答用紙の四角形はくきの断面をあらわしています。

【実験２】

① ホウセンカの葉から、表面のうすい皮をピンセットではがした。

② ①のうすい皮を、けんび鏡で観察すると、葉の表面に穴が観察された。

(3) 下のア～オを、けんび鏡を使う順番に並びかえなさい。

ア ステージにプレパラートをのせ、留め金でおさえる。

イ 反射鏡を動かして、視野全体が明るく見えるようにする。

ウ けんび鏡を日光が直接当たらない、平らな明るい場所に置く。

エ けんび鏡を横から見ながら、調節ねじを回し、対物レンズとプレパラートの間をできるだけ近づける。

オ 接眼レンズをのぞきながら、調節ねじをゆっくりと回し、対物レンズとプレパラートの間をはなす。

(4) この実験で観察された、葉の表面にある穴を何といいますか。なお、この穴は１の現象で水じょう気が放出される穴です。

3 １の現象は、天候などの条件に応じて、【実験２】で観察された葉の表面にある穴を開閉することで調節されます。

(1) １の現象をおさえる必要があるのは、どのような天候のときでしょうか。最も適したものを下のア～ウから１つ選びなさい。

ア よく晴れて高温になった日

イ くもりで、ジメジメとした日

ウ 雨が降って、昼でもうす暗い日

【実験２】で観察された葉の表面にある穴は、水じょう気が放出されるだけでなく、呼吸や光合成にともなって出入りする気体の通り道にもなります。

(2) 植物が光合成をするために、気体を多く出入りさせるのは、どのような天候のときでしょうか。最も適したものを(1)のア～ウから１つ選びなさい。

(3) (1)と(2)で答えたことから、光合成と１の現象の間には、どのような関係があるでしょうか。気づいたことを述べなさい。

2 体で感じる暑さは気温だけでなく、そのときの、しつ度（空気のしめり気）も大きくえいきょうします。同じ温度でもしつ度がちがうと感じ方がちがいます。しつ度が高いときは「暑く」（暖かく）、しつ度が低いときは「寒く」（すずしく）感じます。しつ度は、空気中にふくまれる水じょう気の量の割合で表します。空気中の水じょう気の量は気温によってちがい、空気の体積１立方メートルの中にふくまれる水じょう気の量の限度を「ほう和水じょう気量」といいます。しつ度はその空気の「ほう和水じょう気量」に対する「ふくまれている水じょう気量」の割合を％（パーセント）で表します。なお気温を０℃から40℃まで５℃ずつ変化させたときの「ほう和水じょう気量」は下表のようになります。

気　温〔℃〕	0	5	10	15	20	25	30	35	40
ほう和水じょう気量〔ｇ〕	4.8	6.8	9.4	12.8	17.2	23.0	30.3	39.6	51.1

1 上表の結果をまとめた次の文の（　　）に語句を入れ、文章を完成させなさい。
空気の出入りがない場所で、ほう和水じょう気量は、気温が高くなるにつれて（　①　）ので、気温が高くなるほど、しつ度は（　②　）なると考えられる。

2 水じょう気をふくんだ空気の温度が下がり、空気中の水じょう気量がほう和水じょう気量をこえると水じょう気は何に変化しますか。また、この変化が上空ではなく地上でおきる場合、身近に観察できる例を一つ具体的に示しなさい。

空気のしつ度を測るそう置をしつ度計といいます。しつ度計はいろいろな種類がありますが、「かんしつ計（かんしつ球しつ度計）」がよく使われています。かんしつ計は右図*のようにガラス製の同じ型の温度計（アルコールまたは水銀入り）を２本となり合わせてとりつけます。そのうちの１本の最下部の球の部分を水をふくませたガーゼでおおいしめらせます。しめらせた部分を「しつ球」といい、この温度計は「しつ球温度計」といいます。もう１本の温度計は、通常の使い方で測定し、「かん球温度計」といいます。

しつ度はこれら２本の温度計で測定した「かん球」と「しつ球」の温度差から求められます。気象台でもこの観測器に一部工夫したそう置を使用しています。

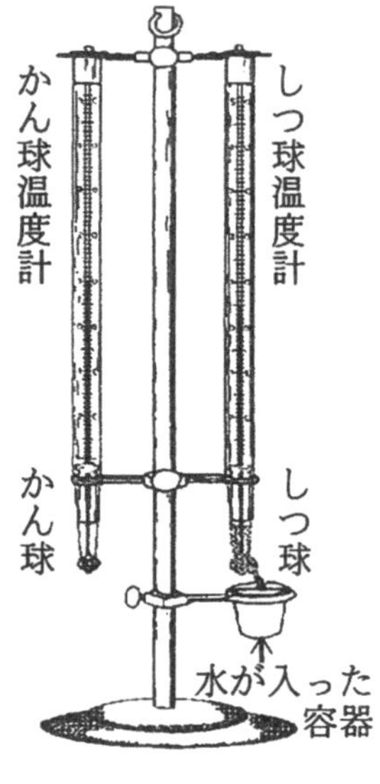

＊右図は気象庁ホームページ「気象観測の手引き」より一部改変

3 「かん球」と「しつ球」の温度差に関して説明した下記の文中の（　　）にあてはまる語を入れ、｛　　　｝からはあてはまる語を選びなさい。

暑いときに、あせをかき、あせがかわいたときや、プールで泳いだ後に、プールの水から出たときに｛① 暖かく ・ 冷たく｝感じることと同じように、「しつ球」の表面では水分が（ ② ）するため、「かん球」の温度よりも「しつ球」の温度の方が｛③ 高く ・ 低く｝なる。また、空気が｛④ かわいて ・ しめって｝いるほど水分が多く（ ② ）するため「しつ球」の温度は｛⑤ 高く ・ 低く｝なる。以上のことから 「かん球」と「しつ球」の温度差が大きいほど、しつ度が｛⑥ 高い ・ 低い｝といえる。

体で感じる温度の基準として「不快指数」というものがあります。この指数は今からおよそ60年前に米国の気象局が、冷ぼうや暖ぼうに必要な電気の量を予測するために気候の快適度を数字で表すものとして考案されたものです。気温としつ度を次のように組み合わせて計算するものです。

不快指数＝0.81×気温〔℃〕＋0.01×しつ度〔%〕×（0.99×気温〔℃〕－14.3）＋46.3

下表は不快指数と体で感じる暑さ・寒さの度合いの関連をおおむね示したものです。

不快指数	体で感じる度合い
54 以下	寒い
55 ～ 59	はだ寒い
60 ～ 74	快適
75 ～ 79	やや暑い
80 ～ 84	暑くてあせが出る
85 以上	暑くてたまらない

4 室温が26℃でしつ度が50％のときの不快指数を求め、体で感じる暑さ・寒さの度合いを上表から答えなさい。なお不快指数の答えは小数第1位を四捨五入し整数で答えなさい。

下表とグラフは、横浜《よこはま》の気象台で 2018 年 7 月 23 日に 1 時間ごとに観測された気温としつ度とそれらの数値から計算された不快指数をグラフにしたものです。なお、気温の単位は ℃ で測定値の小数第 1 位を四捨五入し整数にした数値です。しつ度の単位は%、不快指数には単位はありません。

2018年7月23日　横浜での1時間ごとの観測値・計算値

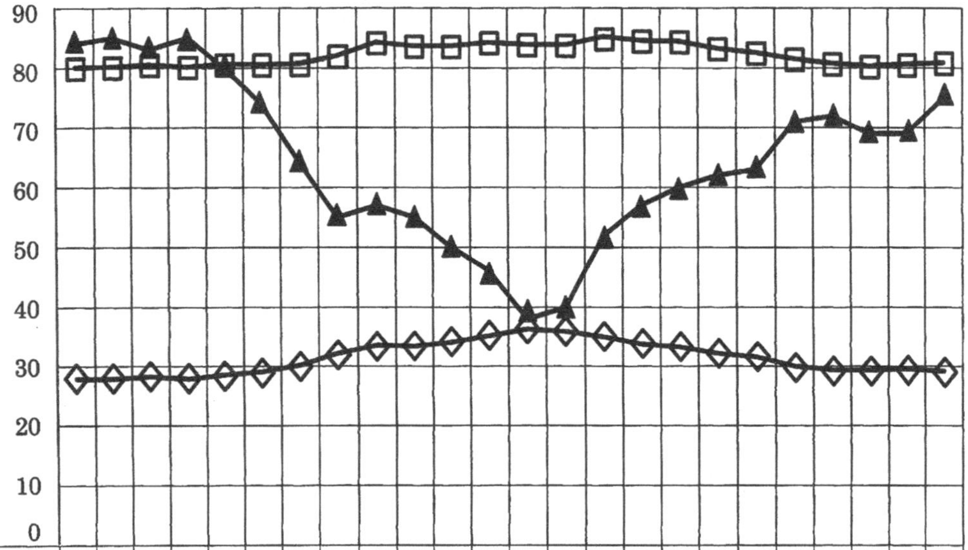

時刻	1	2	3	4	5	6	7	8	9	10	11	12	13	14	15	16	17	18	19	20	21	22	23	24
◇ 気温	28	28	28	28	29	29	30	32	34	33	34	35	36	36	35	34	33	32	32	30	29	29	30	29
□ ア	80	80	81	80	81	81	81	82	84	84	84	84	84	84	85	85	84	83	83	82	81	80	81	81
▲ イ	84	85	83	85	80	74	64	55	57	55	50	46	38	40	52	57	60	62	63	71	72	69	69	75

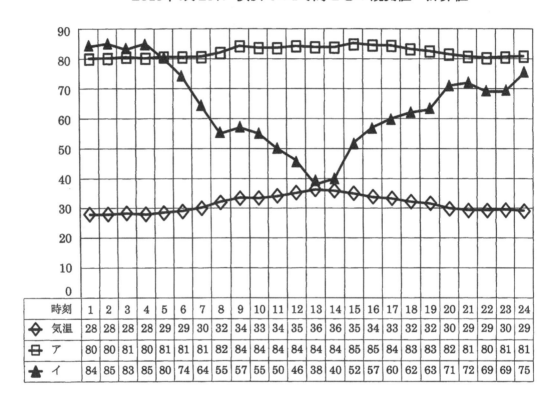

5　前のページの表・グラフのアとイは何を示しているか答えなさい。

6　前のページの表・グラフのイの変化は、気温の変化とどのような関係になっているか答えなさい。

7　下記の文章は「観測日の9時ごろに天気の変化があった」ことを考察したものです。文章を読んで下記の問に答えなさい。

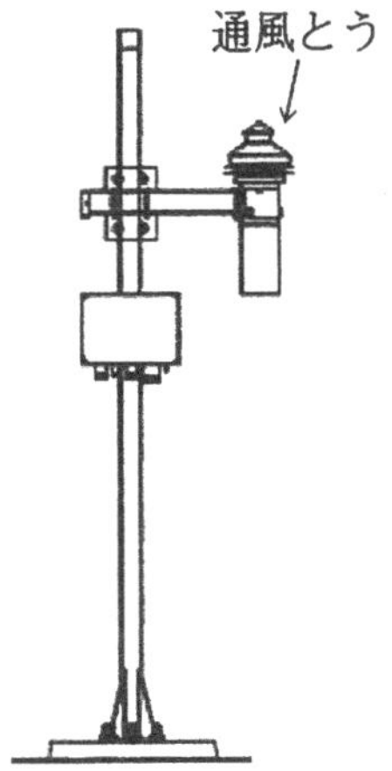

　気象台では屋外で気温やしつ度を観測している。そのため、観測器（温度計とかんしつ計）を周囲の人工物（人がつくったもの）のえいきょうを受けない場所に設置する必要があり、その場所には地面からの熱をさけるために、しば生が植えられている。

　また、右図*のように太陽からの日射をさけるために断熱材を入れた二重の容器（つつ）の中に観測器（温度計とかんしつ計）を入れて、常に一定の風を通している。この容器（つつ）は「通風とう」とよばれ、その通風とうの下部には、地面で反射した日射が直接当たらないようにしゃへい板も付いている。

＊右図は気象庁ホームページ「地上気象観測」より一部改変

　以上のような観測方法から前のページの表・グラフのイの数値の変化は、天気の変化によるものと考えられる。観測日の天気は「晴れ」だったが、9時の天気は、一時的に「晴れ」から「くもり」になったと思われる。なお気象台の天気の記録も確認したところ、9時の天気は「くもり」であった。

問　文中の下線部のように「一定の風を通している」理由を考え、説明しなさい。

3　1つの物体を、両側から反対向きに同じ大きさの力で引っ張ると、静止して動きません。この原理を用いて、ばねの性質について考えてみましょう。ただし、ばねの重さは考えないものとします。

図1のように、5 cm のばね A の上端《たん》を棒に固定し、下端に 50 g のおもりをつるしたところ、ばねはのびて、全体の長さが 7 cm になりました。

1　以下の文の（　　）にあてはまる語や数字を答えなさい。

ばね A は下端を、（　ア　）g ぶんの力で（　イ　）向きに、おもりから引っ張られています。
このときばね A は静止しているので、上記の原理から、上端を、（　ウ　）g ぶんの力で（　エ　）向きに、（　オ　）から引っ張られています。

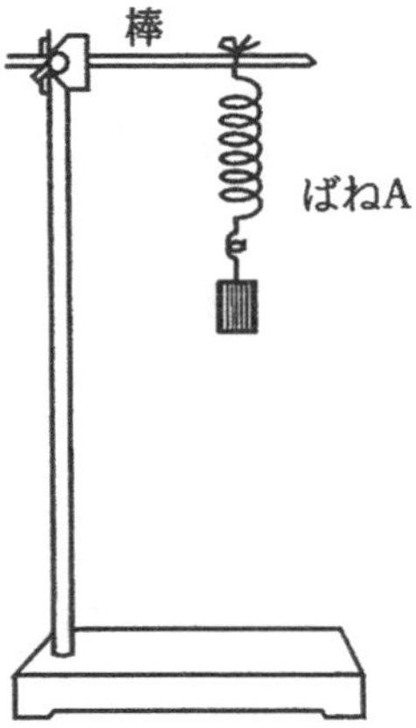

図 1

2　図2のように、ばね A を横にして両端にひもをつけ、それぞれのひもをかっ車にかけて 50 g のおもりをつるしました。**1** と同様に考えると、ばね全体の長さは何 cm になりますか。

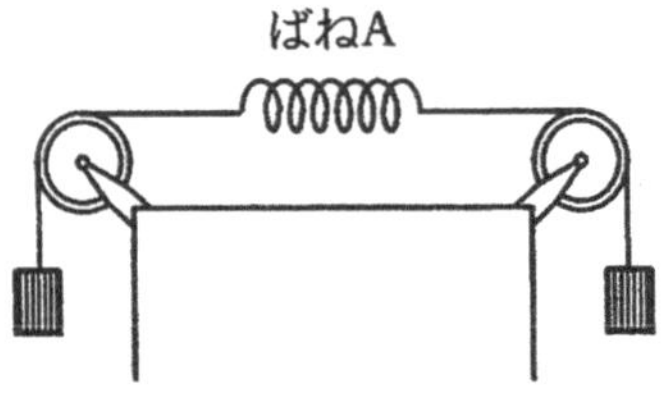

図 2

ばねAのかわりに、性質の異なるばねBを用いて、図1と同じ実験をしました。8 cmのばねBの上端を棒に固定し、下端に50 *g* のおもりをつるしたところ、ばねはのびて、全体の長さが12 cmになりました。

このばねBとばねAの両方を用いて、以下の実験をしました。

3　図3のように、ばねAの下端にばねBをつるし、ばねBの下端に50 *g* のおもりをつるしました。このとき、以下の文の（　　）にあてはまる語や数字を答えなさい。

全体が静止しているので、AとBのばねを一つの物体として考えると、ばねAの上端は（　カ　）*g* ぶんの力で（　キ　）向きに、ばねBの下端は（　ク　）*g* ぶんの力で（　ケ　）向きに引っ張られています。いっぽう、それぞれのばねだけで考えると、ばねAの下端は（　コ　）*g* ぶんの力で（　サ　）向きに（　シ　）から引っ張られており、ばねBの上端は（　ス　）*g* ぶんの力で（　セ　）向きに（　ソ　）から引っ張られています。

4　3のとき、全体の長さは何cmになりますか。

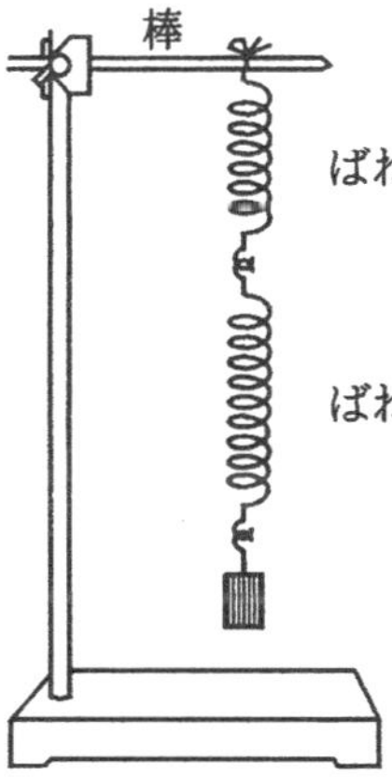

図3

4 ドライアイスは二酸化炭素の固体です。いっぱんにドライアイスは氷と異なり、温度が上がると液体にならずに気体の二酸化炭素になります。ドライアイスは氷よりも低い温度で用いられ、食品の冷温保存にも使われています。

1 ドライアイスを用いて次のような実験を行いました。

【実験 1】 ドライアイスを水の入ったコップの中に入れると白いけむりが出た。ドライアイスがとけた後の水に BTB よう液を加えると、水の色が変化した。

【実験 2】 ドライアイスに金属製のスプーンをおし当てると、しばらくの間スプーンが細かくゆれた。

【実験 3】 右図のような水の入ったペットボトルに二酸化炭素を入れ、ふたをしてふるとペットボトルはへこんだ。

【実験 4】 右図のような水の入ったペットボトルにドライアイスを入れ、ふたをしてふるとペットボトルは破れつした。

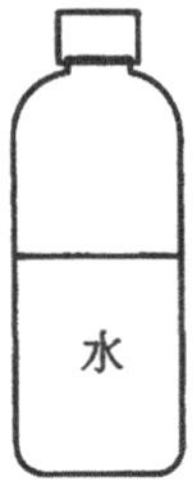

(1) 【実験 1】の白いけむりとは何ですか。次のア～エの中から 1 つ選びなさい。

ア　水じょう気

イ　氷のつぶ

ウ　ドライアイスのつぶ

エ　二酸化炭素

(2) 【実験 1】で BTB よう液を加えた後の水は何色か答えなさい。

(3) 【実験 2】でスプーンがゆれるのは、スプーンがふれた部分のドライアイスが気体になり、スプーンをいっしゅんおし上げるためです。この現象は木製のスプーンでは起こりません。その理由を次のア～カの中から 1 つ選びなさい。

ア　木は金属よりやわらかいから

イ　木は金属よりかたいから

ウ　木は金属より軽いから

エ　木は金属より重いから

オ　木は金属より熱を伝えやすいから

カ　木は金属より熱を伝えにくいから

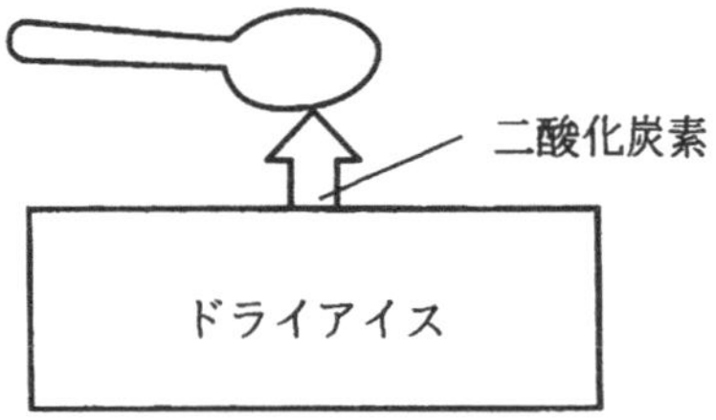

(4) 【実験 3】でペットボトルがへこんだのはなぜか答えなさい。

(5) 【実験 4】でペットボトルが破れつしたのはなぜか答えなさい。

2 家庭での冷温保存には冷蔵庫が使われています。しかし、現在の電気で動く冷蔵庫がない時代は、氷で冷やす冷蔵庫が使われていました。この冷蔵庫は主に上下2段のたなが付いており、片方に氷を入れて冷蔵庫内部の温度を下げ、もう一方のたなで食品を保存していました。氷を入れていたのは上下どちらのたなだと考えられますか。食品の冷やしやすさを考え、理由とともに答えなさい。

2020年度

社　　会

（30分）

《注意》

1．問題は１ページから10ページまであります。始まりのチャイムが鳴ったら必ず確認してください。

2．問題を解く前に、解答用紙に受験番号と氏名を忘れずに記入してください。

3．答は、すべて解答用紙に書いてください。

1　次の文章は北海道、栃木県、長野県について述べたものです。文中の（　1　）～（　8　）に入る言葉を答え、――a～cについての問いに答えなさい。

北海道の（　1　）民であるアイヌの人たちは、秋に川に戻《もど》って来る魚を食料などとして大切に用いてきました。現在、流氷で有名な網走《あばしり》市など（　2　）海の沿岸地域では、この魚の受精卵を人工的にふ化させて飼育し、稚魚《ちぎょ》を川に放流する（　3　）漁業を行っています。また、網走市の背後《はいご》にある北見地方は、a日本最大の（　　　）の産地です。

栃木《とちぎ》県は稲作に適した地域ですが、b裏作用作物として（　　　）の生産が戦後からさかんになり、現在日本一の生産量をほこります。県南部では幕末から（　4　）焼きと呼ばれる陶器《とうき》が生産され、主に台所用品として使われてきましたが、現在は民芸品として有名です。計画的に整備された工場の集積地のことを（　5　）と言いますが、宇都宮《うつのみや》市にある（　5　）は、内陸につくられたものとしては国内最大級です。

c長野県と山梨・静岡県の境にある（　6　）山脈は南アルプスとも呼ばれ、希少《きしょう》なライチョウが生息しています。また、長野県最大の湖である（　7　）湖の周辺では、（　8　）機械工業がさかんです。そのためこの地域は、この工業がさかんなヨーロッパの国にちなんで「東洋のスイス」と呼ばれたこともあります。

a　次の円グラフは、（　　　）に入る野菜の全国における生産の割合を示したものです。（　　　）に入る野菜を答えなさい。

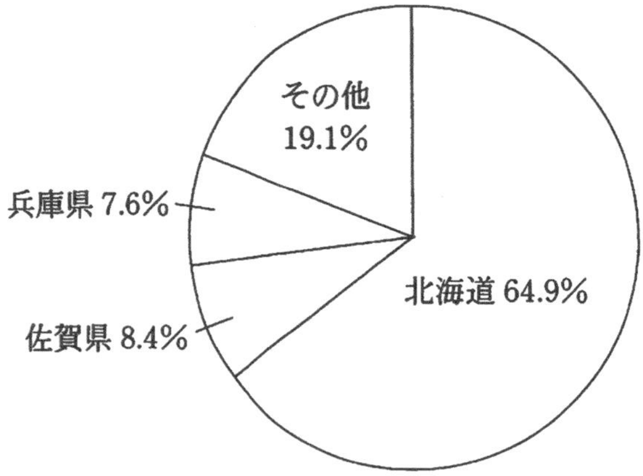

全国　1,228,000トン（2017年）

矢野恒太記念会『日本国勢図会2019／20年版』より作成。

b　次の表は、（　　　）に入る農作物の生産量を示したものです。（　　　）に入る農作物を書きなさい。

順位	県名	生産量(トン)	割合
1	栃木	25,100	15.3%
2	福岡	17,700	10.8%
3	熊本	10,800	6.6%
	全国	163,700	100%

(2017 年)

矢野恒太記念会『日本国勢図会2019／20年版』より作成。

c　長野県では、夏と冬との気温の差や昼と夜との気温の差が大きいという、内陸性気候の特徴《ちょう》がみられます。内陸性気候がこのような気候となる理由を書きなさい。

2　次の地図についての問いに答えなさい。

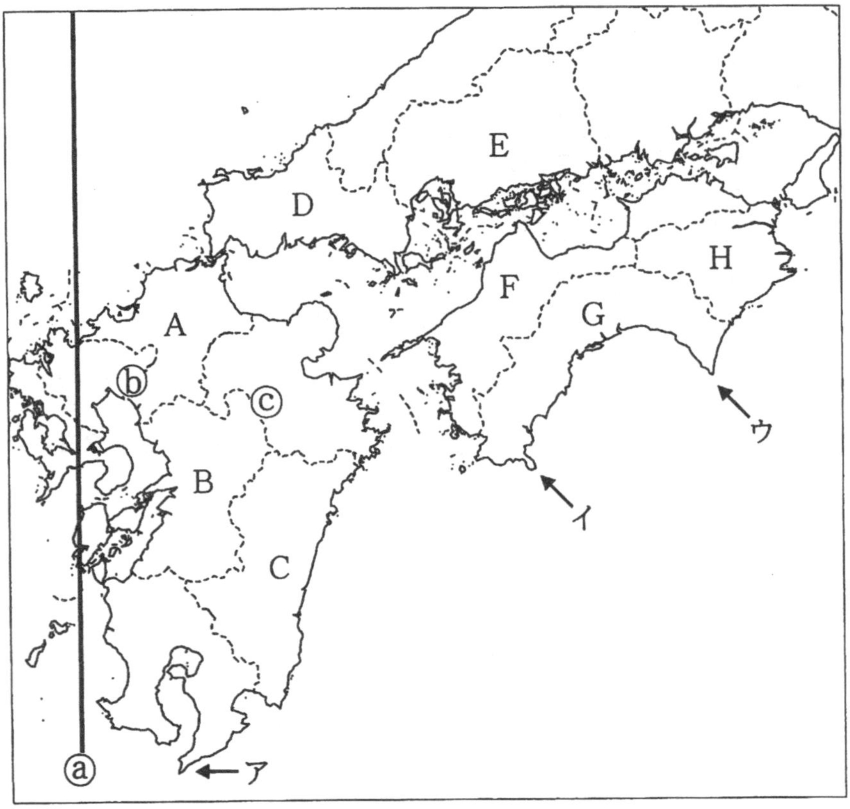

問１　ⓐの経線は東経何度を示していますか。ア～エから選びなさい。

ア　125度　　イ　130度　　ウ　135度　　エ　140度

問２　ⓑの地域では、網《あみ》目状に用水路がつくられていますが、これを何といいますか。

問３　ⓒにある発電所は、化石燃料に頼《たよ》らない方法で発電しています。ここで行われている発電方法を答えなさい。

問４　室《むろ》戸《と》岬《みさき》を示しているものを地図中のア～ウから選びなさい。

問５　Ｃ県やＧ県では、ビニルハウスや暖房を利用して野菜をつくることがさかんです。このように費用をかけても、商品が高く売れて利益が得られるのはなぜですか。

問6　次の表中のア～ウは、図中のB県で多く生産されている、メロン、すいか、みかんのいずれかについて、上位3位までの道県を示しています。すいかを示しているものはどれですか。

順位	ア	イ	ウ
1	B県	茨城県	和歌山県
2	千葉県	北海道	F県
3	山形県	B県	B県

(2017年)

矢野恒太記念会『日本国勢図会2019／20年版』より作成。

問7　次の表は、図中のB、E、F、Hの4県の養殖《ようしょく》業の種類別収獲量を示しています。H県を示しているものをア～エから選びなさい。

（単位：トン）

	まだい	かき類	わかめ類	のり類
ア	120	95,634	107	3,650
イ	10,254	46	506	38,783
ウ	38,568	645	不明	3,316
エ	不明	61	5,946	1,373

(2016年)

矢野恒太記念会『データで見る県勢2019年版』より作成。

問8　次の表は、図中のA、D、Gの3県について、県内の人口が多い上位2都市それぞれの、県総人口に占める割合を示しています。A県を示しているものをア～ウから選びなさい。なお、●は県庁所在地です。

	第1位の都市	第2位の都市
ア	● 47.1%	6.8%
イ	● 29.9%	18.8%
ウ	19.4%	● 14.1%

(2018年)

矢野恒太記念会『日本国勢図会2019／20年版』より作成。

3 次の文章を読み、問いに答えなさい。

奈良の東大寺を訪れると、高さが約15メートルもある大仏に、だれもがおどろくことと思います。ただ大仏は、これまで何度も戦乱で焼け、奈良時代につくられた部分は少ししか残っていません。a世界文化遺産《いさん》にも登録されているこの大仏と大仏を納めた建物である大仏殿《でん》は、今日までどのような歴史をたどってきたのでしょうか。

東大寺に最初に大仏がつくられたのは、今からおよそ1300年前の奈良時代です。b聖《しょう》武《む》天皇は、さまざまな社会不安が続くなか、仏教の力で国が安らかになることを願い、国分寺を建てることや大仏をつくることを命令しました。またc僧の行基《ぎょうき》にも協力を命じました。聖武天皇の次の天皇の時代に大仏が完成すると、貴族や僧など１万人が参列し、盛《せい》大な式典が行われました。聖武天皇の遺品を納めた東大寺のd正倉院には、その式典で使われた品々も納められています。

東大寺はその後、平安時代末のe源氏と平氏の合戦で平氏によって焼きうちされ、大半が焼けてしまいました。f『(　　　　)』によれば、大仏は頭が焼け落ち、胴体《どうたい》は溶けて山のようになったそうです。しかしすぐに僧が民衆から寄付を集めたり、朝廷《ちょうてい》や源頼朝の援助によって大仏はつくり直され、大仏殿も再建されました。またこのとき南大門に安置された運慶《うんけい》・快慶《かいけい》らによるg(　　　　)は、鎌倉文化の代表的な作品です。

15世紀後半からはh室町幕府がおとろえ、戦国の世となっていきました。この時期、東大寺は再び戦乱にあい、大仏殿は全焼し、大仏はわずかな部分を残してすべて溶け落ちてしまいました。東大寺の僧たちは、天皇やi織田信長の力を借りて寄付を集めようとしましたが、戦乱が続き、再建はかないませんでした。やがて、天下統一を果たした豊臣秀吉は、京都にj方広寺《ほうこうじ》という寺を建て、そこに東大寺にならって大仏をつくりました。

その後、江戸時代のk５代将軍徳川綱吉《つなよし》の時代に、東大寺の僧の熱心な活動によって、約130年ぶりに大仏が再建されました。また大仏殿は幕府が中心となり、l諸大名にも費用を負担させ再建されました。当時の記録によれば、m完成した大仏や大仏殿を見るために大勢の人々が奈良を訪れ、大変なにぎわいであったと記されています。ただ、資材となる大木や資金の不足から、奈良時代のものよりも大仏は１メートルほど低く、大仏殿は３分の１ほど小さくなりました。これが現在の大仏ですが、大仏殿はなお、現存する世界最大級の木造建築物とされています。

二〇二〇年度

国語

※100点満点
（配点非公表）

番号

氏名

〔一〕

問一A

問一B

問一C

問二　新蔵　軍　敵　軍

問三

問四

問五

問六

問七

問八

問九

問十

問十一

問十二

問十三

問十四

〔二〕

問一

問二

問三

問四①

6	
7	

3

1	ア		イ		ウ		エ		オ	
2	cm									
3	カ		キ		ク		ケ		コ	
	サ		シ		ス		セ		ソ	
4	cm									

4

1	(1)		(2)		(3)	
	(4)					
	(5)					
2						

g		h	→ →	i	
j		k		l	
m					

4

1		2		3		a	
b							
c		d		e			
f		g	の自由				
h							

1	2	3	4	

※60点満点
(配点非公表)

2020年度　社　　会

番号		氏名	

1

1		2		3	
4		5		6	
7		8			
a		b			
c					

2

問1		問2		問3		問4	
問5							
問6		問7		問8			

3

a		b	

【解答

2020年度　理　科

番号		氏名	

※60点満点
(配点非公表)

1

1		2	(1)
2	(2)		(3) →　→　→　→
			(4)
3	(1)	(2)	
	(3)		

2

1	①		②	
2	変化			
	具体例			
3	①	②	③	
	④	⑤	⑥	

【解答

問五

問六

[三]

1 主語 述語

2 主語 述語

[四]

1 する

2 つ

3 える

4 する

5

6

7

8 まれな

a　世界文化遺産とは、ユネスコが人類にとって極めて高い価値を持つと認めた歴史的な遺産です。日本の世界文化遺産のうち、「負の遺産」として未来に語り伝える目的から登録されたものを答えなさい。

b　このほか聖武天皇がたびたびおこなったあることも、この時期の社会不安が背景にあったと考えられます。あることとは、どのようなことですか。

c　朝廷は行基を僧の高い位につけて、大仏づくりに協力させました。それ以前は、行基は朝廷からどのように見られていましたか。

d　正倉院のように、断面が三角形の木材を横に組み合わせて壁《かべ》をつくる建築法を何といいますか。

e　この合戦で活躍《やく》した源義経《よしつね》は、のちに兄と対立し、ある一族をたよって逃《のが》れました。この一族は何と呼ばれましたか。

f　（　　　）には、平氏一族が栄え滅《ほろ》びていくさまがつづられた、鎌倉時代に成立した文学作品が入ります。その作品を答えなさい。

g　（　　　）に入る言葉を答えなさい。

h　次のできごとを起きた順に並べかえなさい。

　ア　室町幕府の滅亡《めつぼう》　　イ　桶狭間《おけはざま》の戦い　　ウ　鉄砲の伝来

i　信長の本拠《きょ》であった安土《あづち》について述べた次のア～ウのうち、正しいものを一つ選びなさい。

　ア　安土では信長の許可のもと、武士や商人から選ばれた代表が城下町の決まりをつくるなど、自分たちの手で政治が行われた。

　イ　安土は南蛮《なんばん》貿易の中心地として栄え、安土城のような洋風建築を取り入れた建物や、南蛮寺と呼ばれた教会などがつくられた。

　ウ　安土では琵琶湖《びわこ》の水運を利用した流通が活発となり、商工業者の往来や営業も自由に行うことができたため、経済が発展した。

j　秀吉が、この寺の大仏殿をつくるために利用するとして、おこなったことは何ですか。

k　綱吉が仏教の教えに基づいて出した法令で、人々の間では不満が高まったといわれるものは何ですか。

l　大名について述べた次のア～ウのうち、正しいものを一つ選びなさい。

ア　大名は１万石以上の領地をもつ家臣で、そのほとんどは戦国時代以来の領地をそのまま支配することを認められた。

イ　大名は江戸に妻子をおき、みずからも１年おきに家臣をつれて江戸に住み、幕府に仕えなければならなかった。

ウ　徳川氏に古くから仕えていた家臣は、大名の中でも親藩《しんぱん》と呼ばれ、江戸から近い関東や東海地方に領地をもつ者が多かった。

m　江戸時代には、神社や寺にお参りに行く旅を楽しむ庶民《しょみん》が増えました。有名な神社や寺があり、参拝者が多く訪れたことなどから栄えた町を何といいますか。

問題は次のページに続きます。

4 次の文章は、江戸時代以降の日本の教育の歴史を述べています。文章を読んで（　1　）～（　3　）に言葉を入れ、――a～hについての問いに答えなさい。

江戸時代の初めには、幕府は武力を背景にして他の勢力をおさえる政治を行っていましたが、やがて学問や道徳に基づいて世の中を治めるようになっていきました。幕府が特に重視したのは、a儒《じゅ》学の中の朱子《しゅし》学という学問でした。幕府は、儒学をひらいた孔子《こうし》をまつる聖堂の近くに学問所を建て、家臣たちに儒学を学ばせました。各地の大名も、家臣やその子どもたちに教育を施《ほどこ》すために学校を建てましたが、これは（　1　）と呼ばれました。また、庶民に読み書きそろばんを教える寺子屋も、数多く建てられました。

江戸時代後半には、ヨーロッパの学問を学ぶ蘭《らん》学が広まりました。b医者の杉田玄白《げんぱく》は、前野良沢《りょうたく》と一緒にオランダ語の医学書を苦心してほん訳して出版し、その後、オランダ語の入門書や辞書をつくる人も現れました。

明治時代になると、c政府は学校の制度を定め、すべての子どもに教育を受けさせることをめざしました。そして、全国の町や村に小学校が建てられました。大日本帝国憲法発布の翌年には（　2　）が出され、天皇への忠誠《ちゅうせい》や国家への奉仕の精神を養うことが教育の基本方針とされました。

太平洋戦争が始まると、しだいに学校で勉強することが難しくなっていきました。中学生や女学生は工場などで働くことを強《し》いられるようになり、d男子大学生は戦場にかり出されました。また、学童の集団疎開《そかい》も行われました。

戦争が終わると学校が再開されましたが、e初めのうちは、「青空教室」で学ぶ子どもたちも多くいました。民主的な社会をつくるための改革が次々に実施《じっし》され、教育の民主化も進められました。1946年に日本国憲法が公布されましたが、fこの憲法は、第26条で教育を受ける権利を保障しています。また、戦前や戦争中にさまざまな研究が国家によって干渉《かんしょう》された経験から、g日本国憲法は、表現の自由などとあわせて学問の自由を保障しています。

h国際社会でも、教育を受ける権利は基本的人権ととらえられ、1989年に国連総会で採択《さいたく》された「（　3　）条約」は、締《てい》約国が教育についての（　3　）を認め、平等な機会を与えるために具体的にしなければならないことを定めています。

a　朱子学は、幕府が人々を支配するうえでも役に立つと考えられました。その理由としてもっともふさわしいものを、次のア～ウから一つ選びなさい。

ア　主君と家来、父と子などの上下の秩序《ちつじょ》を大切にしていたから。

イ　法を守ることを重視し、社会の安定をめざす教えだったから。

ウ　質素・倹《けん》約を重んじ、ぜいたくを禁じる教えだったから。

b　杉田玄白があとから書いた手記によると、手に入れたオランダ語の医学書をほん訳する決意をしたのは、自身の経験を通じてその必要性を実感したからです。玄白はどのような経験によって何に気づいたのですか。

c　次のア～ウの文のうち、まちがっているものを一つ選びなさい。

ア　学校の制度ができた当時は、授業料の負担が重く、制度に反対して一揆《き》を起こす人たちもいた。

イ　最初は通学する子どもは少なかったが、しだいに増え、明治時代の終わりごろには、ほとんどの子どもが小学校に通うようになった。

ウ　男子は働き手として重要であったため、明治時代を通じて女子よりも小学校に通う割合が低かった。

d　このことを何といいますか。

e　「青空教室」で授業が行われたのは、どのような理由からですか。

f　日本国憲法第26条は、第１項《こう》で教育を受ける権利を保障していますが、第２項では、それを実現するための手だてを定めています。第２項が定めていることを一つ答えなさい。

g　日本国憲法は、精神（心）の自由として「学問の自由」や「集会、結社および言論、出版その他一切の表現の自由」を保障しています。これら以外に憲法で精神（心）の自由として保障されている自由を、一つ答えなさい。

h　教育を受ける権利は、なぜだれもが保障されなければならない基本的人権ととらえられるのですか。あなたの考えを書きなさい。

2020(R2) フェリス女学院中
K 教英出版